国有企业高质量发展探索实践

锚定一流

中国石油东方地球物理公司党委 ⊙ 编

石油工业出版社

内 容 提 要

本书系统梳理总结了中国石油集团东方地球物理公司在中国石油天然气集团有限公司党组领导下，锚定率先打造世界一流企业的目标，积极践行新时代新发展理念，大力实施"两先两化"战略，在传承中创新，在创新中突破，在奋斗中提升的高质量发展之路，总结历程、经验与规律，记录重大史实，展示良好形象。

本书适合国有企业管理工作研究者阅读。

图书在版编目（CIP）数据

锚定一流——国有企业高质量发展探索实践 / 中国石油东方地球物理公司党委编 . —北京：石油工业出版社，2021.11

ISBN 978-7-5183-5082-7

Ⅰ. ①锚… Ⅱ. ①中… Ⅲ. ①国有企业-企业管理-中国 Ⅳ. ①F279.241

中国版本图书馆CIP数据核字（2021）第238864号

锚定一流——国有企业高质量发展探索实践
中国石油东方地球物理公司党委　编

出版发行：石油工业出版社
　　　　　（北京市朝阳区安华里二区 1 号楼 100011）
网　　址：www.petropub.com
编 辑 部：（010）64523570　图书营销中心：（010）64523633
经　　销：全国新华书店
印　　刷：北京晨旭印刷厂

2021 年 11 月第 1 版　2021 年 11 月第 1 次印刷
710 毫米 ×1000 毫米　开本：1/16　印张：22.5
字数：320 千字

定　价：58.00 元
（如发现印装质量问题，我社图书营销中心负责调换）
版权所有，翻印必究

编委会

主　任：苟　量

副主任：张少华　王治富

委　员：郝会民　杨举勇　闵云鹤　苟云辉　常学军　赵　杰
　　　　李进勇　赵秀良　刘海波　乐　彬　李　刚　宋强功

执行编委会

主　编：王治富

副主编：王丽花

成　员：梁国林　韩学雷　连　彬　谢　专　赵志强　王永维
　　　　徐永刚　蔚宝强　李　利　吴亚珉　蒋丽英　王　浩
　　　　张　业　朱海彬　董　功　李　静　彭章礼　王志勇

前 言

《锚定一流——国有企业高质量发展探索实践》一书，是对党领导下的国有企业高质量发展之路的真实记录。这本书系统梳理总结了中国石油集团东方地球物理公司（简称"东方物探""BGP"）在中国石油天然气集团有限公司（简称"集团公司""中国石油"）党组领导下，锚定率先打造世界一流企业的目标，积极践行新时代新发展理念，大力实施"两先两化"（创新优先、成本领先、综合一体化、全面国际化）战略，在传承中创新，在创新中突破，在奋斗中提升的高质量发展之路，总结历程、经验与规律，记录重大史实，展示良好形象，使其成为公司高质量发展的宝贵精神财富。

本书展现出鲜明的政治逻辑、理论逻辑和历史逻辑，具体体现为"三个贯穿始终"：

政治性贯穿始终，体现党领导下的国有企业必然成为率先打造世界一流企业的政治逻辑。公司将政治坚定转化为战略坚定，把企业命运和前途系于国家命脉，紧跟中央发展要求与战略指引，紧跟集团公司总体布局与战略部署，以高政治站位来谋划公司的发展战略与发展路径，公司的高质量发展之路永远是在党的领导下的国有企业的红色发展之路，永远听党话跟党走，永远做党和国家最可信赖的找油找气先锋。

新发展理念贯穿始终，体现高质量发展与"创新、协调、绿色、开放、共享"五大发展理念内在统一的理论逻辑。公司的高质量发展是新时代国有企业全面践行新发展理念的创新实践。以新时代新发展为主体内容，深刻体现公司战略中蕴含的新时代新发展理念内涵，从战略的顶层设计到战术的具体措施，都体现新时代新发展理念在东方物探的基层诠释。系统揭示了公司"两先两化"

战略对"创新、协调、绿色、开放、共享"五大新发展理念的根本遵循，开创性地探索了国有企业完整准确全面贯彻落实新发展理念的特色实践，把理论创新转化为战略创新，把精神贯彻转化为战略贯彻。

战略与目标的一脉相承贯穿始终，体现公司从国内到国际、从单一到全面、从做大到做强的历史发展逻辑。始终紧紧围绕公司勇担找油找气主力军的使命，始终紧紧扣住公司锚定世界一流目标的不懈追求，对公司的高质量发展道路进行全方位、立体式、综合性的展示，揭示出东方物探率先打造世界一流企业的战略坚定性与历史必然性。

本书在谋篇布局上，既综合分析国家、集团公司和全球物探行业的发展大势，整体呈现公司从国内到国际高质量发展的大思路、大格局，展现公司高质量发展的主体脉络，又梳理出符合国有企业高质量发展客观规律、体现公司发展思路和智慧的重大史实、经典案例与实践成果，既有纵深底蕴感，又有客观纪实性，从内容呈现上做到了有政治引领的高度、有理论思想的深度、有实践支撑的力度，充分体现出这是一部集中反映党领导国有企业高质量发展的实践集成。

目 录

第一篇 志存高远，率先打造世界一流

第一章 培根铸魂，以高质量党建引领高质量发展 4
- 第一节 坚持政治统领，淬炼坚决听党话跟党走的物探铁军 5
- 第二节 坚持理论武装，用党的创新理论指导改革发展 7
- 第三节 坚持党的领导，把准企业正确发展航向 9
- 第四节 坚持履责担当，争做伟大事业的中流砥柱 10
- 第五节 坚持筑牢根基，提升基层党建工作水平 13
- 第六节 坚持全面从严，营造风清气正干事创业环境 17

第二章 战略领航，科学决策确保发展方向 21
- 第一节 创新优先，催生发展第一动力 22
- 第二节 成本领先，打造发展竞争优势 24
- 第三节 综合一体化，优化发展业务布局 26
- 第四节 全面国际化，实现发展成果共享 28

第三章 文化赋能，先锋精神汇集发展力量 30
- 第一节 传承精神谱系，绘就文化三原色 30
- 第二节 构建先锋文化体系，赋能率先一流 37
- 第三节 讲好中国物探故事，擦亮东方名片 49

第二篇　牢记使命，当好找油找气主力军

第一章　综合一体，系统提升全能服务力 ... 64
　　第一节　全产业链，为市场打造全能的服务链 ... 64
　　第二节　合五为一，为用户创造增值的价值链 ... 68
　　第三节　统筹兼顾，为企业构建协调的发展链 ... 75

第二章　快速反应，跑出找油找气加速度 ... 76
　　第一节　快速落实总书记批示精神，大打油气勘探开发进攻仗 ... 77
　　第二节　紧贴一线靠前服务，快速满足油气勘探开发需求 ... 79
　　第三节　强化新区新领域研究，推动油气勘探战略新突破 ... 82
　　第四节　集结优势资源，打好重点探区集中勘探攻坚战 ... 86
　　第五节　推广地震地质工程一体化，非常规油气勘探快速突破 ... 92
　　第六节　打造风险合作新模式，谋划公司高质量发展新局面 ... 96

第三章　成本领先，按下提质增效快进键 ... 99
　　第一节　向管理要效益，构筑成本领先优势 ... 100
　　第二节　向技术要效益，打造成本领先引擎 ... 102
　　第三节　开展提质增效专项行动，勇攀效益高峰 ... 103

第四章　绿色智能，开启现代化物探新局面 ... 108
　　第一节　新时代新理念，开启绿色物探新征程 ... 108
　　第二节　现代＋智能，为绿水青山奉献新动能 ... 119
　　第三节　矢志前行，履行国有企业社会责任 ... 122

第三篇　创新驱动，提升企业核心竞争力

第一章　技术创新，打造勘探核心利器 ... 132
　　第一节　破解"卡脖子"技术，核心软件跨越迭代升级 ... 132

第二节　自主研发制造，核心装备铸就硬核实力 **139**

　　第三节　打造物探技术策源地，核心技术引领行业发展 **145**

第二章　管理创新，激发发展内生动力 **153**

　　第一节　构建科研创新体系，提升公司创新效能 **153**

　　第二节　打造创新型企业，放大公司创新优势 **158**

　　第三节　健全鼓励创新机制，激发公司创新活力 **164**

第三章　群众创新，构建全员创新生态 **169**

　　第一节　建立健全长效机制，为基层创新赋动能 **170**

　　第二节　创建"职工创新工作室"，发挥引领示范作用 **171**

　　第三节　厚植全员创新沃土，汇聚创新智慧力量 **177**

　　第四节　开展主题劳动竞赛，突出创新增效益 **182**

第四篇　开放共享，走进世界物探舞台中央

第一章　从走出去到走上去，陆上业务做大做强 **189**

　　第一节　走出去，实现全球化发展 **189**

　　第二节　走上去，挺进高端市场 **202**

　　第三节　规模化，国际业务稳步壮大 **205**

第二章　从无到有，海洋业务扬帆远航 **212**

　　第一节　梦想照进现实，开启海洋创业之路 **213**

　　第二节　抓住重大机遇，抢占 OBN 业务制高点 **217**

　　第三节　打造利器站稳高端，综合实力跃居行业第一 **221**

第三章　弯道超车，走进世界舞台中央 **232**

　　第一节　越是艰险越向前，三次弯道超车实现跨越发展 **233**

　　第二节　紧跟时代步伐，"一带一路"沿线树丰碑 **237**

　　第三节　共建共享共赢，世界舞台创品牌 **246**

第五篇　人才强企，厚植高质量发展优势

第一章　构筑高地，建设"三支人才"队伍 254

　　第一节　坚持党管干部党管人才，深入推进人才强企工程 254

　　第二节　创新体制机制，激发人才最大效能 260

　　第三节　锻造"三支人才"队伍，提升企业竞争优势 268

第二章　生聚理用，打通人才成长快车道 274

　　第一节　生才有道——培育人才成长沃土 274

　　第二节　聚才有力——梧桐树下凤凰来 278

　　第三节　理才有方——激活人才一池春水 281

　　第四节　用才有效——人尽其才汇众智 284

第三章　薪火相传，汲取楷模榜样力量 287

第六篇　开启未来，奋进世界一流新征程

第一章　继往开来，勇担"打造一流"的时代使命 318

　　第一节　扛起政治责任——坚决落实党中央重大战略部署 318

　　第二节　深刻把握内涵——国务院国资委对世界一流企业创建的目标要求 319

　　第三节　明确标杆定位——加快建成世界一流地球物理技术服务公司 320

第二章　勇当先锋，吹响"打造一流"的时代号角 325

　　第一节　明确总体思路——统筹推进"世界一流企业"建设 325

　　第二节　瞄准目标方向——坚持建设世界一流地球物理技术服务公司不动摇 327

第三章　潮起东方，抒写"打造一流"的时代画卷 331

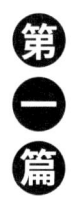

第一篇 志存高远，率先打造世界一流

信仰铸就理想，旗帜坚定方向。

锚定一流，

以战略规划道路，用文化赋予力量，

一路风雨兼程，

怀揣忠诚，奔向希望。

第一篇

进入新时代，党中央提出高质量发展的新理念和建设世界一流企业新目标。2020年5月，集团公司党组要求东方物探"要志存高远、率先打造世界一流"。2021年7月，国务院国资委组织开展了国有重点企业管理标杆创建行动，东方物探被选为百名标杆企业之一。一直以来，东方物探认真贯彻党中央精神和集团公司决策部署，锚定世界一流，坚持以党建铸魂、以战略领航、用文化赋能，全面开创企业高质量发展新局面，忠诚履行了为国找油找气、保障国家能源安全的神圣使命。

坚持党的领导、加强党的建设，是国有企业最大的政治优势。东方物探始终把党的政治建设摆在首位，高质量抓好党的政治建设、思想建设、组织建设、作风建设和纪律建设，把制度建设贯穿其中，深入推进反腐败斗争，持续提高党建工作质量，努力把党的政治优势转化为竞争优势和发展优势，以高质量党建引领企业高质量发展。

企业战略是企业发展的航标与路径。企业战略植根于国家战略、服务于国家战略，东方物探提高政治站位，立足全球视野，紧跟时代步伐，持续优化和升级发展战略，以科学、前瞻、有效的企业战略，谋求发展先机，赢得发展优势。

先进文化是企业发展的核心支撑。东方物探传承红色基因，赓续红色血脉，弘扬石油精神，践行先锋文化，锻造了坚定不移听党话跟党走的干部员工队伍，塑造了客户信赖、社会认可的物探品牌，树立起东方物探负责任、勇担当的良好国有企业形象，先进文化成为东方物探独特的核心竞争力。

党建铸魂、战略领航、文化赋能，三者相互联系、有机统一、共同发力，推动东方物探不断加快高质量发展脚步，奋力谱写"率先打造世界一流"新篇章。

第一章
培根铸魂，以高质量党建引领高质量发展

习近平总书记强调，坚持党的领导、加强党的建设，是国有企业的"根"和"魂"，是我国国有企业的独特优势。党的十九届五中全会通过的《中共中央关于制定国民经济和社会发展第十四个五年规划和二〇三五年远景目标的建议》着眼于推动高质量发展，提出"提高党的建设质量"要求，为深入推进全面从严治党、加强和改进党的建设明确了目标任务和前进方向。

党的建设是经济社会发展主体的建设。主体不强，经济社会就发展不起来；主体建设质量不高，经济社会发展质量就高不起来。可以说，高质量党建是高质量发展的引领和保障。提高党的建设质量，实质是把握和遵循党建工作规律，提高党建工作科学化水平。必须以党的政治建设为统领，全面加强党的建设，把提高党的建设质量要求全面落实到党的各项建设和各项工作之中，推进党建"三基本"建设与"三基"工作深度融合，为企业实现高质量发展提供重要保证。

东方物探执行董事、党委书记苟量强调，必须牢牢把握新时代党的建设总要求，坚持和加强党的全面领导，把党组织的政治领导、思想领导、组织领导和加强党的建设贯穿率先打造世界一流全过程，以高质量党建引领高质量发展，确保各项工作沿着正确方向推进。

第一节　坚持政治统领，淬炼坚决听党话跟党走的物探铁军

党的政治建设是党的根本性建设，决定党的建设的方向和效果。只有始终坚持政治引领不动摇，保持政治方向不偏离，才能保证国有企业姓"党"，才能准确把握企业改革发展的正确方向，更好地履行新时代赋予国有企业的新使命新担当，筑牢党的执政根基。

一、始终坚守"石油工人心向党"的政治本色

东方物探党委坚持把党的政治建设摆在首位，旗帜鲜明地讲政治，始终保持正确的政治方向和政治站位，坚定不移听党话跟党走，以高质量党建引领和推动企业高质量发展。坚持以习近平新时代中国特色社会主义思想武装头脑，做到及时跟进学、深入思考学、联系实际学、原原本本学，在学思践悟、融会贯通中提高政治觉悟、坚定理想信念、坚守绝对忠诚、强化使命担当，胸怀"国之大者"，自觉做习近平新时代中国特色社会主义思想的坚定信仰者和忠实践行者，不断提高政治判断力、政治领悟力、政治执行力，切实把讲政治的要求内化于心、外化于行，体现在岗位工作实践中。坚持把贯彻落实习近平总书记重要指示批示精神作为重大政治责任和首要政治任务，建立习近平总书记重要指示批示精神落实机制，不断增强"四个意识"、坚定"四个自信"、做到"两个维护"，始终在思想上政治上行动上同以习近平同志为核心的党中央保持高度一致，将习近平总书记重要指示批示精神作为推进高质量发展的行动指南，以高质量发展成效检验贯彻落实的实效，在推动"两先两化"战略实施、保障国家能源安全中发挥先锋作用。

二、始终秉持"我为祖国献石油"的价值取向

东方物探党委坚持从讲政治的高度深刻把握新时代国有企业的战略定位，将发展方向和目标自觉融入党和国家的大格局、大战略中，保证党和国家方针政策、重大部署在东方物探得到认真贯彻执行。认真学习贯彻党的十九届五中

全会和中央经济工作会议精神,积极配合"四个革命、一个合作"能源安全新战略推进实施,把为国找油找气作为神圣使命和最大价值体现,把发现更多储量作为检验和衡量工作成效的重要标准,努力推动国内重点含油气盆地整体部署、整体勘探,努力寻找规模储量区和战略接替区,推动国内油气储量高质量增长,协助大庆、长庆、塔里木、新疆、西南等油气田取得了一系列战略性发现和突破,集团公司国内外油气重大发现成果参与率达到100%,先后发现3个储量超10亿吨的大油田和3个储量超千亿立方米的大气田,为保障国家能源安全贡献了"东方力量"。

三、始终保持"越是艰险越向前"的奋斗姿态

实践证明,同困难作斗争,是物质的角力,也是精神的对垒。以铁人王进喜为代表的老一辈石油工人,发扬"独立自主,自力更生"的艰苦创业精神,仅用三年时间就拿下大庆油田,一举甩掉了"贫油国"的帽子。东方物探广大干部员工在闻油而起、担当使命、一心一意为国找油找气的顽强拼搏中,在放眼全球、瞄准一流、坚定不移走向世界舞台中央的跨越中,以越是艰险越向前的奋斗姿态,面对问题不回避,面对矛盾不退缩,面对困难不叫苦,把困难和挫折当作成长的阶梯,在大是大非面前敢于亮剑,在矛盾冲突面前敢于迎难而上,在危机困难面前敢于挺身而出,始终保持旺盛斗志,坚定不移推动东方物探向着"率先打造世界一流"的目标勇毅前行,形成了系统完备的管理体系,打造了国际先进的勘探利器,建立了作风能力过硬的铁人式队伍,为率先打造世界一流打下了坚实物质基础,培育了强大精神力量。目前,东方物探已成为全球物探行业唯一具备全产业链作业能力的技术服务公司,采集、处理解释及装备制造等业务一体化成为其竞争制胜的最大优势,海外业务分布在73个国家,陆上勘探实力连续18年保持全球首位,海洋OBN[①]市场规模跃居行业第一,销售收入连续6年排名全球物探行业第一位。

---

① OBN(Ocean Bottom Node海底节点地震采集)。

第二节 坚持理论武装，用党的创新理论指导改革发展

理论是行动的指南，加强理论武装工作，是新时代国有企业做强做优做大的必然要求。东方物探党委始终将党的政治建设摆在首位，深化理论学习，认真学思践悟，努力让广大党员干部学出坚定信仰、学出绝对忠诚、学出使命担当。

一、建立第一议题制度

2018年，东方物探党委率先建立了第一时间学习机制，将传达学习贯彻习近平总书记最新重要讲话精神和中央重要会议、文件精神，纳入党委会第一议题，先后组织学习19期、178项内容，有效提高了党委班子成员运用科学理论指导实践、推动工作的能力。注重推动学习向基层延伸，公司党委每期学习结束后，第一时间将学习资料及贯彻落实要求发送至机关各部门和各二级单位党委，要求各部门、各单位及时组织学习，抓好工作落实，确保了学习贯彻效果。

二、深化系列主题教育

加强理论武装和思想教育是中国共产党的优良传统和成功经验。党的十八大以来，中共中央先后组织开展了"党的群众路线"教育实践活动、"三严三实"专题教育、"两学一做"学习教育、"不忘初心，牢记使命"主题教育、党史学习教育等五次大规模的专题思想教育。这五次专题思想教育，前后相继、一以贯之、浑然一体。东方物探党委以开展系列主题教育为契机，坚持公司领导示范学、中层干部脱产学、基层党员干部全员学等方式，推动系列教育走深走实，促使习近平新时代中国特色社会主义思想入心入脑入行，夯实了建设世界一流企业的思想基础。

三、强化政治理论学习

坚持用党的最新理论成果武装党员干部头脑，认真落实党委中心组理论学

习制度，通过党员干部带头领学、交流学习体会、带着问题深入研讨等多种方式，读原文，悟原理，明方向，强信仰。党的十八大以来，两级党委中心组组织集体学习1872次，开展专题研讨183次，中层以上领导干部撰写理论文章1701篇，各级党组织书记讲授党课2150场次。

注重抓好中层领导干部政治理论学习，建立领导干部政治理论学习常态化机制，认真开展读书自学和专题研讨，并连续28年组织领导干部进党校学习，引导各级领导干部对新思想新理论学深悟透、躬身践行。注重加强基层党员干部的理论教育，充分利用党组织书记讲党课、党支部"三会一课"、理论学习宣讲团深入基层宣讲等多种载体，构建全方位、多层次的理论学习和宣传教育舆论矩阵，推动习近平新时代中国特色社会主义思想学习走深走实。注重扩大政治理论学习的覆盖面，借助移动互联技术，系统构建并使用好党建信息化平台，形成网上"三会一课"、网上党校等党的创新理论学习新课堂，开展线上党课、主题党日、网上研讨等活动，使理论武装与理论学习更富时代性、更具针对性、更有实效性。

四、注重学习成果转化

学习的目的在于应用。东方物探党委坚持把党的创新理论作为做好一切工作的根本遵循，作为武装头脑、指导实践、推动融合的理论源泉，做到学思用贯通、知信行统一。

坚持以深学促真信，以真信促力行。注重激励党员干部深思细悟，采取组织专题研讨、撰写体会文章等方式，引导广大党员干部带着问题学、带着思考学，从历史和现实相贯通、国际和国内相关联、理论和实际相结合的宽广视角，深刻把握党的创新理论的精髓和要义，深刻把握习近平新时代中国特色社会主义思想的科学体系和丰富内涵，深刻把握贯穿其中的马克思主义立场、观点和方法，不断提高马克思主义水平和政治理论素养，提高运用科学理论解决实际问题的能力。

坚持学以致用，做到知行合一。把学习习近平新时代中国特色社会主义思想与落实国有企业改革三年行动、率先打造世界一流实施方案相结合，有针对性地完善改革方案、部署改革任务，把学习效果转化为推动高质量发展的强大动力。坚持将学习贯彻习近平总书记重要讲话精神与党员岗位实践相结合，通过开展岗位讲述、岗位承诺、岗位实践等活动，引导广大党员在岗位实践中当先锋、作表率。

第三节　坚持党的领导，把准企业正确发展航向

东方物探党委认真落实管党治党责任，牢固树立"抓好党建是最大政绩"理念，始终保持全面从严治党的使命感和紧迫感，坚定不移贯彻中央大政方针，不折不扣落实上级决策部署，保证党和国家方针政策、重大部署在企业贯彻执行，保证石油物探员工永远听党话跟党走。

一、认真践行新时代党的建设总要求

东方物探党委坚持党对国有企业的领导不动摇，坚持服务生产经营不偏离，坚持建强国有企业基层党组织不放松，坚持党组织对国有企业选人用人的领导和把关作用不能变，为做强做优做大国有企业提供坚强组织保证。2016年全国国有企业党的建设工作会议后，东方物探党委系统谋划实施"13356"党建提升工程，先后组织开展"党建基础管理年""党建巩固深化年""党建创新拓展年"等活动，五年来定期召开党委会，专门研究党的建设、党风廉政建设和反腐败工作、内部巡察问题整改落实和意识形态等方面159项工作，先后召开党代会、基层党建工作推进会、基层建设工作会等会议，推动党建"三基本"建设与基层建设深度融合，确保在推进企业高质量发展进程中加强党的建设。

二、大力推进党的领导融入公司治理

坚持两个"一以贯之"，将党的政治、思想、组织、监督、群众工作优势，与现代企业制度的科学决策、有效制衡、权责明确、协调运转优势有效叠加，实现"双向融合"。认真贯彻国务院国资委要求和集团公司党组工作部署，12

家境内企业全部完成将党建工作总体要求写入公司章程相关工作。持续加强制度体系建设，对照《关于中央企业在完善公司治理中加强党的领导的意见》等制度，先后制修订领导班子工作规则、党委工作规则，明确党委发挥领导作用，依照规定讨论和决定企业重大事项，推动党建工作有效融入公司产业链、价值链、创新链各个环节。先后四次修订"三重一大"决策制度实施细则，结合党委委员和班子成员高度重合的实际，明确以党委会形式决策"三重一大"事项，确保公司党委科学有效行使决定权、把关权、监督权。结合实际合理界定决策事项范围，明确决策主体权责，规范决策程序要求，从严审查把关决策事项，并制定了4个方面60项内容的决策事项清单，确保做到不规避决策、不越权决策、不重复决策，正确行使权力，为决策负责、担责，确保了决策制度有效落实，推动公司治理体系和治理能力现代化。

三、狠抓管党治党责任有效落实

东方物探党委认真构建"大党建"格局，制定了落实全面从严治党主体责任清单，明确了党委、党委成员、机关职能部门责任，建立了"明责、履责、督责、问责"四位一体的责任体系，推动全面从严治党向基层延伸。坚持把党建工作纳入业绩考核评价体系，与单位领导班子和领导人员年度综合考评、绩效考核兑现挂钩，把党建思想政治工作考核权重从5%提高到18%，推动党建责任的层层传递、有效压实，推动党建工作水平持续提升。东方物探党的建设走在了集团公司和河北省国资委所属企业前列，曾在集团公司党建责任制考核中成为获得加分项满分的单位，荣获"中央企业先进基层党组织"荣誉称号。

第四节　坚持履责担当，争做伟大事业的中流砥柱

在"十四五"开局起步的关键时期，集团公司印发了所属领导班子和领导人员综合考核评价办法，将打造政治坚强、本领高强、意志顽强的"三强"领导人员队伍写入制度，作为考核评价的重要指标。东方物探党委围绕履行找油

找气责任使命，不断加大干部队伍建设力度，努力淬炼广大干部驾驭复杂局面的大智慧、堪当重任的宽肩膀和干事创业的真本领。

一、瞄准"想干事"，提升"政治三力"

习近平总书记用"政治三力"诠释了政治能力的新内涵。政治坚强是领导干部核心能力体系的第一维度。东方物探党委始终把政治能力建设摆在首位，推动干部做政治上的"明白人"，确保干部"想干事"。

注重提高各级领导干部的政治判断力，确保各级领导干部在复杂多变的内外部形势中，准确甄别风险挑战，积极寻求应对之策，有效应对百年未有之大变局；注重培养各级干部的战略思维能力，每年专门邀请国内外知名院校和企业专家进行形势、战略方面专题授课，举办领导人员领导力提升培训班，培养领导干部观大势、谋全局的能力，正确把握事物发展总体趋势和方向，从中找到最优解决方案，推动企业高质量发展。

注重提高各级领导干部的政治领悟力，强化理论学习，坚持中层领导干部进党校轮训制度，坚持每年举办党支部书记、支委委员和党员培训，不断提高党员领导干部的理论修养、政治素养。强化对中央精神的学习贯彻，通过党委会、中心组学习、政治理论培训、"三会一课"等方式，及时跟进学习中央最新精神。结合学习贯彻习近平总书记"七一"重要讲话，围绕践行伟大建党精神，组织各级领导干部开展专题研讨326次，滋养领导干部党性修养，进一步坚定了理想信念。

注重提高各级领导干部的政治执行力，东方物探党委班子成员坚持第一时间学深悟透习近平新时代中国特色社会主义思想，先后组织学习20期、183项内容，围绕学习内容组织研讨发言，并对贯彻落实提出具体要求，以实际行动践行"两个维护"，为各级党组织做出表率。东方物探党委还将学习资料及工作要求及时转发各二级单位党委，各二级单位党委先后组织学习480余次，及时与上级要求对标对表、推动落实，真正打造了一支政治坚强的领导人员队伍。

二、瞄准"能干事",注重"三个强化"

习近平总书记指出,我们党既要政治过硬,也要本领高强。"本领高强"是对党员干部"能干事"的必然要求。东方物探党委着力强化领导干部系统思维能力、统筹驾驭能力和狠抓落实能力,努力建设高素质专业化干部队伍。

注重提高各级领导干部的系统思维能力,在干部选拔上树立鲜明导向,大力选拔使用懂经营、会管理、善决策,具有大局观、善于系统思维的干部。教育引导各级干部提高政治站位,学会把本单位和本部门的工作融入事业发展、融入党和国家大局去思考和谋划,并通过召开务虚会、战略研讨会等相关会议,激励各级领导干部系统思考,真正做到谋全局、谋长远、谋未来。

注重提高各级领导干部的统筹驾驭能力,持续提升领导干部综合素养。东方物探按照集团公司领导关于加强源头培养的要求,不断强化年轻后备干部队伍建设,把有潜力的干部放到重点项目、难点项目,放到矛盾突出、问题集中的基层岗位进行实践锻炼,切实培养领导人员应对突发事件能力和驾驭风险本领。

注重提高各级领导干部的落实执行能力。坚持把抓好调研作为推进执行的前提,作为领导干部的一项基本功,每年围绕企业发展中的重点难点问题,发动各级领导干部深入开展调查研究,准确掌握第一手资料。以"钉钉子精神"不断强化制度执行和工作督导,注重发挥督查督办信息化平台作用,对重点工作任务进行重点督导;连续七年开展党委巡察工作,重点对贯彻习近平总书记重要讲话、指示批示精神,以及中央和上级党组织各项决策部署情况进行检查,通过强化督查、问责有效提升了领导干部抓落实抓执行的行动自觉。

三、瞄准"干成事",坚持"三个做到"

习近平总书记指出,面对艰险挑战,必须保持百折不挠的精神、顽强拼搏的作风、越战越勇的劲头。东方物探党委深刻认识到,"意志顽强"是对党员干部的更高要求,必须要引导领导人员树牢永不服输、永争第一的坚定信念,做到锐意创新、志存高远、永葆激情。

面对新科技革命和产业变革的时代浪潮,东方物探党委注重引导各级干部认清"不创新不行,创新慢了也不行"的严峻现实,激励各级干部勇担时代重任,把创新作为引领"率先打造世界一流"的第一动力,自觉践行"创新优先"战略,充分激活创新动能,努力激发创新潜力,积极抢占物探行业话语权和未来发展制高点。

在多年的拼搏奋斗中,东方物探创造了以科学求实和艰苦奋斗为支柱的物探先锋文化,锻造了新时代"永不服输、勇争一流"的精神特质。"率先打造世界一流",是集团公司党组对东方物探的信任、鼓励和期待,也是东方物探立足新发展新阶段必须肩负的责任和使命。东方物探党委坚持以文化人、以文育人,努力让勇争一流、追求卓越的奋斗基因融入干部职工血脉,转化为知重负重、知难而进、迎难而上的具体行动,引领广大干部职工在勇于担当中找到解决问题的思路和办法,在危机和变局中开创高质量发展的新局面。

加强领导干部业绩考核,健全科学绩效考核体系,把考核结果作为领导人员任用、培训、工资晋档和奖惩的重要依据,推进领导干部"能上能下"的重要手段,切实发挥业绩考核的引导、激励、约束作用,激发领导人员担当作为的主动性。发挥考核的"指挥棒"作用,引导各级领导干部坚持问题导向,对标世界一流,勇于突破工作中管理上的条条框框,敢于打破路径依赖和惯性思维,创造性开展工作。

第五节　坚持筑牢根基,提升基层党建工作水平

抓基层打基础是我们党的优良传统。习近平总书记在全国国有企业党建工作会议上明确提出,全面从严治党要在国有企业落实落地,必须从最基本的东西抓起,从基本组织、基本队伍、基本制度严起,为加强新时代基层党建工作提供了根本遵循。东方物探坚持"党的一切工作到支部"原则,构建工作机制,制定务实举措,确保各项重点任务走深做实。

一、加强基本组织建设，创建标准化党支部

东方物探党委高度重视基层党支部建设，以党支部工作内容、工作方式、活动载体等标准化为抓手，全面推行标准化党支部建设，不断提高基层党支部建设质量。

注重规范党支部工作内容，细化明确了支部设置、班子建设、组织生活、活动载体、党员管理、思想工作、平台应用、基层管理、班组建设、基础工作等 10 个标准化的具体内容。注重规范党支部活动载体，对组织生活的内容、频次、时间等做出明确而具体的规定，规范了主题党日、"三会一课"等活动载体、工作平台，既要求做好规定动作，又鼓励创新自选动作。

明确基层党支部作为标准化党支部建设的创建主体，负责对照 10 个标准化制定详细的创建计划并组织实施。明确基层党委作为标准化党支部建设的考核管理主体，承担考核管理责任，对达标工作进行审核定级。明确东方物探党委作为标准化党支部建设的监管主体，负责督促指导各基层党委标准化党支部建设开展情况，并进行监督考核。

建立晋级管理机制，细化量化了 48 项考核评分细则，设置未达标、达标、优秀、示范四个级别推动达标晋级。建立横向交流机制，定期组织基层党组织书记示范培训班，每年对基层党支部书记轮训一遍，每两年组织一次基层建设工作会议，推动经验交流共享。建立党支部书记带课题制度，先后形成了海外党支部战斗力提升、党支部工作五法等一大批优秀成果。

二、加强基本队伍建设，严格党员教育管理

党员是党的肌体和细胞，推进全面从严治党向基层延伸，必须从加强党员队伍教育管理入手。

充分发挥党校教育主阵地作用，坚持集体培训与个人自学相结合、辅导培训与座谈交流相结合、理论教育与实践锻炼相结合、走出去学习与请进来授业相结合，不断把党员教育培训工作引向深入。2019 年，东方物探建成石油物探展览馆，被集团公司命名为首批"石油精神教育基地"，作为石油物探史现

场教学点，累计开展286场次教育，5857名党员到现场进行了参观学习。按照《2019—2023年全国党员教育培训工作规划》要求，各二级单位党委有计划、分层次、高质量开展党员教育培训，采取集中培训、线上培训相结合的方式，大力推行党员三年轮训计划，党员培训工作稳步开展，累计培训党员36203人次，其中，培训新党员和流动党员689人次。

坚持把企业生产经营的难点作为党建工作重点，大力开展"强核心、固堡垒、当先锋"创先争优活动，以"一支部一载体"为平台大力开展"党支部+"活动，以"党旗在胸中飘扬，党徽在岗位闪光"为主题广泛开展"党员+"活动，围绕重大项目、重点工程、重要任务等中心工作，紧贴攻关、创新、质量、安全、服务等岗位实际，探索推广夺旗争星、积分管理等经验做法，不断提升组织力、强化执行力、增强战斗力、提高服务力，努力形成"双深入、双促进"的新局面。打造先进集体、个人榜样品牌，深入开展评先评优，注重发现、培养和宣传各个层次、各个方面的先进典型及崇高精神，对工作业绩突出、表现优异的集体和个人及时进行表彰和宣传，营造崇尚先进、学习先进、争当先进的良好氛围。

针对以往对党员考核定性多、定量少、不够严谨规范的问题，东方物探在部分单位开展了党员量化评价探索试点，从政治素质、工作业绩、道德品行、综合表现等四个维度对党员进行量化评价，形成了14项评价指标、29项评价要素和43项评价标准的党员量化评价体系。

实施党员量化评价，推动了党员评价向定量化、精准化转变。通过建立党员日常行为表现记录台账，客观记录党员工作行为表现，确保党员量化评价有据可依，避免"拍脑袋""凭印象"打分。通过加强党员量化评价结果有效应用，及时对得分靠前的党员进行精神和物质奖励，并安排专人与得分靠后的党员进行谈心，帮助后进党员认清差距、找出不足，坚定迎头赶上的信心和决心，促使广大党员自觉对标先进，自觉加强党性锻炼，充分发挥党员的先锋模范作用。东方物探探索党员量化评价的经验2021年7月在全国石油石化企业基层党建创新论坛发布，并获党建创新案例一等奖。

三、加强基本制度建设，规范党建工作体系

东方物探党委高度重视基层党建制度建设，不断完善理论学习制度、议事决策制度和各项组织生活制度，使基层党组织工作有"法"可依、有"章"可循。

紧扣全面从严治党主线，以强化功能为根本，以发挥作用为关键，聚焦落实基本责任、健全基本组织、建强基本队伍、坚持基本制度、开展基本活动、提升基本服务、强化基本保障等"7个基本"，抓好基层党建制度体系建设。五年来，先后两次全面梳理优化公司党建工作制度，2018年废止不适用制度18项、修订完善制度23项、新建立制度12项，2020年废止不适用制度25项、修订完善制度49项，推进党建制度有形化、系统化建设。

突出党建工作责任制考核评价的系统性，把党的建设全部工作纳入考评体系，构建"大党建"工作格局；突出考核评价针对性，针对国内和海外考核对象和党建工作的差异性，分别研究制定不同考核指标；突出考核操作性，细化分解具体扣分标准，增加加分项目，专门建立考核检查资料清单，方便考核实施。坚持定量考核与定性考核相统一，把二级单位干部职工代表测评与单位领导班子年度履职测评进行同步安排；坚持线上考核与线下考核相统一，通过信息化手段上传佐证材料，进行线上模拟考核、打分评价，提高考核效率；坚持日常考核与集中考核相统一，对基层党委日常工作情况进行写实记录，将日常工作表现作为年度考核评价的重要依据。强化结果应用，将考核结果作为干部任免奖惩的重要依据，纳入单位年度业绩考核体系，确保党建工作责任制落到实处。

针对物探施工点多线长面广、人员分散、流动性强的特点，以及党员教育管理难、集中开展活动难、监督考核评价难、信息资讯交流难等实际，东方物探充分利用"铁人先锋"平台，认真开展党建信息线上维护、党建业务线上办理、党建工作线上考核等工作，提高了工作效率，保证了考核结果公开透明。

特别是借助平台的智能分析功能，实时感知组织生活、发展党员、党费交纳等基层党建工作动态，做到超前预警、实时提醒、及时纠错。借助"互联网＋党建"，把党员连到线上，把活动放在云端，推动基层党建工作信息公开化、工作进展透明化，激励基层党组织和党务工作人员把党建工作责任扛在肩上，推动全面从严治党责任有效落地。

第六节　坚持全面从严，营造风清气正干事创业环境

多年来，东方物探党委、纪委一以贯之坚持"严"的主基调，始终坚定不移推进"三不"机制建设，加强精准执纪，强化制度执行，深化思想教育，让党员干部因敬畏而"不敢"、因制度而"不能"、因觉悟而"不想"，实现标本兼治。

一、严格执纪问责，加大"不敢腐"的震慑力度

始终保持惩治腐败的高压态势，坚持惩治腐败力度不减、节奏不变、尺度不松，严肃查处违纪问题，强化"不敢腐"的震慑效应。

把党的政治建设摆在首位，将政治监督贯穿到日常监督、巡察检查和执纪审查全过程，做到上级党组织重大决策部署到哪里，监督检查就跟进到哪里，确保各级党组织和党员干部贯彻落实中央和上级决策部署，不讲条件、不打折扣、不搞变通，做到令行禁止。坚持"纪在法前、纪严于法"，不断强化正风肃纪、惩治腐败工作力度，做到无禁区、全覆盖、零容忍。充分利用电子监督平台，对物资采购、工程建设、工程技术有关信息进行查询、对比、分析，对发现的问题隐患及时提醒、处置，提升合规管理水平。持续整治"四风"问题，公司党委制定《改进文风会风十八条措施》，公司纪委印发《关于推动和督促落实解决形式主义突出问题的通知》，持续跟进监督检查，推动为基层减负工作取得新成效。

精准运用监督执纪"四种形态"，持续强化惩治震慑，全面加强纪律建设。

发挥各级党组织近距离、全天候、常态化的独特优势,突出运用好"第一种形态",注重抓好日常监管,对反映党员干部苗头性、倾向性、一般性问题的,及时谈话提醒、约谈函询,让轻微问题通过"红脸出汗"得到有效解决,使违纪问题止于破纪之初,真正把关心爱护干部落到实处。通过精准统筹运用,使"四种形态"环环相扣,层层递进,达到惩处极少数、教育大多数目的,确保党员干部队伍的纯洁性。

坚持依规依纪依法履行职责,强化精准执纪理念,严格落实请示报告、线索处置、审查审理等工作流程,严守工作纪律,严格行使监督执纪权力,做到线索处置精心、事实证据精确、定性量纪精准。加强问题线索管理,完善分析排查、集体研判、分类处置、跟踪督办制度,精准运用谈话函询、初步核实、暂存待查、予以了结四种方式,把好执纪审查调查的第一道关口。加大谈话函询工作力度,健全谈话函询机制,严防"一谈了之、一函了之",把好谈话函询质量关。

二、坚持标本兼治,健全"不能腐"监督机制

围绕推进"不能腐"机制建设,东方物探始终坚持问题导向,针对审查调查、巡察监察中发现的问题,及时堵塞制度漏洞,完善监督措施,形成"带电的高压线"。

不断完善廉洁风险排查防控机制,紧盯制度执行的严肃性、行权用权的廉洁性,突出重点岗位和关键环节,对业务流程进行系统排查,认真梳理制度规定风险,查找岗位职责风险,排查业务流程风险,纳入公司内控体系,健全完善管理制度,加强对用权行为制约,建立形成廉洁风险防范长效机制。

注重发挥联合监督优势,紧盯基层存在的顽症痼疾,逐项研究制定监督工作方案,健全完善发现问题、纠正偏差、精准问责的有效机制。认真履行业务管理部门职责,加强制度执行情况的监督检查,对违反制度规定的问题严肃处理,不断增强制度规定的权威性和执行力,牢牢扎紧"不能腐"的制度"笼子"。

高度重视海外业务监督工作，针对不同国家和地区海外业务特点和规律，细化完善海外廉政建设机制，压实海外业务党委班子成员监管职责，明确权责清单，把主体责任压实在海外；发挥专责监督部门作用，坚持纪委统筹协调，巡察、审计及时跟进监督，发现问题、促进整改，把监督触角延伸到海外；坚持国内海外协调联动，充分发挥监督资源优势，持续开展一体化联合监督检查，堵塞管理漏洞，防范廉洁风险。完善海外业务党风廉政建设责任考核机制，督促党员干部履行"两个责任"，确保海外业务廉洁风险防控措施落实到位，推动海外业务健康发展。

三、注重廉洁教育，激发"不想腐"的思想自觉

东方物探党委从强化党性教育、思想教育和廉洁意识教育入手，促使党员干部真正在心灵深处筑牢拒腐防变的思想防线，坚定"不想腐"的思想自觉。

加强党性观念教育、理想信念教育，引导党员干部解决好世界观、人生观、价值观这个"总开关"问题。坚持把党纪党规教育作为重要任务，以全体党员干部为重点，纳入党校轮训、党委理论中心组学习和"三会一课"内容，教育引导党员干部带头学习纪律、遵守纪律、敬畏纪律，持续增强纪律自觉。教育引导党员干部懂法纪、明规矩、知敬畏、存戒惧，重点强化政治纪律和组织纪律，带动廉洁纪律、群众纪律、工作纪律、生活纪律严起来。坚持高标准严要求，划"红线"、明"底线"，营造了尚廉、崇廉、践廉的浓郁氛围。

坚持"五教一考"和"六个一"教育常态化，充分运用好专题党课、典型案例警示、廉洁谈话提醒、组织参观反腐倡廉教育基地等有效手段，努力强化日常教育。发挥"铁人先锋"平台优势，运用微信、"微故事"、微视频等形式，不断丰富教育方式，提高教育实效。注重加强党员干部思想道德修养，在广泛开展石油精神优良传统教育的同时，深入开展社会主义核心价值观教育，牢固树立正确的人生观、世界观和价值观，努力提高教育效果，增强"不想腐"的思想自觉。

广泛开展廉洁文化建设活动，努力把党性教育、党史教育、党风廉政教育成果转化为坚定理想信念、砥砺党性心性、忠诚履行职责的实际行动。坚持"以人民为中心"的发展理念，认真研究应对改革发展中出现的新情况新问题，加大政策宣贯力度，正确处理涉及员工群众切身利益的问题，及时消除隔阂、化解矛盾，妥善解决员工合理诉求，主动把关心关爱员工落到实处，努力构建团结、融洽、和谐、健康的干群关系，共同营造遵规守纪的文化氛围。

第二章
战略领航，科学决策确保发展方向

习近平强调，新发展理念和高质量发展是内在统一的，高质量发展就是体现新发展理念的发展。继党的十八届五中全会提出"创新、协调、绿色、开放、共享"的新发展理念之后，党的十九大又明确指出，我国经济已由高速增长阶段转向高质量发展阶段。东方物探深入贯彻落实新发展理念，把政治坚定转化为战略坚定，把理论创新转化为战略创新，把精神贯彻落实为战略贯彻，以科学的战略谋划引领高质量发展。

战略是保障目标实现的根本。东方物探之所以能够从容应对发展中的危机与挑战，一步步从小到大、由弱到强，在于公司始终高度重视战略引领，始终坚持党的领导、加强党的建设，坚持从讲政治的高度看待战略问题，确保在关键节点做出正确的战略决策。

2002年，适应行业重组后的新变化，东方物探确立了"全球化、数字化、一体化"发展战略和建设国际一流地球物理公司的目标。2007年，东方物探针对国内外形势变化和企业发展需要，及时进行战略调整，确立"一体化、国际化、数字化、集约化"发展战略和建设具有国际竞争力的技术服务公司的目标。2016年，东方物探进行战略优化，确立"创新优先、成本领先、综合一体化、全面国际化"发展战略，确定建设世界一流地球物理服务公司的目标。

进入新发展阶段，东方物探党委着眼国际发展大势，坚持把"率先打造世界一流"确立为矢志追求的目标，认真贯彻中央新发展理念，自觉遵循集团公司党组"四个坚持"兴企方略和"四化"治企准则，围绕率先打造世界一流目标深入思考、布局谋篇，积极推进"两先两化"战略落实落地，制定了率先打造世界一流《行动方案》和《实施方案》，形成了"三步走"的战略规划。

第一节 创新优先，催生发展第一动力

创新是引领企业发展的第一动力，决定着企业发展的速度、效能和可持续性，抓住创新就抓住了牵动企业高质量发展的"牛鼻子"。

一、"创新优先"战略的内涵

"创新优先"战略是率先打造世界一流的动力引擎，必须坚持科技先行、技术立企，围绕产业链部署创新链、依靠创新链提升价值链，着力提升自主创新能力，加快数字化转型、智能化发展，大力发展绿色勘探技术，抢占未来竞争制高点，使创新真正成为引领发展的第一动力。

二、战略实施的方向

以国家重大需求为导向的能力创新。服务国家油气资源战略，瞄准"高精度、高效率、低成本"勘探需求，依靠创新驱动大幅提升复杂地质目标的勘探成功率，解决勘探难题，为国家油气大突破、大发现提供重要保障。

以核心技术为主体，以数字化、智能化为特征的技术创新。坚决突破卡脖子技术，把企业高质量发展的主动权牢牢掌握在自己手中。拥抱数字文明时代，充分应用互联网、大数据、云计算、人工智能等当代先进技术，推进企业数字化转型，智能化发展。

以全球市场需求为导向的领域创新。放眼全球物探市场，发现市场需求，研判市场变化趋势，开拓深海、油藏、信息等新领域。通过扩链、强链、补链，

健全完善全产业链的结构布局，提升全球物探市场的竞争优势。

以提升组织绩效为目标的改革管理创新。坚持深化改革，用体制机制的改革，解放生产力，发展生产力。通过专业化重组改革，管理方式、营销模式与生产组织的变革，加快治理体系和治理能力现代化进程，提升效率与效益，推进高质量发展。

三、战略实施的重点

自主创新，实现关键核心技术快速突破。发挥企业主体作用，矢志不移推进自主创新，持续打造形成具有自主知识产权的核心软件、核心技术和核心装备系列勘探利器，做全球物探行业的领跑者。

集成创新，抢占全球物探技术的"制高点"。始终坚持全球视野，聚焦物探前沿领域，以开放包容的胸怀谋划科技创新，形成国际国内统一布局的软硬件研发环境，依靠自主知识产权软件、装备集成创新，突破前沿技术，抢占物探技术制高点。

联合创新，构建全球化科技创新网络。充分利用"两个市场""两种资源"，聚天下英才而用之。加强与知名高校、研发机构、大油公司技术合作，发挥产学研协同效应，加速研发与应用结合，促进科研成果转化。

群众创新，形成全员创新生态。聚焦生产需求，坚持问题导向，把创新舞台建在基层，把创新重点放在现场。创新机制，让员工愿意创新；提升能力，让员工能够创新；加大激励，让员工持续创新，形成全员创新良好生态。

四、战略实施的效能

抓创新就是抓发展，谋创新就是谋未来。围绕推进高质量发展，东方物探不惧难题，勇于创新，持续挑战不可能，把不可能变成可能，永远和自己赛跑，超越自我跑入业界高端，不断建筑起自己的新高度。东方物探拥抱压力，主动创新，瞄准企业高质量发展所需，坚定不移走科技自立自强之路，行业话语权和竞争力得以持续提升。

"十三五"期间，东方物探创新效能显著。申请专利和授权专利数量分别比

"十二五"增加32%和137%，获得国家科技进步一等奖1项、二等奖1项，5项技术项目获得中国石油十大科技进展，科技进步贡献率超过70%，在中国人民大学发布的2020中国能源企业创新能力百强榜单中位列第三，被国家科技部授予"国家引才引智示范基地"，在全国2020年科技工作大会上作典型交流。

第二节 成本领先，打造发展竞争优势

市场经济条件下，企业只有能够帮助客户以更低的投入获得更高的产出，才能为客户创造更多价值，从而形成成本领先优势，赢得竞争的主动权。

一、"成本领先"战略的内涵

成本领先战略是率先打造世界一流的长期举措，必须坚持管理变革和提质增效，充分发挥市场在资源配置中的决定性作用，在经营上精打细算、生产上精耕细作、管理上精雕细刻、技术上精益求精，积极吸收借鉴国内外先进管理理念和方法，完善管理体系，激发负熵因子，勇创一流、追求卓越。

二、战略实施的方向

转变观念促"领先"。引导员工登高望远，放大胸怀和格局，打破"存在即合理"的思维惯性，跳出问题想问题，跳出管理看管理，从全价值链、全服务周期的战略视角，看待"成本领先"问题，不仅注重内部挖潜，更注重客户、分包商、竞争对手等外部环境的分析，寻求培育"成本领先"优势的最佳方法、最优路径。

技术升级促"领先"。持续完善核心装备的技术性能和制造工艺，全力打造实用、好用、想用的装备利器。加快国际前沿技术研发，加强技术对标，着力补齐短板，提升关键技术性能，全面满足国际高端市场需求，努力实现从技术"跟随者"到"领跑者"的跨越式转变，努力将科技创新成果转化为核心竞争力和"成本领先"的优势。

管理优化促"领先"。推进精益管理，健全以市场为导向的成本倒逼机制，

深化全员成本目标管理，深挖产业链、供应链等各环节降本增效潜力，提升项目创效能力和成本管控水平；瞄准提质增效，对标世界一流，持续深化改革，不断释放体制机制活力，激发高质量发展的内生动力，推进治理体系和治理能力现代化，夯实率先打造世界一流的基础。

智能互联促"领先"。以地震采集为重点，加快打造智能化地震队、智能海洋支持平台，深度融合 Geoeast-iEco 与梦想云平台，实现地震高效采集、智能处理解释和协同研究。坚持技术赋能，打造物探智能云平台，建设统一物探数据湖和数据治理体系，优化物探生产管理系统，深度挖掘海量数据价值，为公司生产指挥、决策支持、经营管理、协同办公提供高效数据及一体化技术支撑。

三、战略实施的重点

加强资金管理。树立"现金为王"的理念，按照"有利润的收入和有现金流的利润"的要求，大力推进"两金"压控，严格控制投资规模，加强全项目周期资金管控，健全经营压力传导机制，有效改善自由现金流水平，提升公司整体经营质量。

加强资本管理。树立"企业不消灭亏损，亏损终将消灭企业"的理念，坚持"一企一策"，落实治理责任，开展挂牌督战，确保完成专项治理目标；采取资本运营手段，盘活利用存量资产，处置低效无效资产，全力推进亏损治理和法人压减，不断优化资产结构，有效提升资本创效能力。

加强资源管理。树立"整体谋划，高效协同"的理念，深化核心装备集中管理，建立统一管理平台，优化站点布局，完善运营模式。强化供应链管理，健全完善全球化供应商网络，增强全球资源配置能力。

加强风险防控。树立"避免损失就是创造效益"的理念，持续深化内控体系建设，认真做好生产经营监测分析，防止发生系统性经营风险。

四、战略实施的效能

东方物探各级管理者牢固树立"一切成本皆可降"的理念，从强化市场开发、推进技术进步、加快管理升级、优化资源结构等多方面入手，努力构筑全产业链竞争优势，不断提升全产业链条、全技术领域的话语权和影响力，为实现"成本领先"奠定了坚实基础。

"十三五"期间，东方物探持续推进提质增效专项行动，企业增加值年均增长10.8%，全员劳动生产率年均增长7.8%，固定资产创效能力翻了一番，公司连续被评为集团公司A级企业、综合考核排名跃居全集团第七位，特别是在新冠肺炎疫情严重的2020年，东方物探逆水行舟，实现弯道超车，成为全球唯一的一家效益正增长的物探公司。

第三节　综合一体化，优化发展业务布局

综合一体化是东方物探以系统思维为指导，在长期的企业生产经营实践中形成的发展战略。只有站在率先打造世界一流的高度，立足长远发展，强化系统思维，合理布局产业链整体架构，持续优化各业务板块动态组合，才会更好地培育放大"综合一体"优势。

一、综合一体化战略的内涵

综合一体化战略是率先打造世界一流的重大优势，必须更加突出协同发展，完善产学研一体化、采集处理解释一体化、区域发展一体化发展机制，健全完善专业化服务模式，强化要素组合，发挥协同效应，形成相互支撑、共同发展的良性格局。

二、战略实施的方向

推进业务拓展。在坚决保障我国油气供应安全、服务国家"双碳"战略、加大勘探开发力度中找准发展定位，充分发挥综合一体化技术服务优势，加快发展开发地震业务，延伸油气服务领域，拓展技术服务边界，推动东方物探勘探主业不断优化升级。

推进技术升级。适应油气勘探向低渗透、深层、海洋、非常规油气藏和

"双复杂"等领域延伸需要，充分发挥公司采集处理解释一体化优势，大力推进高精度三维勘探技术，打造"两宽一高（宽方位、宽频带、高密度）"升级版，实现从精细勘探向精准勘探转变，充分发挥地球物理技术在油气勘探开发生产全流程的功能和作用，突出物探向开发生产领域延伸服务。

推进适度多元。解放思想，着眼未来，适度、有效拓展新的业务增长极，加快由油气服务承包商向综合服务承包商转变。向综合服务承包商转变不是发展产业的多元化，而是要推进服务主体的多元化，重点围绕全球能源绿色低碳转型，积极发展新能源服务业务，打造绿色低碳综合能源示范性企业。

三、战略实施的重点

做强做优陆上采集业务。认真总结公司国内复杂区和海外超大规模项目运作经验，加大推广应用力度，促进项目"四提"，与甲方构建命运共同体和利益共同体。持续培育装备、技术、成本优势，探索完善项目运作一体化管控体系，不断提升陆上采集业务全球竞争力。

做强做稳海上勘探业务。对标国际前沿技术研发，加强关键核心技术攻关，加快国产核心装备研发步伐，全面满足国际高端市场需求。全力服务集团公司海外资源战略，积极推动海外油气合作区增加勘探部署。

做强做精处理解释及其他业务。充分发挥一体化优势，积极带动处理解释、井中地震、综合物化探等业务发展，探索开展油气风险合作业务，不断扩大国内外市场规模。坚持以项目生产需求和技术发展需求为导向，强化核心装备研发，努力优化完善制造业务链。坚持技术赋能，加快建设"智能物探"，探索实现地震高效采集、智能处理解释和协同研究。

四、战略实施的效能

通过实施一体化战略，形成了陆海采集、处理解释、油藏地球物理和物探软件、装备等业务一体化发展格局。特别是建立了国际化技术服务营销体系，可为国内外客户提供一体化技术解决方案，使全产业链优势转化为全领域服务能力。

第四节 全面国际化，实现发展成果共享

全面国际化战略，是东方物探利用"两个市场、两种资源"和推进转型升级的必然选择。实施全面国际化战略，就要践行开放、共享理念，在市场空间、发展资源、运营管理等方面实现全面国际化。

一、全面国际化战略的内涵

全面国际化是率先打造世界一流的路径选择，必须更加突出国际化能力提升，加快理念、技术、业务、人才国际化发展步伐，广泛参与全球竞争和行业治理，既注重市场规模，又注重发展质量，努力提升国际市场竞争力和行业影响力。

二、战略实施的方向

树立合作共赢新理念。加强与所在国家油公司、物探公司合作，坚持互惠互利、合作共赢，根据所在国特点，创新合作模式，共同打造物探生态圈，实现生态圈共同增值。

构建国际市场新格局。优化全球市场布局，调整完善组织架构、一体化运行机制、专业化服务模式，推动优质资源向国内外重点地区聚焦，实现市场快速响应、高效协同。

创新商业服务新模式。充分借鉴国内采集处理解释一体化服务模式，加快处理解释走向海外，提升东方物探整体服务能力。

三、战略实施的重点

服务集团海外战略，积极推动海外油气合作区增加勘探部署。

优化"中东、环里海、拉美"市场策略。

加强新兴战略性市场开发，着力培育新的海外规模生产基地。充分发挥一体化优势，积极带动处理解释、井中地震、综合物化探等业务海外发展，扩大市场规模。

加强国内外区域一体化市场统筹协调，探索建立首席客户经理负责制，压实责权利，实现力出一孔、协同并进。

四、战略实施的效能

近年来，东方物探走向国际的步伐不断加快。特别是在海外新冠肺炎疫情严重的情况下，面对各国"封国"停航等难题，东方物探创新市场开发模式，把"卖场"搬上"云端"，把"展台"建在线上，在中东高端市场屡有斩获，销售收入连续6年位居全球首位，夺取了新冠肺炎疫情防控阻击战和效益实现保卫战的"双胜利"，并获得了"国家'一带一路'油气合作示范工程"称号。

第三章
文化赋能，先锋精神汇集发展力量

文化自信是一个国家、一个民族发展中最基本、最深沉、最持久的力量。习近平总书记在党和国家重大会议上多次阐述这一理念。

文化作为一种精神力量，能够在人们认识世界、改造世界的过程中转化为物质力量。当今世界，文化越来越成为国家之间综合国力竞争的重要因素。

企业文化是企业的灵魂，渗透于企业一切经营管理活动之中，是推动企业持续发展的不竭动力。优秀的企业文化是企业长久发展的基石。在东方物探的发展历程中，独具特色的"东方先锋文化"一直发挥着凝神、育人、塑形和造势的作用，有效提升了公司的品牌价值，助力公司在市场竞争中屡创佳绩。

东方物探的企业文化传承于石油精神和大庆精神铁人精神。2016年习近平总书记作出重要批示，要大力弘扬以"苦干实干、三老四严"为核心的石油精神，深挖其蕴含的时代内涵，凝聚新时期干事创业的精神力量。东方物探在传承的基础上不断创新，在长期的找油找气事业中，形成了以"艰苦奋斗"和"科学求实"为支柱的先锋文化，引领东方物探不断向率先打造世界一流的目标迈进。

第一节　传承精神谱系，绘就文化三原色

作为国家油气勘探"先行官"和"战略部队"，东方物探在几十年的奋斗

征程中，坚定"石油工人心向党，坚决听党话跟党走"的思想信念，矢志找油，不断创新，创造了一个又一个骄人业绩，切实履行了保障国家能源安全的重任，也创造了内涵丰富、充满张力与活力的独具东方特色的企业文化。

一、"石油物探精神图谱"在奋斗中传承

企业有基因，文化有脉络。东方物探的企业文化在奋斗中不断传承，底蕴深厚，脉络清晰。

穿过历史的长河，一代代石油物探人披荆斩棘、呕心沥血，带着特有的时代使命一路走来。

20世纪70—90年代，物探人征战号称"死亡之海"的塔克拉玛干大沙漠。恶劣的自然条件下，英雄的物探人在艰苦卓绝的奋斗中形成了"奉献、拼搏、团结、开拓"的塔克拉玛干精神。

1991年起，物探队伍开始挺进海拔3000米以上的南天山，物探工作区域向着更艰苦、更危险的高原、山地转移，积淀形成了"艰苦奋斗、科学求实、团结协作"的山地精神。

1995年，东方物探勘探队伍开赴西藏，在极其恶劣的自然环境下勇闯羌塘，形成了"特别能吃苦、特别能忍耐、特别能战斗、特别能奉献、特别能创业"的藏北精神。

1988年起，东方物探走出国门，吹响海外创业的新号角，历经30年跨越发展，成长为国际知名物探品牌。这一过程中形成了"艰苦奋斗、勇于奉献，忠诚企业、事业为重，以人为本、科学规范，开放包容、兼收并蓄，务实高效、深入基层"的海外创业精神。

物探人勘探的足迹走到哪里，东方先锋的精神就在哪里生根、萌芽、成长，沉淀为独具特色的"石油物探精神图谱"。每一张精神图谱，都是物探人感天动地、征服自然的壮丽史诗，日积月累、丰富叠加，汇聚形成了"石油物探精神谱系"。

这个谱系必然以"先锋"定位。

——"先锋"召唤着东方物探的企业使命。作为国家石油安全的大型国有企业，东方物探担负着为国找油找气的历史使命，听党话跟党走，永做党和国家最可信赖的找油找气先锋。

——"先锋"彰显着东方物探的行业地位。石油物探是石油工业的第一个环节，处于石油勘探与开发的最前端，在石油大军的方阵中，东方物探始终走在最前列。

——"先锋"展示着东方物探的工作环境。因为在最荒凉的地方往往蕴藏着最丰富的能量，物探人总是作为先行者，走前人没有走过的路，在没有脚印的地方，用智慧、汗水和勇气寻找光明。

——"先锋"传达着东方物探的品牌追求。因为在市场竞争中，东方物探以高新技术和能征善战的精锐之师，快速反应，追求卓越，成为全球知名物探技术服务品牌。

先锋的定位赋予了东方物探企业文化特有的内涵和底蕴。先锋文化在开放中探索、在探索中实践、在实践中凝练形成。挑战空白、永占前沿的行业特点，坚韧探索、永恒创新的企业特色，都注定东方物探成为先锋。

二、"东方先锋文化体系"在融合中提升

文化是一条大河，汇聚千山万壑的溪流，才能成就波涛滚滚。东方物探的企业文化，正是在企业融合的过程中发展壮大，"东方先锋文化体系"不断优化提升。

2002年12月，原物探局和新疆、吐哈、青海、长庆、华北、大港六个物探处重组成立东方地球物理公司，2006年至2018年，又先后与西仪厂、辽河物探、川庆物探、大庆物探等四家单位重组整合，实现了集团公司旗下物探企业的大团圆，东方物探的发展进入了全新的、更高的阶段。

物探行业重组完成，东方物探面临的环境和形势发生前所未有的变化，深化改革和文化融合进入"快车道"，企业文化建设进入新的时期。公司深入挖掘石油精神和大庆精神铁人精神的时代内涵和行业特点，着眼世界一流企业发展目标，打造形成了具有时代特色和物探行业特色的"先锋文化"。

立足全球化发展的文化整合，不仅只面对国内各重组企业，还要做好国际上不同国家、不同民族、不同宗教背景下的跨文化管理。随着东方物探境外业务的高速发展，员工队伍迅速裂变，外籍员工队伍不断壮大，境外单位的跨文化管理成为文化融合的又一个挑战。

目前，东方物探外籍雇员达到万余人。他们来自世界各地，宗教信仰、风俗习惯、文化背景各不相同。东方物探针对外籍员工文化背景多元的实际情况，积极倡导"平等、尊重、沟通、和谐"的人文理念。野外班组为爱喝茶的巴基斯坦人配备喝茶必需品，在营地专门开辟场地为穆斯林搭建简易清真寺，在伊斯兰国家不吃猪肉、不喝带酒精的饮料，平等与尊重让外籍雇员对东方物探的忠诚度进一步提高；建立与国际标准对接、同时兼顾企业自身特点、符合企业发展实际的国际化管理体系，严格遵从国际油气合作规则，实现了在作业国的立足和长远发展；高度重视人才价值，坚持"中高级管理人才国际化，操作骨干本土化"的用人思路，畅通外籍雇员职业晋升通道；发挥国有企业独特的政治文化优势，主动实施文化融合，形成了企业发展的强大力量。

东方物探从自发到自觉、从感性到理性、从局部到全面，积极探索国有企业境外跨文化管理的方法和对策，有效促进了境外单位的跨文化融合。

如今，"东方先锋文化"已经逐渐被固化为物探人自觉遵守的精神准则和行为规范，成为刻在身上的印记、流淌在身体里的血液。以此为基础，公司着力塑造的、与理念相匹配的员工行为习惯逐步养成，为物探员工投身世界一流企业建设提供着不竭源动力，为企业文化发挥引领企业高质量发展作用奠定了基础。

三、"先锋文化三原色"在创新中发展

企业文化建设是一项综合性、整体性工程，需要各层级、各部门、各业务板块密切配合、协同发力，把企业文化与市场开发、科技创新、生产管理、人

力资源管理等紧密融合，充分调动和发挥全员力量，才能建成世界一流企业文化。

1）以党建为统领，彰显精神图谱"三原色"，突出企业文化核心价值理念。"红色、蓝色、绿色"组成了东方物探企业文化精神图谱"三原色"，彰显着国有企业的政治责任、经济责任、社会责任。

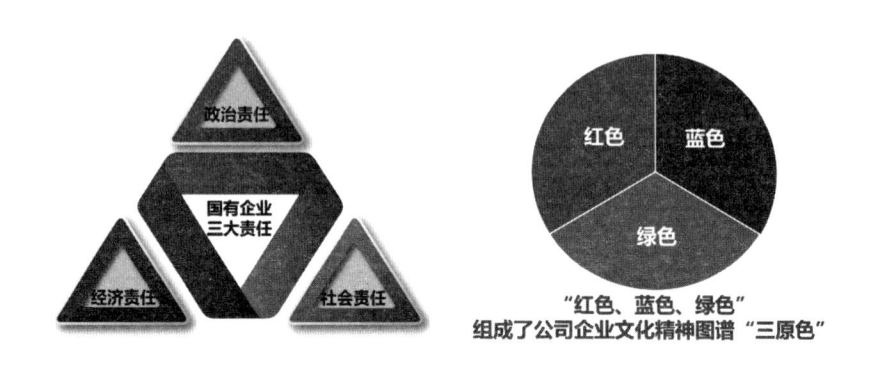

"红色、蓝色、绿色"组成了公司企业文化精神图谱"三原色"

厚植红色优势："红色"是东方物探最鲜明的底色，代表忠诚、奉献、奋斗与担当——东方物探始终坚持党的领导，始终坚持正确的政治方向，这是公司的根本性质与政治定位。东方物探坚定传承红色基因，赓续红色血脉，弘扬伟大建党精神，巩固马克思主义在意识形态领域的指导地位，在率先打造世界一流进程中，善于用马克思主义的立场观点方法破解企业改革发展难题；坚持把学习贯彻习近平新时代中国特色社会主义思想作为首要政治任务，强化理论武装，锤炼坚强党性，提升理论水平，积极响应党中央号召，做习近平新时代中国特色社会主义思想的坚定信仰者、忠实学习者和忠诚践行者；坚持以初心使命打造红色铁军，以新思想武装头脑，以新理念指导行为，永远做党和国家最可信赖的找油找气先锋。

突出蓝色特质："蓝色"是东方物探内在发展的特色，代表创新、开放、包容、精进——东方物探始终坚持创新驱动和全面国际化发展，这是公司的发展需求与方向途径。东方物探大力实施全面国际化战略，吸收全球优秀文化，吸引全球优秀人才，吸纳全球优质资源，在开放包容、和谐共赢中打造世界一流的企业文化,以文化优势厚植竞争优势、发展优势;全面强化"创新优先"战略,在全公司形成以创新激活生机、创新催生创造、创新驱动发展的良好生态,让创新成为引领公司发展第一动力。

聚焦绿色发展:"绿色"是东方物探新时代的亮色,代表人本、和谐、合规、清洁、安全——东方物探始终坚持和谐共赢,始终坚持绿色低碳,这是公司的发展生态与价值追求。东方物探注重把新发展理念贯穿发展战略与管理实践,完整准确全面融入公司各项业务工作之中,转化为公司高质量发展的具体举措和员工的自觉行动;注重大力实施绿色物探,深入推进数字化转型、智能化发展,打造智能东方、数字东方、效益东方;注重把以人民为中心落在实处,在和谐发展、共享共赢中实现企业与社会、环境、员工及客户的共同成长与进步。

2)以创新为内涵,激活"三要素",激发企业文化动力价值。持续强化创新意识、创新能力、创新制度,让员工愿意创新、能够创新、持续创新。

筑牢创新意识:坚持创新优先的鲜明导向,积极为员工搭建更加丰富多样的创新舞台,让创新成为企业员工自觉价值追求和主动行为。大力选树"忠诚奉献、矢志创新、贡献突出、影响卓著"的创新楷模,引领干部员工在岗位上发挥最大优势、展现最佳状态、创造最优业绩,形成人人关注创新、人人参与创新、人人力行创新的全员创新新格局。

提升创新能力:坚持市场导向、用户导向和问题导向,持续提升物探技术创新能力水平;高度重视生产现场和群众性技术创新,在政策上予以倾斜,在投入上予以加重,全面提升基层创新能力;强化员工队伍创新能力建设,让员工在实践中养成创新品质,在实干中提升创新素质,在能力的持续培养与积累中不断增强创新本领。

健全创新制度体系:不断优化公司创新体制,健全创新激励机制,优化全员创新组织环境,形成持续创新长效态势。打造形成战略到管理、技术到装备、党建到文化的全链条创新制度体系,在公司形成创新无处不在、创新强力持续的生态系统。

3）以现代化为方向，聚焦"三重点"，强化企业文化管理价值。牢牢抓住企业文化管理"体制机制、融入管理、产品传播"三个重点，持续开创企业文化建设新局面。

构建体制机制新格局：坚持党建引领、文化赋能，各级党委履行主体责任，党组织书记履行第一责任人责任。建立领导有力、目标清晰、组织落实、职责明确、资源保障的文化管理体制；党委统一领导、强力推动，专业部门坚定执行、指导示范，协同部门联动互促、一体推进的文化工作机制；将强化顶层设计、重点突破与整体推进，制定企业文化建设与实施整体方案健全配套制度，纳入整体战略规划和治理体系。

构架管理新路径：让文化进管理，融入生产经营等中心工作，融入"四精"管理新实践，以先进文化促进管理提升；让文化进制度，完善新制度出台程序，全面审视梳理公司现有制度，使文化理念在制度中得到充分体现；让文化进行动，强化制度与行为规范的刚性执行，建立企业文化科学有效评价考核体系，让"软文化"变为"硬指标"。让文化阵地建在网上，文化活动连在线上，文化作品搬上云端，推动文化管理从传统向现代转变，实现文化管理智能化。

构筑文化产品传播新矩阵：坚持文化出产品，一流的文化力必须靠一流的文化产品打造形成，创作一系列可复制、易传播、高质量的文化产品，成为企业特色资源；使文化资源发挥市场价值，以技术先进、互联互动、快捷广泛的文化传播，提升在市场中的影响力和话语权；以文化力量塑造良好形象，加强不同国家、不同地域、不同民族文化特点和传播规律的研究，善于运用国际通用的语言和方式，在世界范围内讲好中国石油物探故事。

4）以世界级品牌为目标，优化"四环节"，提高企业文化经济价值。立足全球视野规划品牌战略，优化品牌的内涵设计、推介宣传、维护提升、价值创造，打造世界一流文化品牌。

强化品牌内涵设计：品牌是企业价值创造能力的集中体现。东方物探积极向市场、社会和员工阐释BGP"诚信、优质、主动、超值"的品牌内涵，面向全球做好BGP品牌形象产品的传播和对外发行，让BGP品牌形象直观立体，直入客户、员工、社会公众心中。

加强品牌推介宣传：在公司面向全球发布新技术、新装备的关键节点、配合油田实现油气勘探大发现的重要时机，协同国内国际主流媒体，推出重磅报道、系列报道、深度报道，提升BGP品牌影响力。

加大品牌维护提升：建立科学规范的品牌管理评价体系，定期开展客户满意度调查、品牌自信度调查、发布履行社会责任报告，适时宣传找油找气、绿色物探、社会公益等方面的贡献，维护和增强BGP品牌美誉度。

激活品牌价值创造：加大BGP品牌评估，明确BGP品牌价值基数，设立品牌价值的阶段目标与指标，持续提升BGP品牌市场价值。在全球范围内打造更多的标杆项目和品牌工程，用品牌理念深刻影响客户的价值追求。

东方物探以"三原色"为东方先锋文化做了最全面的概括和最生动的诠释，倾力创建世界一流企业文化，为东方物探率先打造世界一流企业贡献最基本、最深沉、最持久的力量。

第二节　构建先锋文化体系，赋能率先一流

习近平总书记指出：文化是一个国家、一个民族的灵魂。文化兴国运兴，文化强民族强。没有高度的文化自信，没有文化的繁荣兴盛，就没有中华民族伟大复兴。

一、中国石油企业文化

石油精神以大庆精神铁人精神为主体，是对石油战线企业精神及优良传统的高度概括和凝练升华，是我国石油队伍精神风貌的集中体现，是历代石油人对人类精神文明的杰出贡献，是石油石化企业的政治优势和文化软实力。

1）企业愿景：建设基业长青世界一流综合性国际能源公司。

世界一流：打造一流的业绩、一流的管理、一流的技术、一流的人才、一

流的品牌，努力成为央企示范和行业标杆。

综合性：油气勘探开发、炼油化工等油气业务和油田技术服务等支持业务协同发展、国内业务和国际业务协调互动、产业发展和金融业务融合并进、实体企业和投资公司相互促进。

能源公司：立足化石能源，积极拓展非化石能源，坚定不移做强做优油气业务，加快布局新能源、新材料、新业态，努力构建多能互补新格局。

2）企业价值追求：绿色发展，奉献能源。为客户成长增动力，为人民幸福赋新能。

绿色发展：牢固树立"绿水青山就是金山银山"理念，自觉推动绿色低碳发展，加快绿色清洁能源体系构建，开发推广绿色低碳技术工艺，让资源节约、环境友好成为主流生产生活方式，以绿色低碳转型实现企业与社会共同发展、人与自然和谐共生。

奉献能源：站在"两个大局"高度，准确把握能源转型大趋势，坚持创新、资源、市场、国际化、绿色低碳战略，统筹利用好两种资源、两个市场，保障国家能源安全，保障油气市场平稳供应，为世界提供优质安全清洁和可持续供应的能源产品与服务。

为客户成长增动力：坚持以客户为中心，深度挖掘客户需求，把客户成长作为企业成长的源头活水，持续为客户创造最大价值，以更优质更便捷的服务赢得客户信赖，以更安全更可靠的产品助力客户发展，实现企业与客户共同成长。

为人民幸福赋新能：始终把为人民谋幸福作为发展根本目的，加快产业转型升级，不断增加绿色低碳、清洁高效的能源和产品供给，把企业发展创新的成果更多惠及广大人民群众，努力为人民美好生活加油增气，为建设美丽中国贡献石油力量。坚持资源、市场、国际化战略，打造绿色、国际、可持续的中国石油，充分利用两种资源、两个市场，保障国家能源安全，保障油气市场平稳供应，为社会提供优质安全清洁的油气产品与服务。

3）人才发展理念：生才有道，聚才有力，理才有方，用才有效。

生才有道：树立"人人都是人才、人人皆可成才"的人才观，加大人才培养力度，优化人才培养机制，实现人力资源向人力资本的深刻变革。

聚才有力："筑巢引凤"吸引人才、不拘一格广招人才、多措并举留住人才，在事业发展中凝聚人才，构建具有吸引力和国际竞争力的制度体系和成才环境。

理才有方：强调"人才是第一资源"，坚持以岗位为基础、价值创造为根本、绩效贡献为核心，激发人才能动性，挖掘人才驱动力，实现人才与企业相互支撑、相互成就。

用才有效：知人善任、人尽其才，树立重基层、重实践、重业绩、重担当的用人导向，坚持德才兼备、以德为先、任人唯贤、人事相宜的选拔任用原则，畅通人才职业发展通道，盘活内部人力资源，确保各类人才用当其时、各展其长。

4）质量健康安全环保理念：以人为本，质量至上，安全第一，环保优先。

以人为本：全心全意依靠员工办企业，维护员工根本利益，尊重员工全面发展价值和情感愿望，高度关注员工身心健康，保障员工权益，消除职业危害，疏导心理压力，为员工提供良好的工作环境，创造安全文明的工作氛围。

质量至上：坚持"诚实守信，精益求精"的质量方针，依靠科学的管理体系和先进的技术方法，严格执行程序，强化过程控制，规范岗位操作，追求质量零缺陷，为用户提供优质产品和满意服务。

安全第一：通过健全完善并落实全员安全生产责任制，强化源头控制，重视隐患治理和风险防范，杜绝重大生产事故，持续提升安全生产水平。注重保护员工生命安全和健康，为员工创造安全、健康的工作条件，始终将安全作为保障企业生产经营活动顺利进行的前提。

环保优先：落实生态环境保护措施要求，走绿色低碳发展之路。致力于保护生态、节能减排，开发清洁能源和环境友好产品、发展循环经济，最大限度地降低经营活动对环境的影响，努力创造能源与环境的和谐。

营销理念：市场导向，客户至上，以销定产，以产促销，一体协同，竞合共赢。

市场导向、客户至上：把适应市场和满足客户需求作为工作的出发点和落脚点，努力提供高质量商品供给和高品质服务。

以销定产、以产促销：优化资源配置、建立健全内部市场化机制，努力形成上下游产销互促、产业链协调联动的良好格局。

一体协同、竞合共赢：坚持集团公司内部供产销研一体协同支持市场营销，找准与其他市场主体的利益平衡点和最大公约数，通过适度有序竞争，实现合作共赢。

5）国际合作理念：互利共赢，合作发展。

在国际业务中，坚持诚信负责、务实合作。发挥综合一体化优势，与合作伙伴结成利益共同体，优势互补，共享发展成果。遵守资源国的法律法规，尊重当地文化信仰和风俗习惯，促进就业、改善民生、保护环境、热心公益，推动资源国经济社会全面发展。

6）依法合规理念：法律至上，合规为先，诚实守信，依法维权。

法律至上：崇尚法治、敬畏法律，尊法学法守法用法，做到办事依法、遇事找法、解决问题用法、化解矛盾靠法。

合规为先：始终在依法合规前提下开展业务、实现效益，坚守底线、不触红线，不做违规之事，不谋违规之利。

诚实守信：发扬契约精神，坚守诚信原则，言出必行、信守承诺，重合同、守信用，按约定行使权利、履行义务。

依法维权：充分运用法律方式，最大限度维护企业合法权益；通过合法途径表达诉求、解决争议，促进和谐稳定。

7）廉洁理念：秉公用权，廉洁从业。

秉公用权：坚持大公无私、公私分明，依法履职、诚实守信，秉公办事、严以用权，主动接受监督，涵养良好职业操守和个人品行，矢志干事创业、担当作为。

廉洁从业：始终把纪律和规矩挺在前面，严格遵守党规党纪和法律制度，严以修身、严以律己，崇廉拒腐、清白做人、干净做事，培育优良作风和家风，自觉做到遵纪守法、清正廉洁。

二、东方物探先锋文化

东方先锋文化发端于党领导的中国石油工业的诞生，发展于中国石油物探事业的伟大实践中，在艰苦中奋斗、创新中传承、开放中博大、发展中繁荣，成为推动公司率先打造世界一流、实现高质量发展的强大动力。

1. 先锋文化宣言

我们是石油工业的先行官，我们是找油找气的主力军，我们肩负保障国家能源安全的使命。我们的文化发端于中国石油工业的诞生，发展于"我为祖国献石油"的伟大征程，在艰苦中奋斗，在创新中传承，在开放中博大，在发展中繁荣。走进新时代，我们的文化与时代同行。

我们的文化是先锋文化。先锋，我们的企业之魂。

我们——高举先锋的旗帜，忠诚报国，担当有为，激情奉献，以党的指引为方向，增强"四个意识"，坚定"四个自信"，做到"两个维护"，听党话跟党走，永做党和国家最可信赖的找油找气先锋。

我们——肩负先锋的使命，不忘初心，牢记使命，以为国找油找气为最大价值，以奉献社会为最高追求，苦干实干，三老四严，在没有脚印的地方，用智慧和汗水寻找光明，持续创新，勇往直前，在建设世界一流进程中激流勇进，勇攀高峰。

我们——践行先锋的行动，闻油而起，闻气而动，锐意进取，永争一流，做他人难以做到之事，做好他人难以做好之事，在科学探索中快速反应，追求卓越。

我们——胸怀先锋的理想，奉献能源，创造和谐，传承石油精神，吸纳全球优秀文化，在建设世界一流地球物理技术服务公司征程中，以开放共赢为人类奉献更多能源与光明。

我们是面向未来的传承者,我们是新时代的建设者,我们是服务全球的奋斗者,我们是党和国家最可信赖的找油找气先锋。

2. 先锋文化特质

1）精诚伙伴,找油先锋。

忠诚报国、担当有为、激情奉献的先锋品质;矢志创新、敢为人先、追求卓越的先锋素养;独立自主、自强不息、勇攀高峰的先锋精神。在找油找气伟大事业中,企业与员工是休戚与共的命运共同体,企业促进员工全面发展,发展成果惠及全体员工。企业员工之间是相濡以沫、并肩奋斗的工作伙伴;企业与用户是诚实守信、互利共赢的合作伙伴;企业与社会是共同进步、和谐发展的战略伙伴。

3. 先锋文化理念系统

1）企业精神：爱国,创业,求实,奉献。

爱国,就是为国争光、为民族争气的爱国主义精神;

创业,就是独立自主、自力更生的艰苦创业精神;

求实,就是讲求科学、三老四严的求实精神;

奉献,就是胸怀全局、为国分忧的奉献精神。

2）企业核心经营管理理念：诚信,创新,业绩,和谐,安全。

诚信：立诚守信,言真行实;

创新：与时俱进,开拓创新;

业绩：业绩至上,创造卓越;

和谐：团结协作,营造和谐;

安全：以人为本,安全第一。

诚信是基石,创新是动力,业绩是目标,和谐是保障,安全是前提。

3）企业使命：不忘初心,矢志找油,奉献社会。

不忘初心,牢记使命,把为国找油找气作为最大价值体现,艰苦奋斗,科学求实，履行好经济责任、政治责任、社会责任，以卓越的能力、创新的品质，为用户降低勘探风险，找到更多油气资源，发展企业，贡献国家，回报社会，惠及员工。

4）企业目标：建成世界一流地球物理技术服务公司。

在业绩、技术、服务、管理、文化、品牌六个方面达到世界一流。

实现这一目标分为"两步走"：

第一步，到"十三五"末（2020年），建设世界一流地球物理技术服务公司迈上新台阶；

第二步，到2035年前，全面建成世界一流地球物理技术服务公司。

5）企业战略：创新优先，成本领先，综合一体化，全面国际化。

创新优先战略，是率先打造世界一流的动力引擎，必须坚持科技先行、技术立企，围绕产业链部署创新链、依靠创新链提升价值链，着力提升自主创新能力，加快数字化转型、智能化发展，大力发展绿色勘探技术，抢占未来竞争制高点，使创新真正成为引领发展的第一动力。

成本领先战略，是率先打造世界一流的长期举措，必须坚持管理变革和提质增效，充分发挥市场在资源配置中的决定性作用，在经营上精打细算、生产上精耕细作、管理上精雕细刻、技术上精益求精，积极吸收借鉴国内外先进管理理念和方法，完善管理体系，激发负熵因子，勇创一流、追求卓越。

综合一体化战略，是率先打造世界一流的重大优势，必须更加突出协同发展，完善产学研一体化、采集处理解释一体化、区域发展一体化发展机制，健全完善专业化服务模式，强化要素组合，发挥协同效应，形成相互支撑、共同发展的良性格局。

全面国际化战略，是率先打造世界一流的路径选择，必须更加突出国际化能力提升，加快理念、技术、业务、人才国际化发展步伐，广泛参与全球竞争和行业治理，既注重市场规模，又注重发展质量，努力提升国际市场竞争力和行业影响力。

6）发展理念：创新，协调，绿色，开放，共享。

公司贯彻落实五大发展理念。坚持实施创新驱动发展战略，把创新作为引领发展的第一动力，致力于用高新技术和装备利器攻克勘探难题，推动客户成功。注重发展的整体效能，统筹协调国内国际发展，优化地震资料采集处理解释、深海勘探、信息技术服务、软件装备研发制造等全产业链业务服务，有力提升油气服务保障能力。深化开放合作，坚持引进来与走出去相结合，用好国际国内、公司内外创新资源，推进科技成果开放共享，形成开放创新大格局。积极践行"绿水青山就是金山银山"理念，大力实施绿色物探，竭诚奉献绿色环保、低碳清洁的服务与产品，实现与员工、用户、社会的和谐共享。

7）服务理念：以高新技术降低勘探风险，全力以赴帮助客户成功。

公司致力与用户建立长期合作的精诚伙伴关系，以帮助用户取得成功为己任，用高新技术满足不同用户的个性化需求，解决地质难题，降低勘探风险，实现互利共赢，在成就用户的同时，获得公司的高质量发展。

8）管理理念：体系化规范，现代化治理，高效能执行。

公司牢固树立"管理是生产力"的思想，对标世界一流标准，建立系统完备的管理体系，以先进的体系、科学的治理、规范的执行、高效的行动，推进公司治理体系和治理能力现代化，增强企业的竞争力、创新力、控制力、影响力和抗风险能力，把制度优势转化为治理效能。

9）人文理念：平等，尊重，沟通，和谐。

公司员工来自世界各地，宗教信仰不同、风俗习惯不同，公司承认差异、尊重差异，不分种族肤色、无论地位身份，人人平等；公司充分尊重所有员工的民族传统和宗教信仰；主动沟通，加深理解，以良好的沟通达到管理的政令畅通、执行有效；善于发现和利用不同文化的特质和优势，兼收并蓄，融合创新，打造适应不同社会环境与自然环境的和谐文化，以卓越的文化力提升公司的核心竞争力。

10）安全理念：生命最为宝贵，事故都可防范。

公司坚决落实以人民为中心思想，坚持把员工的健康和安全放在首位，决不以牺牲员工健康和生命为代价换取企业利益。全面实施 HSE 体系管理，落实全员责任，从源头上防范事故和风险，做到全面受控，实现本质安全。

11）人才理念：奋斗成就价值，企业造就人才。

人是发展的动力和源泉，每一名员工都是企业的宝贵财富。公司广聚天下英才，坚持以奋斗者为本，为每一名奋斗者提供舞台，创造机遇，赋予责任，鼓励员工以一域之光为全局添彩，激励员工在奋斗中激发潜能，在奋斗中增长才干，在奋斗中实现价值。

12）企业风格：快速反应，追求卓越。

速度创造先机，卓越提升品质。公司以全球的视野、开放的思维、敏锐的目光，科学统筹，严密计划，迅速获得信息并付诸行动，以精锐的团队，精细的管理，精湛的技术，做他人难以做到之事，做好他人难以做好之事。

13）市场理念：诚信为本，开放合作，互利共赢。

市场是企业生存发展的根基。公司坚持诚信为本，以客户为中心，重合同，守信誉，精诚服务，诚信履约。坚持市场为导向，充分尊重市场规律，在开放中合作，在互利中共赢，竭诚为全球客户提供优质服务。

14）品牌内涵：诚信，优质，主动，超值。

公司致力打造全球知名的物探技术服务品牌。

诚信服务：以诚信为本，坚守契约精神，严格履行合同，赢得客户信任。

优质服务：按照世界一流标准，做优规范化服务，做强特色化服务，为客户提供高质量服务。

主动服务：超前把握客户需求，想用户之所想，急用户之所急，竭尽全力为客户解决问题。

超值服务：超越客户期待，发挥一体化优势，为客户创造更大价值。

4. 先锋文化行为系统

1）员工行为规范：

忠诚奉献、爱岗尽责，

激情创造、敢为人先，

快速反应、高效执行，

团结协作、构建和谐。

忠诚奉献、爱岗尽责：牢记为国找油找气使命责任，把找到更多油气资源作为最大价值追求，在服务保障国家能源安全中做出新贡献。忠诚企业、热爱企业，在率先打造世界一流企业征程中奉献个人才智，与企业共同成长。员工的一切行为，都要以维护企业利益、提升企业形象、对社会负责为目的。关心企业的所有工作，企业的改革、发展、创新、和谐、稳定，人人有责，力所能及地提出合理化建议，与企业休戚与共。无论什么岗位，都尽心尽力，高度负责；无论大事小事，都精心细致，把事情做好。

激情创造、敢为人先：激情产生动力，激情释放活力，满怀激情干事创业，必能获得加速的成长与愉悦。以高度的热忱投入工作，在不懈的探索中创新与创造。敢于提出与众不同的见解，善于学习，善于运用新方法、新思路解决问题。困难面前不退缩，积极寻找解决问题的方法；责任面前不推诿，敢于担当，勇于负责。目标一旦设定，坚韧不拔，不轻言放弃。

快速反应、高效执行：做事超前计划，迅速获得信息并付诸行动，精细策划，准确实施。按程序完成工作，第一步未迈，不迈第二步。提倡质量终身负责，工作经得起检验。指示工作明确具体，执行命令不打折扣，工作中有疑问及时沟通。积极发挥主观能动性，主动执行，精准高效。

团结协作、构建和谐：相信团队，融入团队，善于依靠团队的力量开展工作。在与他人合作中坦诚协作，相互信赖，携手共进。不断提升自身修养，保持良好形象，谦和有礼。遵守公司纪律与当地法律法规，珍惜资源，文明施工，爱护环境，保护生态。真诚友爱，节约为荣，创造人、企业、社会、环境的和谐。

5. 先锋文化形象系统

1）司徽：统一为集团公司宝石花标识。司徽标识图样为红黄两色构成的十等分花瓣图形。

中国石油统一司徽司旗

宝石花司徽涵义：标识色泽为红色和黄色，取中国国旗基本色并体现石油和天然气的行业特点；标识整体呈圆形，寓意中国石油国际化的发展战略；十等分的花瓣图形，象征中国石油主营业务的集合；红色基底突显方形一角，不仅表现中国石油的雄厚基础，而且蕴育着中国石油无限的凝聚力和创造力；外观呈花朵状体现了中国石油创造能源与环境和谐的社会责任；标识中心太阳初升，光芒四射，象征中国石油蓬勃发展，前程似锦。

2）司旗：统一为集团公司的旗帜。公司旗帜由公司标识、蓝色背景与"中国石油"字样组成。

3）BGP司徽涵义：司徽以椭圆形为基本构图，表示地球的形状，标志着BGP是一个国际化的地球物理服务公司。色彩以蓝色为主色调（可称

为"BGP蓝"），面向大海、面向全球的开放文化，表示BGP是一个高科技企业。司徽中的一滴黑色油滴，代表石油，并象征汗水；一簇红色（可称为"BGP红"）火焰，代表天然气，并象征文明。其组合的意义是：以创造性劳动点燃文明之光。CNPC是中国石油的英文缩写字母；BGP是东方地球物理公司的英文简称；自上而下的排序，表明中国石油和东方地球物理公司的母子关系。

东方物探海外业务司徽

4）BGP司旗涵义：BGP司旗为绿色和白色两大色块构成。旗帜上部白色部分，标志着BGP从事着不断创新，勇于填补空白、勇于探索未知领域的工作。司旗下半部分为绿色，表明了BGP向社会做出环保承诺，也象征着企业的勃勃生机。

东方物探海外业务司旗

第三节　讲好中国物探故事，擦亮东方名片

一个故事，就是一段历史。

东方物探勘探的足迹遍布全球各地，在沙漠高原、丛林山川、江河湖海，演绎着千姿百态的动人故事。每一个故事都是一粒种子，传播着东方先锋文化的精神力量。

70年的历史征尘，承载了物探人太多的故事，或慷慨激昂，或深沉铿锵，唱响着物探人心中最美的歌。

故事一

2018年，东方物探中标全球最大油气勘探项目——阿联酋ADNOC[①]陆海地震勘探项目，合同金额高达16亿美元！成功源于东方物探始终追求——《挺立高端竞一流》。

挺立高端竞一流

2018年7月19日，习近平主席访问阿联酋。一时间，全世界的目光都聚焦在了这里。

也在这一天，东方物探中标全球最大油气勘探项目——阿联酋ADNOC陆海地震勘探项目，合同金额高达16亿美元！

阿联酋，油气产量居世界前八！储量排第十！是物探市场高端中的高端。

项目的中标，意义重大。东方物探领导要求举全公司之力，高质量运作好项目，将阿联酋ADNOC项目打造成中阿"一带一路"的示范工程！

---

① ADNOC：阿布扎比国家石油公司。

项目引起业界瞩目的同时，质疑也随之而来——5万平方千米陆海施工面积，30万道施工设备，如此超大规模施工项目，仅有3个月的准备时间，东方物探能按时开工吗？

面对质疑，东方物探发挥集中力量办大事的优势，对项目实施升级管理，云集测量、仪器、采集各路专家，陆海一盘棋，全局一条心。5次召开专题会议，一道道指令发往全球生产基地，价值22亿元的优势资源，从世界各地向阿联酋集结，有条不紊奔赴阿联酋ADNOC。

9月15日早晨7点38分，8615B队第一个陆上区块率先开工。随后，陆海4支队伍也相继开工，兑现了按时开工的承诺！

东方物探在项目管理、运作流程、作业模式、技术标准各个方面，与世界一流油公司认真对标，特别是在安全管理方面，全面升级HSE管理体系，把安全标准和责任落实到每一个环节、每一个人，保证项目安全高效生产。

东方物探想甲方之所想，急甲方之所急，全力满足甲方提出的加急和优先区域的勘探需求，不断提升客户满意度。

项目开工不久，甲方希望8615B队优先采集某区块Sabkha"盐沼"区域，由于地形复杂，多年来没有一家公司能够在这里成功勘探，资料的空白一直是甲方的一块心病。

8615B队对工区进行了初步踏勘，车辆进去就会误车，更别提30多吨的震源了。

项目组立刻研究方案，成立突击队，中方员工全员上阵，对工区进行多次详细踏勘，挖坑观测、标记坐标、绘制"误车风险点防控图"。科学设计偏点路线，全程人工带点，引导震源施工。抢险队伍随时待命，快速救援，最大限度减少了误车风险。

仅用10天，8615B队就完成了采集任务。当把数据资料交到甲方手中时，他们喜出望外，不敢相信BGP用如此短的时间，就攻克了这个历史难题。甲方连连称赞：东方物探，真了不起！

众所周知，阿联酋 ADNOC 对技术的要求非常高，东方物探将公司自主核心技术集中应用到项目生产，解决诸多勘探难题，为阿联酋 ADNOC 勘探新发现提供良好的技术保障。

在陆上，把"两宽一高"、高效采集、数字化地震队、海量数据转储等高新技术和地震采集系统巧妙结合，灵活配置有线和无线节点设备，完成了城镇、军事区、保护区等多种复杂地形的勘探施工，最高日效突破 2 万炮。

在海上，利用"海底节点质控系统、综合导航系统、机械化集装箱式自收放系统"三大自主核心技术，通过"多种震源和节点海陆联合采集""两收两放"等模式，创造了最高日效 5 万炮的记录。

创新生产组织方式和项目运作模式，形成的项目管理方案被阿联酋 ADNOC 作为其他承包商的"示范样本"。作业流程、技术标准，被甲方写入各项规范中。阿联酋 ADNOC 项目成为阿联酋政府和当地社区的"观摩基地"。

2020 年岁末，阿联酋 ADNOC 上游执行董事亚瑟·萨义德先生专门发来感谢信：对东方物探一流的技术、服务和业绩表示由衷的感谢和钦佩，对项目的未来充满信心。

技术是硬实力，文化是软实力。项目依靠公司 30 多年海外跨文化管理所积淀的文化优势，凝聚和融合来自 20 多个国家的 3000 多名中外籍员工，在项目运作、新冠肺炎疫情防控、安全生产等方面发挥着积极作用。

特别是新冠肺炎疫情爆发以来，项目全体中外籍员工坚守岗位，并肩战斗，共克时艰。搭建三级防控体系，实施网格化管理，做到了人人有任务，人人有指标，人人有保障，实现了防疫生产"两不误"和"双胜利"。

截至目前，阿联酋 ADNOC 项目累计创收 11.58 亿美元，创造了 2900 万安全人工时的 HSE 业绩。鉴于东方物探的出色表现，甲方多次追加工作任务，项目总合同额已达 24 亿美元！

伴随着阿联酋 ADNOC 项目的高质量运作，国际业务各海外项目也齐头并进：在沙特阿拉伯再次独中三元，实现沙特阿美公司三个重点项目开工启动，继续领跑高端市场;在阿曼创造最高日效5.5万炮的世界纪录,保持了3200万安全人工时的行业纪录;在科威特成功运作全球最大道数全数字检波器三维项目,展示了超大规模作业能力,并再次斩获过亿美元大单!

故事二

东方物探驶向蔚蓝的航船,至今已驶过16载春秋,一心一意——《筑梦海洋》。

筑梦海洋

走向海洋,是东方物探人多年的梦想。

行业里有这样一句话:"谁在海洋物探领域占据了优势,谁就把握住了发展的主动权。"

2005年,肩负着开拓蔚蓝的光荣使命,东方物探海洋业务正式启航。2006年12月28日,新加坡海洋机械船厂彩旗招展、嘉宾云集,BGP先锋号的运营庆典正在那里隆重进行,东方物探第一条深海拖缆船开始了曲折而荣耀的征程。而此时,全球海洋物探市场已被西方垄断了近半个世纪。

起步之初,东方物探依赖的是拖缆技术,虽然实现了快速发展,但却无法走得更远。这项技术一直被西方公司控制和垄断,出售给公司的拖缆,都被加装了深度限制器,水深超过50米,无法正常工作。在本质上,东方物探是从竞争对手手中购买被上锁的技术和装备,然后再与他们同台竞技。所以,在拖缆市场想赢几乎是不可能的。

"跟随""并跑"从来不是东方物探人的志向。东方物探将目光投向OBN——也就是海底节点技术,它的数据质量是拖缆技术无可比拟的。东方物探敏锐地意识到,这项技术必将带来一场行业革命,这是变道超车的绝佳机会,迅速做出了向OBN业务转型的战略决策。

向OBN业务转型后,东方物探首先明确了主攻方向,将锻造海洋利器的

"兵工厂"建在前线，加快核心技术突破，抢占全球市场竞争制高点。

2017年，东方物探终于迎来了证明自己的机会。公司中标了全球第一个海上超大数据量OBN采集项目——BP印度尼西亚OBN项目，此前只有美国费尔菲尔德公司掌握OBN质控技术，对于合作，他们只接受"软件+人员"打包销售，对技术进行严密封锁。

面对"卡脖子"问题，东方物探的态度是坚决的：只有拥有核心技术才能挺直腰板，自己的高度要自己建筑！随后的时间里，公司的技术团队进行海量数据计算、百折不弃的反复实验，终于开发了拥有自主知识产权的OBN质控软件，并在功能和效率上优于竞争对手。

更令人振奋的是，BP印度尼西亚OBN项目还催生了模块化节点收放系统和综合导航系统，三大核心技术横空出世，使东方物探成为行业内唯一同时掌握这三项技术的OBN公司。截至2021年，东方物探的作业足迹已遍布全球5大洋70多个国家，海底节点市场份额占据全球半壁江山。16年间，公司海洋业务实现了从学习、追赶到创新领航的跨越式发展。

2021年5月21日，新华社刊发文章，介绍了东方物探在OBN领域的又一项重要突破：公司联合研发的最新一代海底节点——GPR在国内正式投产，具有国际领先水平的高精度、全数字、智能化、低能耗海底节点在中国诞生，东方物探人铸造了新的找油利器，向着开启海洋高精度勘探的新时代，迈出了坚实步伐。

海洋业务的发展之路，是勇立潮头、挺进高端的创业历程，更是东方物探人高举旗帜、能源报国的生动实践。在新的征程中，东方物探将瞄准新定位、新目标，牢记找油使命、永做"红色海军"，向着率先打造世界一流的目标奋楫远航。

故事三

从"三块石头支口锅"起步，到"攻克三叠系""揭幕大靖安"，再到三维地震技术突破，一路拼搏，风雨兼程，长庆物探人开始了——《新发展理念下的勘探"长征"》。

新发展理念下的勘探"长征"

2021年6月20日,中央电视台等多家主流媒体相继报道:中国石油长庆油田在鄂尔多斯盆地探明地质储量超10亿吨级页岩油大油田——庆城油田。这标志着我国在页岩油勘探领域获得重大突破。

鄂尔多斯盆地蕴藏着近40亿吨级的页岩油资源,却因地震技术无法满足"甜点"储层预测需求,年产量不足80万吨。如何把庞大的资源开发出来,国家急,油田急,东方物探更急!

为推动页岩油勘探突破,东方物探组织专家团队与中国石油股份有限公司(简称"股份公司")、长庆油田公司反复研讨、多方沟通,认为高精度三维地震是打开页岩油勘探开发大门的"金钥匙"。东方物探领导班子果断决策,投入2700万元专项资金与油田共担攻关风险,推动国家级重大专项"鄂尔多斯盆地致密油开发示范工程——盘克三维地震项目"落地实施。

在黄土塬找石油,就像在几千米的黄土下找随意撒出的小米,而要找到页岩油,比找小米难度更大。东方物探数十人的技术团队,经过长达半年的试验攻关,终于找到"突破点",开出"井震混采、两宽一高"技术良药,创新的地震技术,终于使地震这台超大型CT机在复杂地层中精准找到页岩油轨迹。盘克三维项目,工区地形复杂、又时逢冬季"反季节"施工,施工遭遇连续降雪、密林施工、工农环境复杂等多重考验,在公司的鼎力支持下,长庆物探处调集优质资源保障项目,上下一心,把项目打造成让油田眼前一亮的精品工程。

在地震技术突破后,长庆物探处又因势利导,将三维地震资料作用向页岩油钻井、开发后续工程延伸,创新形成以"2个目标、3个阶段、4个一体化"为核心的水平井地震、地质、工程一体化开发技术系列,地震化身页岩油钻井和压裂的"火眼金睛",推动长庆页岩油实现高效开发。

盘克高精度三维地震的巨大成功,打开了盆地通向地下页岩油宝藏的大门,迈出中国版"页岩油革命"的最关键一步。

鄂尔多斯盆地，是我国水土流失和荒漠化最为严重的地区之一。经过多年的环境保护，盆地北部已从茫茫沙漠变成农田草原，南部黄土高原从"黄天厚土"变成绿水青山。要在这样的环境中实现"绿色勘探"，"工序转型升级"迫在眉睫。

在北部草原农田区，长庆物探处大力推进激发点测量"无桩作业"；在南部黄土山地区，应用X6手簿、N60厘米级定位手持机，成功实现井炮"随钻定位"；并针对网络RTK技术展开研究，成功实现国内首次接收点无桩作业，推动测量工序从有桩向无桩"转型升级"。

黄土高原生态脆弱、水土流失极其严重，为了保护环境，长庆物探处决定将绿色勘探利器——可控震源，开上黄土塬。2017年在西峰塬展开可控震源攻关试验取得了颠覆认知的战果，2020年，公司再为黄土塬量身打造高通过性可控震源，创新"井震混采"技术，大幅提升可控震源激发占比，推动激发实现人工向机械"转型升级"。

具有轻量化、无线连接优势的节点仪器是"绿色勘探"的必然选择。2013年，长庆物探处主动承担国内首款节点仪器——Hawk节点仪器试验和规模化应用的重任，拉开地震仪器转型升级的序幕。2020年，突破多重阻力，在国内首次实现地震项目全节点采集，并成功推动eSeis节点这一"国产利器"在盆地规模应用，推动采集从有线向无线"转型升级"。

2018年，长庆物探处将无人机、卫星定位等高新科技引入地震中来，借助VTS[①]车辆管理、Gis地理信息等多个信息化、数字化管理系统，全面探索"智能化地震队建设"，在连续3年，探区年三维工作量保持在3500—4000平方千米水平，生产效率大幅提升情况下，实现管理效能提升102%，有力践行了"绿水青山就是金山银山"的责任担当。

---

① VTS：船舶交通服务。

从"三块石头支口锅"起步,到"攻克三叠系""揭幕大靖安",再到三维地震技术突破,在50年勘探攻坚中,长庆物探攻关之路跌宕起伏。储量超4亿吨级的西峰油田,勘探4次才终有收获;5亿吨储量的姬塬油田,攻关6回才始得发现;而10亿吨级庆城页岩油田的勘探,更是攻关20载,才实现突破。

故事四

当今时代,信息技术发展突飞猛进。装备服务处决心加速智能勘探研究,组建了40多人的研发团队,决心——《让智能勘探之光闪耀东方》。

让智能勘探之光闪耀东方

地震采集是东方物探的效益之源、发展之本。服务地震勘探提速提效,助力东方物探率先打造世界一流,是装备服务处努力和奋斗的目标。

当今时代信息技术发展突飞猛进。谁能率先用信息技术完成技术重塑和流程再造,谁就能成为全球地震采集技术的引领者、作业标准的制定者和市场竞争的主导者。

2019年,按照东方物探数字化转型、智能化发展的战略部署,装备服务处组建了40多人的研发团队,踏上了智能化地震队系统的研发之路,这也是一条别人从未走过的路。

面对没有任何先例可循的挑战,装备服务处把系统的研发方向,聚焦在助力项目提质、提速、提效上。研发团队兵分8路,和物探处技术人员一起进驻作业现场,深入每个施工环节进行需求调研。两个多月的时间,项目组几乎走遍了所有物探处和野外项目,收集到大大小小的需求2000多条,为打造一款集管理和技术于一体的智能化地震队系统指明了研发方向。

把系统的研发思路,定位在最大限度应用最智能、最先进的新技术上。项目组彻底打破传统软件三层架构设计,创新形成行业领先的业务层+数据访问层的"二合一"新架构,探索出"ABC(人工智能、大数据、云计算)+物探"

方案，研发了智能设计等13个高度自动化的工作模块以及震源自动驾驶、影像智能识别等7项人工智能技术，不仅软件运行更加稳定，而且大幅提升了系统自动化和智能化水平。

把系统的研发模式，落实在"驻队研发"上。28名党员组成党员突击队，走出办公室，深入一线驻队研发，累计驻队超过1000人次。对地震队提出的新需求和新建议，立即组织研发完善，对系统运行出现的新问题立即诊断排除，现场解决不了的，不管再晚，涿州本部的专家都会24小时连在线上。经过前后方一体攻关，经过研发人员和应用人员的思维碰撞，先后打通了75个技术"堵点"，破解了12项技术难题。

8个月后，全球第一款集管理和技术于一体的智能化地震队系统横空出世，并率先在西南和长庆探区推广应用。这也标志着公司地震采集数字化转型、智能化发展迈出了坚实的第一步。

但研发人员深知，系统研发成功才仅仅是开始，管用、好用、易用，有效助力项目提质、提速、提效才是终极目标。大家没有休息，又踏上了新的征程。

在黄羊和雄鹰都到不了的西秋之巅，项目组应用独立激发技术，破解了高大山体通讯遮蔽难题，在人员减少28%的前提下，助力施工效率提升了50%。在富源和果勒项目，防重炮系统解决了三个相邻工区井炮作业相互干扰的难题，有效作业时间延长近3倍。

围绕地震采集模式创新，项目组全力推进施工组织、质量管理、安全防控等施工流程的再造，促进测量、震源、仪器等技术相互渗透，实现了野外采集从线性施工向非线性施工的跨越。在塔里木佳木项目，采用多种节点+有线仪器混合采集技术，有效提高了设备利用率。在长庆合水项目，利用无桩号施工技术，实现了测量和排列、钻井、震源技术的有机融合，助力采集日效提升30%。

围绕野外项目管理提升，项目组把任务分发、质量控制、安全管理、民爆物品监控等功能搬上云端，实现了恶劣天气预警、生产进度提示、报表自动分析和现场可视化管理，给野外生产装上了"智能大脑"，推动了地震队数字化管理的变革。

如今，智能化地震队已经在40多个项目应用，助力勘探效率整体提高20%，还不断有新项目申请加入智能化地震队大家庭。它已经成为物探行业首个实现"五个一"的智能化系统：一朵云，让野外施工通过云计算实现共建共享；一块图，将所有工序集成到一块全息地图上，给地震勘探装上了"天眼"；一张网，建立北斗、宽窄电台、4G/5G多网融合的体系，实现万物互联；一系列智能应用，实现各工序的技术赋能；一个指挥系统，实现了公司、物探处、地震队统一协调指挥、高效协同作业。

故事五

新疆塔里木盆地的秋里塔格，被称为"黄羊和雄鹰都无法到达的地方"。然而，参与秋里塔格项目运作的2000多名物探人自豪地宣布——《世界一流是干出来的》。

世界一流是干出来的

新疆塔里木盆地的秋里塔格，山峰峭立似刀，沟壑深不见底，垂直落差超过600米，是名副其实的"刀片山"，被称为"黄羊和雄鹰都无法到达的地方"。有国外地球物理专家曾经断言：秋里塔格是勘探禁区，根本就做不了物探。

然而，中国地质专家判断这里发育着千亿立方米级的大型油气藏。集团公司加大勘探力度，2019年，塔里木油田公司在这里部署了近千平方千米的攻关任务。

能否实现秋里塔格油气勘探的大突破，对塔里木油田增储上产、跃上年产3000万吨台阶至关重要。

油田的需要就是出征的命令。东方物探"闻油"而起，立即行动，把战场摆在秋里塔格，与塔里木油田公司紧紧靠在一起，向这个最艰难的堡垒发起了冲锋。

浙江大学毕业的地质学博士夫妻赵博、郑晓丽，先后来到新疆一线从事石油勘探工作，并一起参加了秋里塔格项目攻关，与2000多名物探人在高山深壑中并肩奋战。

测量组的员工都是"探险者"，他们借助钢钎和大绳，徒手攀山越岭，把成千上万个物理点精准放样到实地，保证误差控制在毫米级内，不让任何偏差影响地震资料的品质。

钻井组的员工都是"飞虎队"，他们用钢钎和钢索，在山顶上搭起"独线桥"，让钻机"天堑飞度"，从一个山顶快速搬迁到另外一个山顶。

放线班叫作"山鹰班"，他们在悬崖峭壁上修出一条条羊肠小道，准确地把节点仪器放到指定位置。

在秋里塔格攻关中，测线穿过数百座刀片山，用掉几千个钢钎，上万米大绳，完成近10万炮采集，资料合格率都是100%。

钻井组长周四奎带领机组员工吃住在山上，生产生活用水的保障都很困难。他们用洗菜的水洗脸，把洗脸的水收集起来，用塑料桶背到工地再打井，就这样坚持了70多天，挨过了最复杂的施工地段。

更令人难忘的是，在新冠肺炎疫情期间，东方物探有数百名员工逆行出征，乘坐包机点对点到达施工一线。上千名员工带着行囊吃住在办公室和机房，开展处理解释大会战。大家心里都铆着一股劲儿，就是要用最短的时间，尽早地为油田提供井位。

秋里塔格之所以被称为"世界级勘探难题"，不只是因为它艰苦，更是因为有很多挑战，几十年来都没有攻克。比如从技术上说，在高陡山体区如何实现"真地表"叠前深度偏移成像；如何在巨厚的盐层遮蔽下准确搭建构造模式。再比如从生产组织上，悬崖林立间如何高效采集；峭壁沟壑上质量安全如何保证；怎样精准布控井位……这些问题解决不了，攻克秋里塔格就是一句空话。

塔里木油田、东方物探各路专家聚在一起，夜以继日想办法、出主意、找对策。经过数十轮头脑风暴，形成了从技术管理到生产组织的"一揽子"解决方案。

首次在这个地区采取直升机辅助全工序生产，以往需要 10 个人 5 天才能运送到山上的物资，几十分钟就能完成。

首次在极复杂山地地区用节点仪器代替常规有线外设，上山铺线人员减少 800 多人，采集日效提高 74%。

首次应用数字化地震队生产指挥系统，对野外生产实行遥控指挥，对每个工序进行实时质控，管理效率提升 37%。

首次采用无人机和高精度地表遥感技术，建立由浅到深的完整地质模型，为后续资料处理解释、提供井位奠定了良好基础。

这些革命性举措，特别是数字化、智能化等信息技术的应用，起到了至关重要的作用，世界级的勘探难题被物探人一举攻克。曾经的勘探禁区，如今成为油气资源接替区。2020 年，塔里木油田公司油气当量成功突破 3000 万吨。

沧海横流，方显英雄本色。面对激烈的市场竞争，东方物探人在先锋文化引领下砥砺奋进，在率先打造世界一流的征途上勇毅前行。不断开创企业发展的新境界，书写新时代的光辉篇章。

第二篇 牢记使命，当好找油找气主力军

为国家找油而生，
应油田需要而兴。
以庄严催动脚步。
探寻宝藏，守护绿色，创造文明。
在新中国波澜壮阔石油工业发展的历程中，
东方物探标注了自己的独特印记……

第二篇

东方物探成立以来，始终秉承石油人为国找油找气的使命和追求，在漫长艰苦的找油找气历程中，在激烈的国际市场竞争中，在持续深化企业内部改革中，主动迎接重大风险挑战，积累了大量成功经验，形成了系统完备的管理体系，打造了国际先进的勘探利器，建立了作风能力过硬的铁人式队伍，培育了强大精神力量，为率先打造世界一流打下了坚实基础。

使命呼唤担当，使命引领未来。面对当前我国日益严峻的能源安全形势，习近平总书记做出了大力提升国内油气勘探开发力度的重要批示。东方物探坚持把为国找油找气作为重大政治责任，认真贯彻落实习近平总书记批示精神和集团公司战略部署，聚焦"五油三气"六大盆地高效勘探，强化重点盆地靠前服务布局，调集精兵强将，全力加强技术攻关。聚焦高精度、高效率、低成本勘探技术需求，加大无线节点仪、高效可控震源、横波源矢量勘探等新技术新装备的推广应用，加强新区新领域风险勘探综合地质研究，加大地震地质工程一体化应用，积极帮助油气田降成本、提效益，高效开发油气资源，配合大庆、长庆、塔里木、新疆、西南等油气田取得了一系列战略性发现和突破，集团公司国内外油气重大发现成果参与率达到100%。

第一章
综合一体，系统提升全能服务力

综合一体化突出地体现了整体协调与协同的发展观，展现出强大的全能服务力。它既是东方物探的业务优势，也是竞争优势。东方物探通过实施综合一体化战略，不断提升技术链，延伸服务链，拓展价值链，有效推动了东方物探高质量发展。

第一节　全产业链，为市场打造全能的服务链

东方物探是全球物探行业唯一具备全产业链运营能力的技术服务公司，采集、处理、解释及装备制造等业务一体化是其最鲜明的特色，也是强大的发展优势。

适应全方位提升服务能力的需要，东方物探通过强化产业要素资源的优化配置，在技术、装备、管理上打出组合拳，与竞争对手展开全方位竞争，提高市场占有率，并发挥陆上采集的牵引作用，带动处理解释、井中、重磁电等业务走出去，积极开展多用户研究，培育新的经济增长点。

全产业链协同运作的方式，强化了不同业务的协同运作，特别是通过强化核心技术、核心软件、核心装备的持续研发，打造了尖兵利器，为用户提供了超越期待的服务能力。

一、强链：着力打造核心技术

东方物探坚持针对产业链"短板"，瞄准"卡脖子"关键核心技术持续攻关，积极抢占全球技术创新制高点，推动了全领域技术服务体系建设。近几年来，东方物探科研投入强度达到2.7%，获得国家科技进步一等奖1项、二等奖1项，中国石油十大科技进展5项，公司科技进步贡献率超过70%，形成了以"两宽一高"为代表的物探技术系列。

目前，东方物探陆上勘探技术实力居国际领先地位，市场份额连续18年稳居全球首位。处理解释业务建立了亚洲最大的地震勘探资料处理解释中心，在南美、中东和东南亚建立了三大资料处理中心，技术服务能力达到国际先进水平。综合物化探业务建立了全球最大重磁电及地球化学勘探与综合地质研究服务中心，技术实力处于国际领先水平，为全球客户在石油勘探、油气田开发、固体矿产勘查、非常规能源勘查、水资源勘查、工程地质勘查等领域提供了优质服务。

> **案例**

技术突破助推油气重大发现

东方物探精心打造以"两宽一高"技术系列为代表的"杀手锏"，使地震资料采集进入高精度地震勘探新时代。技术突破，直接带动了一连串重大勘探突破，特别是在深层油气勘探、页岩油气勘探等领域取得重大进展。

针对塔里木山前复杂构造的高效勘探开发需求，东方物探采用"两宽一高"技术，配合油田先后取得了中秋1井、博孜9井、轮探1井、满深1井等一批重大发现，助推"克拉—克深""博孜—大北"两个万亿立方米大气区"扬眉吐气"。

在准噶尔盆地勘探中，东方物探持续深化储层预测技术攻关，形成了非线性组合"甜点"储层概率叠前反演技术，较好地解决了甜点储层预测的问题。实施宽方位高密度+可控震源高效采集DSSS+智能化地震队GISeis的三维采集规模化生产应用，采集了优质地震资料，为建设玛湖特大型油田提供了重要技术支撑。

针对柴达木盆地需求，东方物探持续开展复杂山地采集技术和可控震源深入推广应用研究，使复杂构造及低信噪比区资料品质得到大幅度提高，为青海油田千万吨高原油气田建设提供了有力的技术支撑。

东方物探依靠甜点预测技术，帮助油公司完成了川南地区万亿立方米页岩气规模储量提交，助力长宁—威远百亿立方米页岩气田建产。应用宽频宽方位地震采集、多波多分量地震采集、复杂孔隙储层含气性定量预测等关键技术，协助油公司完成了四川盆地川中古隆起龙王庙组超大型海相碳酸盐岩天然气田的整体探明。

在鄂尔多斯盆地勘探中，东方物探协助油公司攻克黄土塬世界级地震勘探难题，为45亿吨规模油区的发现提供了有力的技术支撑；大力推进全数字地震技术，获得高品质叠前资料，助力苏里格4万亿立方米大气田的发现；围绕3个环带，对前石炭纪古地貌精细刻画，有效推进了靖边气田形成万亿立方米储量规模。

二、扩链：着力打造核心软件

在软件技术研发方面，东方物探自主研发形成了涵盖物探技术全领域、整体水平行业领先的GeoEast[①]处理解释一体化软件、KLSeisⅡ采集系列软件，满足了油公司一体化服务需求，实现了从技术"跟随"到"并跑"、再到局部"领跑"的转变，为提升服务质量和服务能力提供了核心软件支撑。

>> 案例

打造物探中国"芯"

2020年11月20日，GeoEast物探技术交流会在北京召开。会上，东方物探与大庆油田、新疆油田、勘探院西北分院等9家单位签订了"共建、共享、

---

① GeoEast：东方物探自主研发的物探软件平台。

共赢"机制示范项目合作协议。

近年来，在股份公司"157"和"188"工程的大力支持下，拥有完全独立自主知识产权的物探中国"芯"GeoEast，推广应用领域持续扩大，实现了对油气田企业和科研单位的全覆盖，在中国石油各油气田处理解释软件应用率均超过70%，成为中国石油主力物探软件平台，并取得显著勘探成效和经济效益，为中国石油增储上产和提质增效做出了重要贡献。

随着推广应用力度的持续加大，GeoEast软件得到了埃克森美孚、BP、KOC[①]、阿联酋ADNOC等国家石油公司和国际大石油公司的资质认可和青睐，已经成为世界三大处理解释软件之一，具备从陆地到海洋、从纵波到多波、从时间域到深度域的地震资料高精度处理和解释的能力，整个软件的技术水平总体达到国际先进，部分技术处于国际领先。

目前，新一代研发的软件平台GeoEast-iEco，涵盖高效混采数据分离、海洋宽频处理、Q速度建模及偏移成像、盆地级数据解释、高精度反演等关键技术系列，能够满足海量数据管理、多学科协同、云模式共享、多层次开放等需求，为未来物探软件生态建设提供了平台保障，使东方物探的服务能力再次迈上新台阶。

三、补链：着力打造核心硬件

东方物探高度重视装备研发体系创新，持续加大装备技术研发力度，努力打造具有国际领先水平的物探装备体系，形成了仪器、测量、震源、机械、海洋、信息化等六大系列，37项装备技术利器。其中，3.5万磅级大吨位横波震源成功研制，实现X、Y两个方向横波在同一震源分时激发；具有完全自主知识产权的eSeis节点地震仪器，达到国际领先水平并实现产业化；uDAS整体达到国际领先水平，成功实现国内首次水平井光纤布设，具备了工业化应用能力和条件。在2020年中国能源企业创新能力百强榜单中，东方物探排名第3。

---

① KOC：科威特国家石油公司。

>> **案例**

eSeis 节点地震仪器，叩开地下迷宫的"利器"

2020年1月22日，"中国石油十大科技进展"入选项目揭晓，东方物探推荐的"eSeis 陆上节点地震仪器达到国际领先水平并实现产业化"赫然在列。

eSeis 节点地震仪器，是东方物探依托国家重大专项，历时6年的艰苦攻关，研发并打造出的具有完全自主知识产权的国产节点地震勘探仪器，是融汇了"两高、两强、一低"独特优势的"十三五"重大科技创新成果。

eSeis 节点地震仪器由于采用 GPS 信息定位授时和无线信息接收存储及发送设备状态信息，大大降低了采用传统仪器大小线施工所带来的难度，规避了绕道、掉排列的质量风险，更适合大规模集约式采集方式施工，施工效率更高。

2020年秋冬季项目生产中，通过 eSeis 节点地震仪器在长庆、新兴、塔里木三个物探处使用后发现：减少了有线仪器施工大量人员，把员工从背负大线、采集站、电瓶、检波器串等重体力劳动中解放出来。节省了反复查线、换线等工序的工作量，降低了施工车辆等设备占用和物资消耗，规避了以往有线排列串感、漏电等问题，实现了公司提出的"五省"目标，为项目高效采集发挥了重要作用。

第二节　合五为一，为用户创造增值的价值链

通过推进采集处理解释一体化、地面与井中地震一体化、内外协作一体化、国内国际一体化、科研生产一体化"五个一体化"，不断提升技术链、延伸服务链、拓展价值链，持续强化区域一体化协同运作，形成了独具东方特色的综合一体化技术服务能力，为用户提供增值服务、超值服务。

一、推进采集处理解释一体化

以准确、快速捕捉和刻画地质目标为核心，强化采集、处理、解释业务之

间的协同配合，以此缩短勘探周期、降低勘探风险，为客户提供更加完备的一揽子技术服务，为开拓处理解释市场提供了机遇。

"天字号"工程

2017年7月，东方物探一举中标科威特西全数字超大三维勘探项目，简称"科西项目"。该项目是东方物探首个高密度大道数数字单点地震采集、处理一体化项目，是KOC部署的超大型三维勘探项目，包括三维地震勘探、资料处理以及非地震重磁电勘探，项目合同额超过1亿美元，被东方物探定为"天字号"工程。

东方物探全力以赴，充分发挥采集处理解释一体化优势，优质运作好科西项目。

在生产组织和资源调配上，东方物探对项目实施升级管理，由公司主要领导担任项目领导小组组长，下设技术支持、生产协调、设备保障、综合协调4个职能管理组，举全公司之力做好科西项目筹备工作。各部门快速行动，高效完成科西三维项目采集设备的生产、发运、清关、组装、检测和调试工作，包括23万道在线、11万道接收的超大高密度观测系统和G3i+数字检波器在内的设备资源，顺利完成项目人员动迁。

这些设备资源全部具有BGP自主知识产权：G3i HD型地震采集仪器、SL-11全数字地震检波器、INOVA AHV380型可控震源、GeoEast地震数据处理系统、克浪地震采集设计软件等，体现了公司国际业务一体化和全产业链条的独特优势。

施工中，成立科西项目采集解释技术支持组，为科西项目"量身定制"技术方案，把国内过渡带施工沉淀的15项创新成果应用到项目中，包括全数字超大排列管理系统、信息化地震队系统、可控震源高精度定位导航系统、远程技术支持系统以及超大道数设备和效率数字化分析软件等，为促进科西项目提速提效奠定了坚实基础。

在技术支持方面，东方物探完美地展示了地震资料处理成果与技术能力。

低频补偿技术、OVT、模式识别压制多次波、高精度速度分析等成熟与先进的处理解释一体化技术被一一应用。优质资料品质证明了BGP资料处理、解释、地质综合研究、油藏开发的技术实力达到了世界一流水平，进一步凸显了采集处理解释一体化优势，巩固了市场。

科西项目于2020年5月8日结束，提前35天竣工，累计采集3340平方千米，209.5万炮，平均日效3183炮，最高日效4569炮，实现500万工时安全生产，得到KOC的高度赞誉，树立了东方物探在科威特高端市场的良好形象。

二、推进地面与井中地震一体化

把井地技术融合作为科技进步的核心，形成市场竞争比较优势。持续推进资源重组，不断提升井中采集、处理解释、成果交付能力，加快向油藏地球物理和油气长期监测领域延伸，实现井中业务跨越式发展。

目前，东方物探已形成采集处理解释、油藏精细描述、井中地震、微地震压裂监测、综合物化探等技术系列，打造了拥有自主知识产权的物探装备系列，具备了从油气勘探、开发到油藏评价、工程地质、产能建设、二次开发等综合一体化服务能力。

▶▶▶ 案例

井中地震"新突破"

2019年3月，由东方物探与电子科技大学联合研制的uDAS分布式光线传感地震仪器通过中国石油科技成果鉴定，填补了国内空白，达到国际领先水平，标志着东方物探井中地震技术发展再添新利器。4月该仪器在冀东油田南堡四号岛井地联采项目进行井下采集，资料品质良好，受到甲方高度赞赏。目前，新研制的uDAS光纤井中采集系统在华北、大港、塔里木、长庆等多个油田应用取得良好成效，为精细刻画油藏提供了技术利器。

光纤DAS-VSP配套技术取得阶段性成果，主要技术指标达到国际先进水平，部分指标优于国外同类产品。经过大量采集技术试验，分布式光纤传感将逐步取代现有井下常规检波器，推动井中地震、井地联合勘探快速发展，现已具备 DAS-VSP 资料采集处理能力，依托西部、东部、华北、西南等油田项目完成 20 个实验项目，并投入到国内多个油田的 VSP 勘探生产中，成效显著。分布式光纤传感器凭借高密度、全井段、高效率、低成本、耐高温、耐高压等诸多优势，大幅提高覆盖次数，降低勘探成本和井下作业风险，推动井中地震实现跨越式发展。

近年来，东方物探紧密结合各油气田对勘探新技术、新方法的迫切需求，在不断加大地震与非地震技术创新的同时，高度关注井中地震技术的研发与应用。逐步形成井中地震配套技术，打造了具有自主知识产权的 GeoEast-VSP 处理解释软件平台和 GeoEast-ESP 微地震监测处理解释软件平台，为快速发展井中地震技术提供了技术支撑。

集成创新的 Walkaround-VSP 等技术，以高分辨、高保真的技术优势，在复杂油气藏勘探开发中受到油田高度重视。Walkaway-VSP 复杂构造成像技术在保幅波场分离、速度建模、RTM 成像、多次波成像等关键技术取得长足进步，应用范围覆盖复杂构造带、精细构造解释、薄储层预测、水平井定向等领域，均取得了良好的地质效果。

Walkaway+Walkaround-VSP 水平井 / 定向井导向技术在鄂尔多斯盆地油气田勘探开发中应用，对以钻井＋二维地震为主的勘探区域进行大井丛立体开发技术的井位优选以及区域内老井盘活应用，前景非常广阔。VSP 驱动的碳酸盐岩溶洞定位技术，在塔里木油田应用，一次钻井成功率提升了 20%，同时该项技术在西南油气田、浙江油田以及阿姆河右岸等地区也有很好的推广价值和应用前景。

井地联合勘探技术向开发地震延伸，研发了基于 VSP 资料的速度、TAR、Q、子波、各向异性等参数提取技术，驱动地面地震资料处理进步，提高保真度、分辨率及成像精度，形成一套完善的井地联合勘探技术思路和方法，并且在碎屑岩、碳酸盐岩、火成岩等地区取得良好的地质效果，近期在印度尼西亚南苏门答腊的井地联采项目取得多项勘探成果，对拓展国内外井中地震勘探市场起到了重要作用。

微地震监测技术取得突破性进展，规模化推广应用较好指导水力压裂参数优化，较准确地预测了套管形变位置，获2016年中国石油十大科技进展。东方物探近年共完成微地震监测项目500多个井次，2514队承担的足201-H1井微地震压裂监测项目创造了国内微地震压裂监测井深、井温、监测距离等多项第一；2517队承担的塔中12-H7井微地震压裂监测项目打破了塔里木油田压裂施工排量最大、加砂量最高、施工液量最大三项施工纪录。

东方物探自主研发的地震地质工程一体化决策系统在页岩气开发中持续完善。软件平台综合了三维地震、地质模型、测井、压裂、微地震多数据高度融合分析，在浙江、新疆油田和西南油气田现场完成应用近70口井，套管形变预测技术准确率提高15%；在浙江油田昭通示范区的成功应用，该区套变井所占比例降低到17.8%。

三、推进内外协作一体化

深化公司内部联合科研攻关，坚持以我为主，有的放矢开展对外科研合作，构建科研一体化更大格局。加快实施"共建、共享、共赢"机制，建立科技创新战略联盟和创新联合体，打造示范工程，构建技术研发新生态。

> **案例**

发挥"产学研"协同效应

东方物探始终坚持市场导向，发挥研用一体化优势，服务国家油气资源战略，以市场需求为引领，建立研发与应用高度协同的"矩阵式"管理模式，确保研发与应用任务同部署、同考核。完善以市场为导向的科研机制，把应用作为科研立项、研发、评价的唯一目标，推动应用人员提前介入研发环节，鼓励科研人员将论文写在找油找气的攻关实践中；同时完善科研成果转化和应用机制，打通研发与应用"最后一公里"距离。

东方物探始终坚持全球视野，聚焦物探前沿领域，大力实施"共建、共享、共赢"合作研发机制，积极搭建国际化、开放型创新平台，先后引进了36名国际高端人才，打造了由1名院士、97名公司专家、9000多名科研骨干组成的中外技术团队；积极构建国际国内统一布局的软硬件研发环境，与国际36家知名院校和科研机构，SHELL、BP等10余家大油气公司开展了120余项技术合作，有力推动了多波、偏移成像等前沿技术的快速突破，为抢占技术制高点注入了不竭动力。

四、推进国内国际一体化

对标国际前沿技术，潜心攻关核心技术，保持国内领先、国际先进的发展态势，进而集中力量寻求突破，在重点关键领域实现弯道超车。

东方物探通过积极利用国际资源，整合研发机构，完善"一个整体、三个层次"的科研创新体系，在北京、成都和美国休斯敦设立研发机构，构建了物探软件、装备研发和油藏技术三大技术研究中心，打造形成了"两国五地"24小时协同软件研发机制、"四国六中心"配套装备研发模式，构建起一个国内国际一体化开放式的研发环境。

五、推进科研生产一体化

紧跟油田勘探开发需求，坚持科研服务生产、生产推动科研，步入相互促进良性循环。

近年来，东方物探站在保障国家能源安全的高度，紧扣重点盆地、"四新"领域，围绕制约油气勘探发现的技术瓶颈，加大与油气田联合攻关力度，加大新技术、新方法、新装备的推广应用，推动了塔里木盆地库车秋里塔格、克拉苏、柴达木环英雄岭地区、准噶尔环玛湖、鄂尔多斯古峰庄等一系列重大油气发现。配合中油国际在乍得、哈萨克斯坦、阿联酋、缅甸、苏丹等海外区块勘探取得一系列新突破。国内、国外重大发现参与率连续10次获得中国石油"油气勘探特别贡献奖"，充分彰显了找油找气主力军的作用。

> **案例**

"一体化"带来黄土塬勘探新突破

2021年6月30日，在甘肃庆阳黄土塬上，国内最大的页岩油勘探项目——鄂尔多斯盆地合水三维地震采集项目胜利竣工，东方物探以优质工程向中国共产党成立100周年献礼。该项目的圆满完成，对长庆油田2025年冲刺6800万吨年油气当量、中国石油"十四五"期间页岩油增储上产具有重要意义，也是东方物探发挥全业务链优势和技术价值链优势的标志性成果之一。

鄂尔多斯盆地幅员辽阔，地下油气资源丰富，但典型的"三低"油气藏给油气勘探带来诸多困难，有"口口有油，口口不流"之说，被称为勘探"磨刀石"。针对于此，东方物探加大长庆探区的技术攻关力度，形成了地震采集技术系列，推出"变网格层析静校正、致密油气甜点描述、地震地质工程一体化"等特色处理解释技术，有力支撑了油气立体勘探、高效勘探。此次在鄂尔多斯盆地合水三维地震采集项目中，一体化优势得到充分彰显。

在采集技术方面，东方物探持续深化技术攻关。开展井地联采，寻求提高分辨率的有效技术方案；深化精细表层结构调查技术，研制黄土山地500米型超深调查钻机，探索光纤接收＋可控震源激发方式，实现高效、绿色、高精度近地表结构调查新方法；进行油气田二次开发地震技术攻关，探寻老油区剩余油分布研究、注采井网调整等现实需求方案，为提升气田效益开发、降本增效提供支撑；前沿三维采集技术研究与技术储备，探索低成本下的高分辨率地震发展之路；基于人工智能初至拾取技术持续攻关，加快了地震成果转化。

在物探装备方面，打造装备利器。全面推行无桩号标记作业，全力推动地震测量变革；全气动轻便风钻破解黄土塬钻井"瓶颈"；量身打造的BV330CQ黄土塬高通过性可控震源，为提升资料品质再添利器；率先推进全节点仪器采集，攻克山地施工难的"顽疾"；人工智能开辟智慧物探，"无人机＋石油"应用于地震采集全流程，并为油田提供全方位信息化智能化服务。

依托一体化技术服务支撑，通过一系列有效措施，合水三维地震采集项目取得圆满成效，现场资料完全满足合同指标要求。此次勘探中使油藏成藏规律得到重新认识，有效优化了井位部署，很好地指导水平井轨迹、钻井工程预警和工程压裂，实现了地震向工程的延伸，有效助力油田高效开发。

第三节　统筹兼顾，为企业构建协调的发展链

推进高质量发展，就要统筹兼顾，努力构建协调发展新局面。推进协调发展，既要守正创新、厚植优势，又要着眼未来、补强短板，两方面相辅相成、相得益彰。东方物探坚持立足当前谋长远，立足长远抓当前。一方面，努力做优做强现有业务，占据世界舞台中央；另一方面，加快发展新兴业务，积极培育发展新动能。

坚持以构建"共建、共享、共赢"机制为重点，整合智力资源，加强与技术服务公司、科研院所、高等院校和社会力量的协同攻关，运用5G、云计算等前沿技术引领传统物探向智能化方向发展。坚持紧密结合油公司勘探技术需求，找准制约勘探开发的痛点难点堵点，不断完善 GeoEast 软件整体性能，加强横波震源、全数字节点、OBN 海底组网、uDAS 光纤等核心技术及装备的研发应用，有力支撑勘探主业发展。坚持以科研完全项目制管理为抓手，实施"揭榜挂帅"和"赛马"制度，探索项目包干制试点，组建研发与应用紧密结合的科研团队，加快研发速度，实现科研成果快速转化。坚持推进技术成果创收创效，加强自主产权产品和装备的对外销售，建设知识产权运营团队，把"知识产权"变为知识产"钱"，形成"科技＋市场"新模式。

第二章
快速反应，跑出找油找气加速度

作为中国石油找油找气的主力军和先锋部队，东方物探始终坚决贯彻落实中共中央、国务院和上级党组织的战略部署，始终秉承"我为祖国献石油"的核心价值观和"油田发展我发展，我为油田作贡献"的服务理念，把找油找气作为崇高政治使命，把找到更多油气资源作为最大价值体现，紧密围绕油气田增储上产和油气勘探需求，闻油而动、闻气而起，主动服务、超前服务，快速反应、追求卓越，谱写了一部东方物探忠诚担当、勇往直前，艰苦奋斗、拼搏奉献的找油找气英雄史诗。

进入新时代，东方物探坚决贯彻落实习近平总书记关于"加大油气勘探力度，保障国家能源安全"的重要批示精神，快速落实集团公司党组整体工作部署，努力克服低油价和新冠肺炎疫情带来的严峻挑战，紧密围绕国内油气勘探"四新"领域和富含油气六大盆地，充分发挥一体化整体优势，超前谋划勘探目标，超前推动落实部署，集中力量攻克难题，大打勘探开发进攻战，勇当新时代党和国家最可信赖的找油找气先锋，为中国石油实现新时期油气储量增长做出新贡献。

"十三五"期间，东方物探累计发现圈闭2.88万个，复查落实圈闭3.30万个，提交建议井位4.10万口、被采纳井位2.16万口，配合油气田在塔里木、准噶尔、柴达木、四川、鄂尔多斯、松辽、渤海湾等盆地的油气勘探中取得了107项油气重大突破，发现并形成了3个十亿吨级大油田和3个万亿立方米规模的大气区，参与中国石油海内外重大油气发现率均为100%。

第一节　快速落实总书记批示精神，
大打油气勘探开发进攻仗

能源安全是国家战略安全的重要基石。随着我国国民经济高速发展和我国成为制造大国，国家油气能源供给形势越来越严峻，原油对外依存度逼近70%，天然气对外依存度迅速逼近40%。站在党和国家前途命运和保障国家战略安全的战略高度，习近平总书记做出了今后若干年要大力提升勘探开发力度，保障我国能源安全的重要批示，发出了向油气勘探进军的号召，推动掀起了新时期油气勘探开发的新高潮。

一、强化政治担当，增强找油找气责任感使命感

东方物探党委把学习贯彻总书记批示精神作为首要政治任务，第一时间组织公司广大干部职工深入学习批示精神，公司领导班子成员和机关部室长进行专题学习讨论，深刻认识贯彻落实习近平总书记重要批示精神，落实集团公司党组加强油气勘探新部署，是党和国家在新时期赋予东方物探的政治责任和光荣使命，也是东方物探听党话、跟党走，讲政治、勇担当的具体行动。作为找油找气的主力军，第一职责和使命就是为国多找油气。必须把找油找气作为公司一切工作的立足点和出发点，以高度的政治责任感和使命感，以找油找气舍我其谁的精神状态，以破关夺隘一马当先的责任担当，在新时代打赢油气勘探开发进攻仗中彰显新作为、谱写新篇章。

二、快速安排部署，吹响油气勘探开发"集结号"

切实把习近平总书记重要批示作为动员令，组织力量迅速研究制订了《东方地球物理公司关于贯彻落实习近平总书记批示精神，充分发挥找油找气主力军作用实施方案》，明确打好油气勘探开发进攻仗的指导思想、工作原则、总体思路和目标措施，上下联动，全面出击，坚决打好打赢油气勘探开发进攻仗。认真落实股份公司重点盆地勘探技术座谈会要求，公司主要领导

带队逐一到重点油气田企业进行访问，主动听取油气田企业意见建议，不断改进提升物探技术服务能力水平。成立公司和国内重点探区两级领导小组，建立服务国内油气勘探开发工作机制，统筹推进重点勘探任务。充实重点探区靠前技术力量，建立首席技术专家重点盆地负责制，推动专家上一线、进现场，及时发现解决勘探生产中的技术问题；健全科技人才靠前支持激励政策，靠前科研人员数量达到公司科研单位人员总数的65%；针对部分重点盆地勘探队伍不足问题，积极推行物探会战模式，在全公司范围内抽调地震队开展跨探区作业。

三、周密安排部署，绘就国内重点盆地技术攻关"作战图"

根据集团公司国内勘探与生产加快发展规划，紧密结合油气田发展战略，研究制定重点盆地物探技术攻关中长期规划，坚持思想解放，坚持问题导向，坚持创新驱动，坚持责任担当，在创新服务模式、推动集中勘探效益勘探、聚集技术难题推动技术创新、加强资源投入确保部署落实等方面做出了详细安排和部署。强化顶层设计，组织召开国内油气勘探开发专题研讨会，召集重点探区中层领导干部和专家、公司国内外领军专家共同研讨，讨论形成了个性化《公司服务国内油气勘探开发"1+N"实施方案》。突出现场攻关，紧密结合重点盆地勘探开发制约瓶颈，充分发挥采集处理解释一体化、前后方一体化优势，加大技术攻关力度，公司专家团队通过远程系统24小时"候诊"一线难题。加强现场攻关投入，将年度科研经费的20%用于支持现场技术攻关，努力破解制约油田增储上产的关键难题。创新服务模式，按照"敢冒大风险，争取大发现"的要求，发挥物探综合研究优势，加强新区新领域研究，与油气田企业合作开展风险勘探，形成"目标共选、方案共商、风险共担、发展共赢"的风险攻关模式。集中精兵强将，认真做好柴达木盆地台南、涩北、哑叭尔1.41万平方千米物探技术攻关和合作开发项目设计，努力建设成为物探技术进步推动油气勘探突破"新范例"。

四、加快技术创新，打造技术服务保障"武器库"

围绕国内重点盆地勘探技术需求，加快物探技术创新步伐，着力打造核心软件、核心装备和核心技术三大利器，尽快实现高精度三维地震勘探技术重大突破，为油气田企业获取规模经济可采储量提供有力支撑。完善核心软件性能，为提高国内复杂区地震资料品质，持续完善 GeoEast 软件性能，开展层间多次波、速度建模、全波形反演等核心技术研发和工业化应用；超前开展压缩感知技术研究，加快推动物探技术发生革命性突破。强化核心装备研发应用，按照低成本、高效率勘探要求，加大节点地震仪器、单点数字检波器等新装备推广应用，提高勘探效率，加快勘探节奏；加强高精度可控震源推广应用力度，开展轻型窄体可控震源研发，支撑中西部复杂区地震勘探向纵深发展，填补东部地区资料空白区。加强核心技术研发应用，加强"两宽一高"技术在山地、大沙漠、黄土塬等复杂地表集中攻关；加快 DAS 光纤仪研发应用，发展永久光纤监测技术，满足油藏全生命周期开发需求。

第二节 紧贴一线靠前服务，快速满足油气勘探开发需求

服务创造价值，品质成就未来。东方物探始终坚持把找油找气作为最大价值体现，始终坚持"以客户为中心"的服务理念，紧跟集团公司油气勘探开发战略部署，紧密围绕集团公司重点油气勘探盆地和油田勘探开发需求，主动贴近油田勘探开发现场，把工作机构和科技团队设在找油找气第一线，招之即来、来之能战、主动服务、超前服务，充分发挥地震资料采集处理解释一体化服务优势，着力提升区域业务一体化技术服务能力，及时快速满足油田油气勘探开发技术需求和快节奏工作要求，为油气田勘探开发提供全方位、全天候、全领域、全过程精准高效服务，形成了独具特色"闻油而动、快速反应"的靠前服务风格，有力推动了油气勘探开发大突破和油田增储上产。

从 1992 年在塔里木石油大会战中建立首个靠前研究机构——塔里木前指研

究中心，到现在国内建立16个靠前科研生产机构、海外建立18个处理解释中心，1500多名科技人员常年坚守在油气勘探开发前沿开展技术服务，东方物探的靠前服务已经实现了由"小分队"短期技术支持到成建制"大兵团"长期作战、由针对少数油气田服务到覆盖中国石油所有油气田的跨越，形成完善的国内外靠前服务网络和"五个主动"服务举措，及时快速满足了油气勘探开发需求，成为东方物探主动服务和攻坚克难的重要"法宝"，靠前服务模式不仅成为公司发挥找油找气主力军作用的重要举措，也成为深受油田公司欢迎的东方物探技术服务靓丽名片。

一、主动沟通，增进互信

牢固树立"为甲方创造价值公司才有价值"的理念，坚持每年开展高层互访，公司主要领导带队主动听取油气田意见，深入了解勘探开发需求，共同研究制定最经济、最有效的解决方案。集中各领域高层次专家，开展常态化"一对一"技术交流，制定"一对一"针对性技术解决方案，努力满足油田个性化需求，加快推进解决制约油气勘探开发的关键技术问题。发挥靠前单位桥梁纽带作用，本着对油田负责、对公司负责的态度，与油田相关部门全面建立多形式、立体式、全方位、多信息沟通对接渠道，建立联动协调工作机制，增进理解、支持和信赖。

二、主动出击，快速反应

坚持技术必须服务勘探开发的鲜明导向，建立首席技术专家重点探区负责制，专家下沉蹲点生产一线，让专家看到问题，让难题找到专家，集中精力及时解决勘探开发难题。始终把提供高品质资料、高质量勘探成果作为出发点和落脚点，大力推广新技术和新方法，强化新区、新领域风险勘探综合地质研究，不断促进新认识、新发现、新成果。保持发扬"闻油而动、闻气而起、雷厉风行、快速反应"的工作作风，把快速研究成果和超前研究成果尽早应用在油气勘探开发中，加快油气勘探开发节奏。

三、主动规划，超前研究

践行"靠前服务、超前服务、超值服务"的服务理念，急油田之所急，应勘探之所需，快速捕捉勘探信息，主动启动研究工作和相关试验，超前应对勘探难题。大力开展自主性、前瞻性攻关研究，主动谋划新目标新领域，尽早提出勘探目标，尽快提出勘探部署建议，当好勘探部署决策参谋。落实"一体两面"要求，积极推进物探技术与油田协同攻关，组建重点盆地采集处理解释一体化攻关团队，一体推进方案设计，快速高效落实勘探部署。

四、主动运作，强化一体化

充分发挥东方物探整体优势，建立"领导决策靠前、资源保障靠前、项目运作靠前、技术保障靠前、政策倾斜靠前"的靠前服务保障机制，全面发挥"采集处理解释一体化、地震非地震一体化、勘探开发一体化、常规非常规一体化、物探和信息一体化、生产与科研一体化、前方与后方一体化"整体服务优势，不断扩大服务范围、延伸服务链条，努力为油田公司提供一揽子技术解决方案，切实提升综合一体化技术服务保障能力，提升整体生产效率和经济效益。

五、主动作为，全力担当

把履行找油找气历史责任放在一切工作的首位，牢固树立"一家人、一面旗、一盘棋"的思想，打造新型甲乙方战略合作伙伴关系，推动靠前研究单位挂牌成为油田公司物探技术研究院，全面融入油田公司勘探生产、纳入油田公司科研生产体系统一管理、参与油田公司科研生产部署决策，第一时间把找油找气信息和要求变为找油找气实际行动。不断苦练内功，提高专业技术能力，提升科研技术水平，强化技术储备，增强技术实力，主动担当、积极作为，真正形成"油田发展我发展，我为油田作贡献"的良性互动，全力服务保障集团公司整体利益。

> **案例**

52天鏖战出"高泉速度"

2019年伊始,准噶尔盆地高探1井炸响了新年第一声"春雷",吹响了准噶尔盆地南缘大突破的进攻号角。为加快推进落实股份公司两年整体落实高泉背斜群储量规模的指示精神,新疆油田在高泉地区立即启动高探1井三维地震勘探项目,对地震资料的采集、处理、解释在项目周期和成果质量上都提出了极高要求。

面对高难度挑战,东方物探高度重视、快速反应、统筹筹划,配备精兵强将,及时启动了采集处理解释一体化加急项目运作模式。

采集方面,野外将士不畏严寒,仅用25天便完成了121.5平方千米满覆盖三维的采集工作;处理方面,通过采集一束进站一束的加急处理模式,仅用20天就完成了叠后、叠前时间偏移及叠前深度目标线的加急处理;解释方面,在拿到第一版叠前时间偏移资料后,科技人员昼夜奋战,仅用7天就快速完成了全区15个层位的精细解释、断裂组合、变速成图及构造特征研究工作,同时结合以往二维资料,及时开展了二、三维联合解释成图和区域构造整体评价与重新认识,快速落实了8个有利圈闭,提供并采纳上钻井位4口,为加快勘探进程交出了一份满意答卷,获得新疆油田总经理嘉奖令。

5月,新疆油田公司给东方物探发来感谢信,"贵公司用实际行动诠释了'精诚伙伴、找油先锋'的深刻内涵,创造了新疆油田勘探历史上的高泉物探速度!"

第三节　强化新区新领域研究,推动油气勘探战略新突破

新区孕育着希望,探索承载着梦想。"油气新领域地质综合研究"项目是股份公司勘探与生产分公司委托东方物探承担的重大滚动研究项目。主要目的

是充分发挥东方物探采集处理解释一体化、贴近油田靠前服务和物探地质综合研究等综合服务优势，为各油气田寻找突破性井位和落实规模性储量，为集团公司落实战略接替领域和油气储量增长高峰期工程提供技术支撑、服务保障和决策参谋。随着勘探形势变化和油气田需求的增加，研究范围和领域由原来以塔里木、准噶尔、四川、鄂尔多斯、柴达木、渤海湾等6大盆地为主，发展成为目前涵盖了集团公司所有盆地和探区。研究领域主要涉及前陆冲断带、碳酸盐岩、地层岩性、页岩油气、火山岩、潜山、复杂断块等勘探复杂领域。研究内容主要是通过开展地震资料处理解释和地质综合研究，重点是进行领域分析、区带评价、目标落实、勘探部署等。

东方物探高度重视新区新领域研究项目，并以此作为贯彻落实习近平总书记重要批示精神，打好勘探开发进攻仗的龙头项目，由公司主管领导、首席专家挂帅负责，成立专门的组织机构，每年有700余名科研人员参与新领域综合研究项目，并投入大量的软硬件设备，坚持做到"四个突出"，确保项目研究高效推进并取得满意效果。

一、突出项目顶层设计，推进高效组织实施

东方物探坚持立足大突破大发现，积极寻找勘探有利"靶区"，加强基层设计规划，突出盆地基础研究、整体研究和整体部署，以落实规模勘探区带和目标为重点，切实抓住关键问题，制定针对性技术措施。山前带以提高地震资料品质和构造落实精度为主开展攻关研究，碳酸盐岩和地层岩性领域以保真保幅地震处理、不同类型储层预测、圈闭精细刻画、油气成藏分析为主开展精细研究和综合评价。

项目组织实施中，注重加强技术指导、过程控制和成果把关。每年召开内部设计审查、中期检查、年终验收；召开失利井分析会，总结经验教训，指导下一步研究工作；组织专家到各探区进行现场指导，全方位保证项目研究成果质量。完善激励机制，根据每个项目研究成果和支撑油气田勘探的效果给予奖励，设立风险井奖励基金，鼓励各探区加强风险勘探研究。

二、突出技术创新发展，完善不同领域指导性技术

加强成熟适用技术总结沉淀和推广应用，创新形成了针对前陆冲断带、碳酸盐岩、地层岩性、复杂断块、页岩油气、火山岩等领域的指导性配套技术，并不断发展完善。面对久攻不克和勘探中出现的新问题，主动进行新技术攻关和应用，不断提高解决复杂地质问题的能力。

近两年，山前复杂构造真地表叠前深度偏移成像和岩性目标保真保幅提高分辨率处理解释技术有了长足进步，为库车、准南缘、阜康凹陷、玛湖凹陷、渤海湾等油气勘探提供了有力技术保障。

"十三五"期间，共获得专利74项，软件著作权17项，在国内外期刊发表文章354篇，出版了《中国中西部前陆冲断带地球物理勘探技术与实践》《中国碳酸盐岩油气藏地震勘探技术与实践》2部专著。

三、突出思想解放和思路创新，实现新的战略接替

新领域研究的性质和特点决定了其研究过程必须具有创新品质。突出重围、寻找突破，必须要解放思想、大胆构思，应用新理论、新认识、新资料、新技术，重新认识含油气盆地和领域，重新构建新的油藏类型，在头脑风暴中实现新发现新突破。研究人员努力跳出勘探成熟区的经验和认识，努力在新盆地、新区带、新层系、新类型等"四新领域"上下功夫，勇于挑战权威、勇于否定自己，努力做到无中生有，有中生新，不断寻找和落实油气勘探新的接替领域。

针对斜坡区岩性勘探领域，通过解放思想、深化认识，突破了以往认为中低斜坡储层不发育，埋藏深物性差等认识，近几年在准噶尔、渤海湾等盆地不断取得新发现，拓展了勘探领域。

针对碳酸盐岩领域，不断深化台缘礁滩、断溶体、风化壳等多类型储层分布特征和油气成藏规律认识，推动了塔里木、四川、鄂尔多斯等盆地持续获得新突破，并准备了一批后备勘探区带和目标。

四、突出风险勘探研究，推动油气勘探战略突破

为落实习近平总书记关于加大油气勘探开发力度批示精神，从2018年开

始，集团公司加大风险勘探力度，要求东方物探提供更多的风险勘探目标，满足油气勘探需求。为此，东方物探成立了风险勘探研究项目部，各靠前研究单位也成立了专门项目组，充实研究人员，进一步加强风险勘探领域评价、区带优选、目标落实及井位论证，推动风险井位的落实和油气勘探的战略突破。

近年来，东方物探坚决贯彻执行集团公司对新区新领域研究提出的"落实突破性井位、寻找规模性储量、完善指导性技术、做好示范性样板"总体要求，强化风险区带评价和目标论证。近三年，每年提供的风险井位超过30口，比以往提高了一倍之多，一批风险探井取得了战略突破，有力推动五大风险勘探领域不断取得新发现和新突破，开辟了多个油气勘探新领域，为后续持续推动油气勘探重大突破和规模发现奠定了基础。

新区新领域和风险勘探研究成果为集团公司各油气田的勘探部署决策提供了重要支撑，充分发挥了东方物探勘探参谋部和找油找气主力军作用。近五年，共提供预探井位4292口、采纳2305口，提供风险探井270口、采纳124口，提供并采纳二维地震部署56373千米、三维地震部署49778平方千米。

新区新领域项目的持续滚动研究，有力推动了山前带、碳酸盐岩、地层岩性、页岩油气等领域的持续突破和规模发现，为玛湖砾岩油藏、庆城页岩油、塔北碳酸盐岩三个十亿吨级大油田和11个亿吨级以上石油规模储量区的发现，为川中古隆起、川南页岩气、库车克深三个万亿立方米大气区和12个千亿立方米以上的大气田的发现做出了突出贡献，在集团公司油气勘探发现参与率一直保持在100%。新领域研究团队荣获2020年度集团公司先进集体。

案例

"300亿"逐梦成真

长期以来，四川盆地风险勘探面临着"研究层系众多、资料品质差异大、风险井位论证周期不断缩短"三大难题。

东方物探研究团队经过三年埋头攻关和潜心研究，围绕四川盆地震旦系—下古生界、下二叠统栖霞组和茅口组、二叠系火山岩、二三叠系礁滩以及三叠系雷口坡等五大风险勘探领域，动用二维地震资料超过 10 万千米，三维地震资料超 2.5 万平方千米，开展了近十个含油气层系的构造及古构造演化、相带与储层预测、成藏条件综合分析、有利区带评选和勘探部署建议等多方面持续深化研究，最终形成了灯影组德阳—安岳裂陷槽"北沉积、南侵蚀"等 5 项重要地震－地质认识和研究成果，有力支撑了四川盆地风险探井论证及部署工作。

2018 年至今，累计提供采纳风险探井 30 余口，多口风险探井获得高产工业气流，实现了四川盆地川中北斜坡灯影组二段、寒武系沧浪铺组、二叠系茅口组等多领域勘探的战略突破，发现了新的具有万亿立方米天然气规模的勘探接替领域。不仅助力西南油气田公司"实现 300 亿"发展目标，更向着"加快 500 亿，奋斗 700 亿"的大目标迈进。

第四节 集结优势资源，打好重点探区集中勘探攻坚战

东方物探按照集团公司确定的重点探区地震勘探规划和集中勘探、效益勘探要求，立足"五油三气""六大盆地"等重点探区重点领域，积极加强与油田沟通交流，配合做好地震勘探部署研究，不断提高一体化技术解决方案的针对性、有效性。积极加强与油田公司的交流沟通，努力推动地震勘探整体部署、分步实施，超前部署、尽早启动，从而优选最佳施工窗口，降低资源协调难度，保证项目运作质量和效益。

一、加强组织，保障重点项目提速提效

紧密结合高效勘探集中勘探需求，积极推进"四化"建设，强化勘探项目生产组织，推动项目提速提质提效，满足油气田企业加快上产需要。突出资源保障，加大设备调剂力度，设备周转率达到 416%。创新设备保障模式，推进项目提速，对重点探区项目实行集中管理，统筹协调，加强装备资源有序衔接，

停人不停设备，有效提高资源使用效率。突出科技提效，加强无人机、智能化地震队等生产型技术应用，提高勘探效率，二维、三维地震采集项目分别提速8.5%和8.6%。严控项目质量，严格执行野外采集和资料处理解释质量标准，加强质量管控，优化作业流程和工艺，地震采集资料一级品率和处理解释最终剖面合格率双双达到100%，为油气勘探开发提供了高品质地震剖面。

二、发挥优势，助推重点盆地增储上产

聚焦国内油气勘探重点盆地和探区，充分发挥一体化优势，加大靠前支持力量配备，为油气增储上产提供有力技术支撑。

强化技术人才配备和资源整合，落实重点探区首席专家负责制，加强重点盆地靠前骨干技术力量配备，组建重点盆地采集处理解释一体化攻关团队和会战突击队，充分发挥甲乙方技术合力。充分发挥一体化优势，依托东方物探采集处理解释一体化、地震非地震一体化、勘探开发一体化、常规非常规一体化、物探和信息一体化优势，努力为油田公司提供一揽子技术解决方案，切实提升综合一体化技术服务保障能力。

坚持技术创新引领，进一步发展和完善不同领域的地震勘探配套技术，更好地为油气勘探开发服务。针对油田公司勘探开发技术需求，进一步加大新技术推广应用，突出高效勘探，大力推广"两宽一高"、可控震源高效采集、GeoEast软件、VSP随钻地震导向技术等自主创新成果，加强岩性目标"双高"处理和双复杂区"真地表"各向异性叠前深度偏移处理技术推广应用与不断完善，提高山前复杂构造三维地震成像精度、岩性目标储层预测和圈闭刻画精度，以新技术、新方法、新装备的应用推进油气勘探的新发现和规模储量的落实。

▶▶ 案例

攻坚秋里塔格

塔里木盆地库车山地一直是东方物探持续攻坚的主战场。中秋1井喜获突破后，2019年，塔里木油田部署了西秋1井、中秋2井、东秋6井三个三维地

震采集项目，旨在整体解剖秋里塔格气藏构造。

秋里塔格集中了库车山地的所有困难，被称为"黄羊不能到，鸟飞刮层毛"，美国地球物理家伊尔玛兹称"根本不能做物探"。工区异常险峻，山脊狭窄，最窄处不足半米。工区断崖林立，仅西秋1项目超过50米的断崖11917处，超过200米的断崖6048处，最大落差超过600米。200平方千米的山顶只能修建8个停机点，2个住宿点。气候多变，雷雨频繁，洪水频发，塌方不断。整个工期179天，降雨多达92天，遭遇山洪64次。

秋里塔格勘探目标深度超过7000米，构造高陡、地震成像极其困难，准确落实构造难度极大。塔里木的勘探难题是世界级的，地表地下双复杂的秋里塔格是世界级难题中最难的那一道，被称为物探人的珠穆朗玛峰。

面对世界级难题，东方物探发挥整体优势，集中优势资源，在全球范围内调遣技术骨干和装备，勇闯勘探禁区。

东方物探发挥采集处理解释一体化优势，从所属单位中优选两支经验丰富的优秀队伍承担项目，联合作战。对西秋1项目实施升级管理，成立了项目领导小组，5名公司领导先后到现场指导工作，集团公司专家、公司专家常驻现场提供技术支持。采用全球领先的"两宽一高"三维采集处理解释技术，实施前后方一体化、装备技术一体化攻关。

施工过程中细化实施"有线+节点仪器大规模混采技术""基于北斗系统独立激发技术"、高精度航片多信息综合选点技术，破解了复杂高难山地高密度采集技术应用难题，填补了高难山地三维资料采集空白。

地震队创新施工组织，确保项目安全、优质、高效。实施信息化管理，建立智能化地震队生产指挥系统，采用"瑞连软件+全景摄像+安全头盔"设备，实现了24小时全时段作业现场实时监控，技术支持实现随时"远程把脉"，确保安全、质量全面受控。实施大规模机械化作业，租用5架直升机支持作业，飞行79034分钟，投运物资、设备、人员，在两山断崖之间建立滑轮飞渡点477处。实施专业化支持，公司层面采集、处理、解释、装备各路专家专业支持、一体服务,地震队层面测量、钻井、采集分序施工,精细作业。

通过科学组织、艰苦鏖战,三个项目均提前完成采集任务,缩短了勘探周期,完整准确的地震数据体,实现了整体解剖秋里塔格气藏构造的地质目标,胜利跨越物探人的珠穆朗玛峰。

>> **案例**

三维地震勘探助力长庆油田"二次加快发展"

2019年开始,在总面积37万平方千米的鄂尔多斯盆地,东方物探按照长庆油田公司"二次加快发展"战略部署,大力实施高精度三维勘探技术,为长庆油田油气当量连续七年突破5000万吨提供了强有力的技术支撑。

创新研发地震采集技术,为破解鄂尔多斯勘探技术瓶颈提供利器。针对鄂尔多斯盆地黄土山地地形复杂,北部沙漠草原区环保要求高等特点,创新应用低频可控震源与井炮混合激发、有线与无线节点仪器联合采集以及高灵敏度检波器单点接收等新技术,形成了适用于黄土山地区"适中面元、宽方位、高覆盖"及沙漠草原区"两宽一高"三维地震采集配套技术。在古峰庄三维项目中,钻探成功率由原来二维的28%提高到73.2%;盘克井震混采三维地震技术突破黄土塬区物探技术世界级难题,指导水平井钻井钻探有效储层钻遇率达到87.4%。

积极推行适合鄂尔多斯盆地的"三中、两多、一高"采集技术,大幅提升采集质量。创新采用可控震源滑动扫描技术,采集效率提升12%。研发黄土塬"井炮+可控震源"大比例混采技术,首次将黄土塬可控震源占比提升至20%左右,开启了黄土山地可控震源大比例应用的新篇章。通过应用源驱动激发、无人机与GIS地理信息系统放样及互联网信号传输等新技术,高效组织生产,黄土山地采集日效突破1300炮,较历史生产记录提升2.2倍;沙漠草原区日效突破2500炮,较历史记录提升41.08%。

处理解释配套技术为解决鄂尔多斯盆地地质难题发挥了关键作用。依靠东方物探处理解释业务总体技术实力,紧密结合盆地发展三维勘探技术的实际,完善集成了适应于鄂尔多斯盆地不同地表类型的五大地震采集处理、三大地震解释特色配套技术；研发水平井地震地质实时导向技术，形成了GeoEast水平井轨迹设计、入靶导向到钻井导向的全周期支撑技术，大幅提高油气立体勘探成功率。在天环—西缘双复杂区古峰庄、演武、洪德等多块三维地震项目，通过开展精细构造解释，准确落实低幅度构造和微小断层分布，古峰庄三维油层平均钻遇率93.7%，较以往提高了10%；盘克三维油层平均钻遇率由以往的72%提高到87.4%，有力助推了长庆油田油气勘探开发方式的转型升级。

经过近两年的发展，三维勘探已经成为助力长庆油田公司增储上产的主要勘探技术，勘探效率提升40%以上，钻井成功率达到73%。

> 案例

"345"工程快速锁定勘探目标

四川盆地大川中射洪—盐亭地区三维地震勘探项目是2018年集团公司的重点项目，被称为"一号工程"，也是西南油气田公司加快天然气发展"三步走"战略的重要勘探部署，满覆盖面积达2000平方千米。

西南油气田对东方物探提出了"345"工作要求，即三个月完成采集，第四个月完成处理，第五个月提交解释成果。东方物探加强探区一体化运作和资源配置，举全公司之力，保障了项目如期完成，给油田上交了一份满意的答卷。

东方物探成立了项目三级保障组，举全公司之力在一体化、技术支持、资源协调等方面全力和重点保障；甲乙双方成立了联合前指，相关管理和技术人员靠前指挥、现场指导。西南物探分公司科学严密组织施工，创造了四川盆地地震勘探四项纪录、十项首创。比计划工期提前了6天，安全、优质、高效完成了野外采集工作。

按甲方要求，从采集开炮起，每完成200平方千米采集就要处理解释一遍，一个月拿出初步成果来，这样滚动处理解释直到整个项目全部采集完，再进行整体评价，提出最终解释成果和井位部署方案。西南物探研究院组织两个处理解释项目组与时间赛跑，同步开展相关处理解释工作，在采集现场设立资料处理工作站，有效缩短采集与处理间的工作流程，整个项目的处理工作提前15天完成。

东方物探采集处理解释整体服务优势的发挥，保质保量提前完成了项目研究工作，为油田井位部署和快速锁定万亿立方米资源潜力的太和含气区提供了强有力的技术支撑。

三、聚力海外，持续推动油气稳产增产

海外油气合作区块是集团公司重要的资源支撑。多年来，东方物探全力服务集团海外资源战略，紧密围绕中国石油海外区块增储上产开展攻关研究，做好战略选区，推动海外油气合作区勘探部署，助推油气增储上产。

围绕集团公司海外油气合作区勘探需求，组建靠前研究机构，进行靠前处理、解释、装备维护等技术支持，在海外建立18个处理解释中心，近300余名科研人员在现场技术服务保障。

创新海外物探服务模式，积极推进海外物探服务"总承包"，充分发挥东方物探综合一体化专业技术优势，形成完善支持保障体系，调整优化资源配置，做到队伍、服务、技术、质量"四个到位"，不断提高勘探效益。

坚决履行找油找气使命，强化采集处理解释一体化，紧跟海外区块滚动勘探开展针对性研究，加强高端技术研发，将国内先进经验、成熟技术快速推广到海外，实现了海外油气勘探持续发现和一系列突破。

> **案例**

加急处理的45天

2021年7月，东方物探承担了中国石油国际勘探开发有限公司（简称"中油国际公司"）乍得Kedeni East区块、Ximenia West区块和尼日尔Trakes-M&K区块三维叠前时间偏移加急处理项目，3个项目合同总工作量为917.33平方千米。中油国际公司要求项目处理周期从三个月缩短到一个半月。

2021年7月8日，乍得、尼日尔3个三维加急处理项目同时启动。东方物探选择精兵强将组成三个加急项目组，明确时间节点，按合同规定上交数据时间倒排时间周期，抢抓进度，与此同时加强硬软件的资源配备，打造提速提效强力资源保障。

针对目标区块地质构造复杂，成像多解性强等难题，项目组充分发挥处理解释一体化技术优势，实行了以三个处理解释一体化项目组为主体、专家技术支持为保障、骨干人员随时技术交流的全新运作模式，按照"技术方案科学化、质量控制严格化、成果评价一体化"的要求组织生产，创新应用新技术改善资料品质，突出地质引导开展针对性技术攻关，切实保障提供高质量项目成果。

项目组成员全身心投入工作，人员三班倒，人歇机器不停，争分夺秒抢时间、抢进度。坚持强化全过程质量控制，明确一体化质控关键节点，确保成果质量全过程受控。始终如一的高质量阶段成果和周报，赢得了中油国际公司高度信任，保质保量如期完成了合同任务。

第五节　推广地震地质工程一体化，非常规油气勘探快速突破

页岩油气作为一种绿色、清洁、新型接替能源，受到世人瞩目。近年来，页岩油气逐渐成为油气发现的主体，产量逐年攀升。我国的非常规油气剩余资源量大，非常规致密油页岩油剩余资源量263亿吨、探明率15%。非常规天然气剩余资源量59万亿立方米，是常规天然气的1.8倍，探明率只有20%。

为深入贯彻落实国家"四个革命、一个合作"能源安全新战略和创新驱动发展战略，集团公司把页岩油气作为"十四五"增储上产重要的现实领域，作为找油找气的主力军，东方物探提升非常规油气勘探技术服务能力刻不容缓。

东方物探紧紧抓住非常规油气大发展的机遇，吹响了"进军非常规"的"集结号"。精心策划，缜密组织，充分发挥物探技术在页岩油气、致密油气部署、钻完井、储层改造、油藏开发中的特殊作用，创新管理模式、组织模式、

服务模式，全面创新集成了地震地质工程一体化技术系列，在助力非常规油气实现效益开发中大显身手，打造了东方物探新时代找油找气的新品牌。

一、创新"地震+"技术系列，形成配套技术新体系

东方物探始终把技术创新作为地震地质工程一体化的重中之重，加大技术攻关力度，超前安排，自立科研项目研发"地震+"技术系列，形成了具有自主知识产权的地震地质工程一体化服务新平台。

"井地联合"处理解释，针对致密油气、页岩油气、煤层气、岩性油气藏特点，深化复杂地表、高精度建模及静校正、"真"地表叠前成像等技术研究，形成"双高"处理解释技术配套技术，提高地震品质。

运用"地震+VSP"，创新形成"井地联合"的地面地震与VSP同步处理配套技术。

甜点预测，以高精度三维为依托，创新形成了适合我国页岩油气勘探的地质甜点和工程甜点预测、评价配套技术和技术系列。

针对有利区优选，创新形成地质、工程双甜点综合评价体系，系统梳理12个主要影响要素，针对不同气藏类型优选主控因素，建立相关评价标准，有效指导油田选区布井工作。

运用"地震+测井"，创新形成由12项指标组成的中国特色甜点预测配套技术，提高甜点精度。

井中和地面相结合的"微地震"，利用地质甜点、工程甜点预测技术，通过微地震和地面高精度三维、地震和开发动态结合，指导压裂方案优化，提升综合效益。

针对水平井压裂存在问题，探索应用基于等效介质理论的地层压力预测技术，并利用地质研究成果和现场生产实际进行个性化压裂方案设计，优化压裂规模，控制加砂强度，提升压裂效果，创新形成了"地震+压裂+微地震"技术。

地震地质预测及综合评价，针对井位部署，在页岩气水平井实施单元综合

评价基础上，以提高单井产能为目标，优选水平井钻探方位，优化水平井钻进轨迹，保障储层钻遇率，减小工程风险，提高井筒光滑性。

针对精准导向、实时导向，以钻井平台初始速度场为基础，创新形成了基于随钻测井分层结果的地震逐点引导钻进技术，实时迭代更新速度场，及时提供后续地层产状变化，优化钻井参数，提高储层钻遇率。

运用"地震+钻井"，创新研发出水平井地震地质导向软件平台（GBS），攻关形成水平井实时地震地质导向技术系列，研发出具有自主知识产权的水平井地震地质导向软件（GBS），确保打准、打快、打好。

地震地质导向技术以井震数据为基础，利用实时钻井数据驱动导向模型更新，将地质导向与物探相融合，将地层宏观趋势与微观细节相融合，实现相互验证、迭代更新，提高预测精度，实现了地震资料研究成果与工程实施的有效结合，填补了在该领域研究的空白。

地震地质工程一体化技术的推广应用为非常规油气藏的效益开发起到了技术支撑作用。东方物探总结形成了页岩油气水平井现场导向技术流程，多篇论文在CPS/SEG国际地球物理会议核心期刊发表，推动了各探区针对页岩油气、致密油气的大面积地震部署，有效延伸了东方物探发展业务链条和发展空间，提升了找油找气技术服务价值创造能力，为集团公司三大100万吨级非常规油田勘探开发示范区建设工程奠定了坚实基础。

二、创新应用，助推非常规能源勘探新突破

"十三五"期间，东方物探在浙江油田、西南油气田公司、长庆油田、新疆油田、吉林油田等多个油田非常规能源勘探生产中取得良好成效。

四川盆地及周缘攻关项目组积极开展南方海相页岩气甜点预测及综合评价研究，创新形成了页岩气甜点预测及综合评价技术系列，在2018年通过钻井现场实践，提出了水平井地震逐点引导钻进技术；2019年建立了涵盖钻井全生命周期的水平井地震地质导向跟踪和监控技术，依托水平井地震地质导向跟踪和监控技术，研发出基于地震的水平井导向软件GBS，实现了地震资料研究成果与工程实施的有效结合，填补了东方物探在该领域研究的空白。助力两家油田公司申报页岩气探明地质储量万亿立方米，荣获集团公司勘探重大成果特等奖。

近年来，地震地质工程一体化技术支撑了威远、长宁、泸州、渝西及四川盆地周缘等多个地区页岩气勘探开发，树立了集团公司页岩气平台新标杆；部署的超浅层页岩气水平井顺利完钻，复杂地质条件下保证了钻遇率达到100%，向超浅层页岩气勘探开发迈出了坚实步伐。

在鄂尔多斯盆地，致密砂岩气攻关组针对致密砂岩气勘探开发取得重要进展，2019年以来，水平井三维地震随钻导向效果明显，气层平均钻遇率达到69.5%，较以往提高了近10个百分点，并将三维地震成果应用于压裂方案优化，取得了良好效果，单井产量有了显著提高。

> **案例**

"甜点"的"甜蜜"

四川盆地页岩气产量占全国60%以上，但是页岩层埋藏深、断层复杂，勘探开发难度极大。东方物探通过地震地质工程一体化技术攻关，有效助推"三百亿立方米"大气田建设。

页岩气开发就好比吃甘蔗，甘蔗粗细、含糖量是基础条件，哪个地方孔径疏松更脆更好咬，啃哪个方向最安全最省力，我们在拿到甘蔗下嘴时总要看一下。页岩气开发就是要地质甜点和工程甜点紧密结合，才能获得最好的工业产能。为进一步确认页岩气有利区域中的核心区域即"甜点"区，东方物探创新页岩气脆性预测、地层压力及地应力预测等技术，牵头制定了国内多个页岩气的相关标准。

页岩气效益开发是关键。面临的主要难点是地震预测深度精度不够，导致无法正常入靶；地层产状和微断裂预测精度不够带来的箱体钻遇率低以及后续钻井压裂风险。东方物探页岩气研究团队根据蜀南地区地质特点，分析总结业内各向异性处理标准流程的缺陷，深入分析原理并结合勘探开发实际问题，在业界首次提出一套适用于页岩气随钻井位跟踪的建模与改进优化技术，为页岩气"选好井、钻好井、压好井"等发挥了关键作用。

30多人的研究团队每天要加载几十口钻井的轨迹数据，通过设置专业处理解释团队，按分工对自己的"战区"开展跟踪指导，实现了对甲方需求"零延迟"反应。研究团队创新服务模式，建立水平井跟踪专家团队进行实时指导。专家团队到钻井现场，利用地震导向随钻跟踪一体化技术，提供全天候、全过程、全周期服务，实现了页岩气处理解释市场"有中生新"。

地震地质工程一体化工作模式在10余个三维项目中实施，为182口水平井提供轨迹诊断、预警、调整建议。有力支撑了威远、长宁、泸州、渝西及四川盆地周缘等多个地区页岩气勘探开发，发现了国内第一口单井测试百万立方米页岩气井、国内页岩气首个"四百万立方米"平台、创造了长宁－威远国家级页岩气示范区单井测试日产新纪录。

第六节　打造风险合作新模式，谋划公司高质量发展新局面

油气风险合作是东方物探坚持走可持续发展之路，全面推广与油田公司"风险共担、利益共享"的风险服务模式。2019年，东方物探专门成立油气风险合作项目部。统一负责风险合作勘探开发业务的组织和实施。同时，成立油气风险合作勘探开发业务技术支持组，负责勘探开发区块的综合评价、勘探部署研究。

与油气田企业创新风险勘探服务模式。选取勘探潜力大、难度大的区块与油气田企业进行合作勘探。

与钻探公司建立联合开发模式。与钻探公司组成联合体，对已进入评价开发阶段油气区块，合作开展油气评价开发，共同推动优质储量落实，降低开发风险，实现双方整体利益最大化。

加快天然气风险勘探合作进程，积极推进青海三湖、油墩子合作项目取得

实质性进展，大力推动西南油气田致密砂岩气合作开发项目签约和启动。创新综合研究模式，成立首席专家工作室和联合攻关项目组，在青海油田研究院合署办公，发挥各自优势，共同开展研究攻关，加快勘探节奏，三年来联合攻关项目组累计提供并钻探井位9口，其中3口获得工业气流。

2020年9月13日，三湖合作区传来捷报，由东方物探与青海油田共同部署的台南18井喜获工业气流，打破了三湖地区天然气勘探近年无突破的沉寂局面，有望形成天然气增储上产和效益开发的新区块。随后，驼峰山地区驼2井再获突破，发现新的含气层段，通过试采单层累计产气超过500万立方米，进一步增加了天然气储量。

> 案例

勇战三湖终梦圆

柴达木盆地三湖地区生物气资源丰富，主要集中在台南、涩北一号、涩北二号三大气田，外围拓展一直难有突破。因此，集团公司将台南、涩北、哑叭尔三个矿权区1.4万平方千米交由东方物探进行物探技术攻关，突破后与青海油田共同开发。2020年，东方物探油气风险合作项目部在敦煌建立靠前研究站点，与青海油田公司研究院组建联合攻关项目组，发挥双方各自优势，在油田公司统一领导下共同开展研究工作，迅速提出一轮探井建议。

提出的台南18井位于台南、涩北一号气田之间的鞍状构造隆起区，地质条件较好，但周边钻井情况复杂，成藏控制因素和气水分布不清。为加快勘探进度，提高勘探精度，项目组充分利用台南3D3C多波地震数据开展纵横波测井、纵横波地震、纵横波VSP联合应用研究，利用三维纵波、转换波资料更加充分落实了宏观构造、断裂及含气特征，针对气云区构造形态及断裂位置受气云影响严重问题，应用二维横波地震进行了精细研究，提高了构造、断层的落实精度，最终提出了北西向走滑断层分割近东西向低幅背斜形成圈闭的成藏认识，结合储层预测结果，提出了3个钻探目标，其中台南18井顺利通过青海油田公司审核。

  2020年8月15日完井，钻进过程中气显示活跃。通过东方物探和青海油田公司精细解释、详细论证，优选出两个层段进行试气，获日产气28485立方米。进一步证明了低幅度背斜和断块圈闭气藏的存在，为三湖生物气外围拓展开辟了新的领域，标志着东方物探与青海油田在油气风险合作业务上取得实质性进展，为双方开展更进一步的风险勘探开发合作奠定了坚实的基础。

  石油物探人的油气梦想照进了现实。

第三章
成本领先，按下提质增效快进键

效益是高质量发展的本质要求，也是持续当好主力军的基础。贯彻集团公司集中勘探、效益勘探的要求，东方物探把成本领先的基点牢牢建立在管理提升和技术进步上，全力打造提质增效"升级版"，市场竞争优势得到不断巩固和提升，为开创高质量发展新局面奠定了基础。

东方物探坚持精益思想，强化"四精"管理，深入挖掘产业链、供应链、作业链各环节降本增效潜力，持续推进全员、全要素、全过程目标成本精益管理，基础管理水平、资源配置效率、成本管控能力、资产创效能力显著提升。

东方物探将核心技术作为低油价下拉动市场、提速提效的重要利器，持续加强新技术、新装备的转化应用，eSeis节点、高精度可控震源等新型装备，配合"两宽一高"、滑动扫描等先进技术，打造形成了一体化高效运作模式，科技创新支撑引领"成本领先"作用更加凸显。

东方物探始终把提质增效作为推动高质量发展的重要举措，坚持开源与节流并重，制定《提质增效专项行动具体实施方案》，全球市场布局持续优化，控本降费和亏损治理成效显著，劳动生产率和各类资源创收创效能力全面增强，发展质量和效益持续提升。

"成本领先"战略的有力实施，使东方物探跑出了高质量发展的"加速度"。

第一节　向管理要效益，构筑成本领先优势

东方物探把管理提升作为提质增效的有力抓手，牢固树立"精益管理出最大效益"的理念，落实"四精"要求，打造提质增效"升级版"，努力构筑公司成本领先优势。

一、突出项目管理创效，抓好公司创效之"源"

突出全盘谋划，强化项目全生命周期管理，加强合同商务谈判，推动物探造价定额实施，确保项目价格合理，与甲方构建命运共同体和利益共同体。紧密围绕项目提质、提速、提产、提效，认真总结公司国内复杂区项目和海外超大规模项目运作经验，加大推广应用力度，促进项目"四提"，全力确保项目优质高效运作。强化科技创效，加强与甲方对接，优化项目设计方案，优选施工"窗口"，抓好项目经济技术一体化设计、前期准备、推演论证、生产组织和后评估评价考核工作，完善重大项目升级管理模式，健全联合运作项目运营管理机制，切实推进"四提"工作，从源头控制成本。加大节点地震仪器、可控震源等高效率装备应用和无人机、直升机等生产型装备支持，加强指挥督导和动态监控，优化项目运作模式，提升项目创效水平。强化项目管控，完善国内各探区一体化管控体系。加强海外重点项目升级管控，全力运作好超大规模项目，打造"一带一路"油气合作示范工程。强化资源保障，持续优化核心装备资源集中管理，加大跨国跨地区调剂力度，提高资源利用效率。有效利用社会资源，积极培育战略承包商和供应商，建立长期合作、互利互惠的资源利用模式。加快培育专业水平高、安全能力强的优质承包商队伍，有效提升项目创效能力。

>>> 案例

向"瘦、小、散、难"项目要效益

2016年，东方物探运作浙江油田远安、秭归、巫山三个二维项目，跨2省4地23个县，施工面积900平方千米。区内山大、林密、雨多、路滑，是典型

的"瘦、小、散、难"项目。

对此,东方物探"七分准备,三分运作",施工前,超前踏勘突出一个"细",把握提速主动权;培训工作突出一个"实",缩短项目磨合期;工农协调突出一个"勤",摸清工农矛盾点,夯实了创效启动基础。施工中,逆向倒推,加码提高目标日效;排兵布阵,超前模拟沙盘推演;围点打援,无缝衔接,众志成城,创下了15天完成10500炮、日效700炮的喜人成绩。

甲方授予"精品示范工程"荣誉奖牌,给予高度评价。三个项目列公司季度"项目后评估"综合评比第一名,公司特别赞誉:项目小,加在一起就不小,有机连环运作必能出效益;项目散,连在一起就不散,无缝衔接科学组织必能创高产;项目难,志在必得就不难,矢志攻坚没有比人更高的山!

二、突出财务经营创效,把好公司效益之"门"

持续深化全面预算管理。建立公司、物探处及勘探项目三级预算管控体系,在投资、生产、经营等各个环节事前算好效益账。着力压实"两金",逐级落实责任,继续开展高风险欠款清收,积极探索应收账款保理业务。着力降成本,牢固树立"一切成本皆可降"的理念,健全以市场为导向的成本倒逼机制,深化全员成本目标管理,深挖产业链、供应链等各环节降本增效潜力。加强非生产性费用支出管控,严格控制两级机关管理费和五项费用支出。着力治理亏损,强化"养人不养亏损企业"理念,坚持"一企一策",落实治理责任,开展挂牌督战,确保完成专项治理目标。着力防范风险,持续深化内控体系建设,认真做好生产经营监测分析,防止发生系统性经营风险;着力加强管理,强化战略研究,优化对标世界一流指标体系和组织体系,推动公司管理水平持续提升;不断加强制度、标准、质量、计量、档案、外事等管理工作,推动各项工作水平迈上新台阶;有效发挥督查督办2.0平台作用,推动公司决策有部署、有实施、有反馈,形成抓落实的刚性机制。

三、突出设备资产创效管理,铺好公司创效新"路"

突出投资战略导向,持续推进资产轻量化模式,突出重点,有保有压,保证优质高效和生产急需项目的投资需求,探索国际资源全球化租赁方式。加强投资管控、项目可行性研究与后评价工作,强化投资回报考核,严控投资风险。切实加强设备使用、保养、维修和报废处置管理,有效提升资产创效能力。狠抓专业化服务,加强核心资源跨国、跨探区调剂,推行重大项目装备总包服务模式;利用好"互联网+"和集团公司集中采购平台,努力提升物资专业化服务水平。

第二节 向技术要效益,打造成本领先引擎

技术创新是企业强盛之基、进步之魂,是实现"成本领先"战略的核心驱动力。东方物探充分发挥技术进步对"成本领先"的根本性、持久性作用,紧密结合高精度、高效率、低成本勘探需求,聚焦物探新技术、新方法、新装备应用,加快成果转化,降低作业成本,缩短勘探周期,创效能力显著提升。

东方物探大力推广"两宽一高"技术在国内外油气勘探中的推广应用,覆盖国内 8 大盆地 13 个油田、海外 5 大洲 25 个国际油公司,生产效率、生产质量、生产效益持续提升;超高效混叠采集技术的成功应用,改变了传统作业模式,推动作业日效大幅提升,创造了高效作业的世界纪录;加大可控震源、大道数节点地震仪器、uDAS 光纤井中勘探、横波源勘探等新技术装备推广应用,核心技术利器不断转化为创效利器;持续推动海洋 OBN 四大核心技术和装备利器的应用和升级,全面推广海上高效混采数据分离技术,海洋 OBN 作业效率大幅提升。

▶▶▶ 案例

eSeis 节点仪器带来黄土塬生产效率大飞跃

受黄土塬沟、峁、塬、梁等复杂地形制约,黄土塬山地项目以往平均日效 300 炮左右是常态,效率较高时未突破千炮大关。东方物探大力应用国产 eSeis

节点仪器，首次在长庆油田部署的第一块黄土山地石油预探三维项目中推广应用，彰显了 eSeis 节点仪器重量轻、效率高、质量好等诸多优势，日效过千，实现生产效率跃升。2020 年庆城三维项目，东方物探投入 5.4 万道最新型节点仪器，41 台爆炸机、30 个测量组施工作业，圆满完成项目预定设计目标，并创造黄土山地区勘探最高日效 3500 炮的新纪录。同年，东方物探投入 8.6 万道节点仪器、40 余台爆炸机等多种设备资源在李庄子、惠安堡北、城探 3 井及辽河油田宁 51 井等多个项目连环作业，再次刷新黄土山地施工记录，最高日效达到 3825 炮，实现了资源投入下的效率最大化。

东方物探以全球视野谋划科技创新及推广应用，有力提升了勘探效率和勘探精度，技术成果对"成本领先"战略的价值转化不断加快，企业市场竞争力持续巩固和加强。在鄂尔多斯盆地勘探实现了由二维向高精度三维的转变，带动了长庆油田未来五年三维地震部署；在四川盆地，助推西南油气田在碳酸盐岩和火成岩领域取得大突破，带动川渝地区规模性三维地震部署；在塔里木盆地，助推克拉苏西段再落实万亿立方米储量，"中秋"实现历史性重大突破，有效拉动后续三维地震部署；在准噶尔盆地，助力发现玛湖凹陷特大型油田，带动环玛湖地区三维地震部署；在海外，依靠技术牵引和驱动，成功中标沙特阿拉伯三个项目，再获阿联酋 ADNOC（阿布扎比国家石油公司）全球最大过渡带项目合同，高端高效市场持续拓展，凸显了技术创新支撑、引领"成本领先"战略的重要作用。

第三节　开展提质增效专项行动，勇攀效益高峰

面对新冠肺炎疫情等带来的严峻挑战，东方物探全面贯彻新发展理念，坚决落实集团公司党组决策部署，聚焦"率先打造世界一流"，以公司"十四五"规划为引领，坚持问题导向、目标导向、结果导向，狠抓亏损治理，大力实施提质增效专项行动，系统谋划，综合施策，全力推进控本降费。

一、机制保障，凝聚行动合力

面对严峻形势，东方物探开源与节流并举，实行精益管理，全面提高劳动生产率和各类资源创收创效能力，建立提质增效工作机制，公司领导班子每月听取提质增效工作进展，每季度召开专题会议，找准切入点和突破口，采取最实的措施、最硬的手段极限降本、强力增效，形成全闭环、一体化推进提质增效的工作格局。

完善激励约束机制，健全工资总额与经济效益和劳动生产率双挂钩的正常增长机制，推动全员行动参与。由"管总数"向"管机制"转变，对盈利与亏损、增利与减利单位实施差异化公平公正分配机制，确保工资总额向效益提升快、劳动效率高的单位倾斜。持续加大公司中层管理人员考核兑现力度，继续对各二级单位领导班子成员执行月奖惩政策，有效传递经营压力。实行人工成本过程管理，强化季度成本峰值管控，确保人均人工成本不高于上年水平。持续强化三支队伍关键岗位核心人才精准激励，对核心科技人才、高端紧缺人才采取协议工资、岗位分红等方式，推进薪酬水平与劳动力市场价位接轨。规范专项奖励，实现对重点事项和重点人群的精准激励。

以思想"破冰"引领行动"突围"，公司党委充分发挥党建引领作用，加强理论武装，统一思想认识，深入开展"战严冬、转观念、勇担当、上台阶"主题教育活动，组织形势任务教育997场次，开展提质增效专题调研230多次，收集合理化建议1293条，切实把"熬冬"变成"冬训"。新冠肺炎疫情期间，公司各级党组织全力以赴稳增长、提效益，各级管理人员下沉一线、靠前指挥，1万多名员工紧急集结、逆行出征，1800多名中方员工坚守海外、无私奉献，为服务勘探开发、推进提质增效提供了坚实保障。

二、四项压降，提升创效能力

量化压实指标，精准有序推进，东方物探整体营业成本、百元营业收入成本率、非生产性支出，两级机关可控变动费用均实现下降，提质增效水平大幅提升。

压降费用支出。牢固树立"一切成本均可降"理念，把控本降费作为提质增效、高质量完成全年指标的关键手段，全链条管控成本，全要素降本压费。健全以市场为导向的成本倒逼机制，从严控制定项目预算，将生产经营压力向产业链、供应链和作业链传递，持续推进全员、全要素、全过程目标成本精益管理，切实把控本降费指标落实到每个单位、每个部门。

压降供应链成本和库存规模。公司将一级采购物资价格谈判和集中采购招标作为重点监管环节，强化二级物资集中采购，修订完善公司统订物资目录，进一步推进统订物资框架协议采购和探区定点协议采购力度，降低集中采购成本。加强境外物资采购管理，推进国产化替代。盯紧勘探开发部署和源头供应商，坚持"两个源头管理"。完善第三方电商采购，明确质量标准和采购流程，确保电商采购满足"质优价廉"要求。强化"交旧领新"管理，实现采购成本"硬下降"。抓好物资采购环节成本管控，建立成本倒逼机制，把好存货管理入口关，做细做精存货管理，降低存货积压和贬值风险，最大限度发挥库存物资创效能力。

压降应收款项和资金运营成本。牢固树立"现金流比净利润更重要"的理念，将应收款项管控融合到生产经营各环节。坚持"谁销售谁负责清收"理念，研究制定市场开发人员绩效考核制度，将销售人员薪酬与回款率挂钩；建立从商务谈判开始，直至货款回收的闭环管理机制。制定公司信用管理办法，做好客户动态信用评价，充分防范信用风险、结算风险、汇率风险。加大欠款回收奖惩力度，压实清欠责任，实现应收款项硬下降。盘活沉淀资金，提高资金集中度，提升资金管理效益。加大境内外资金统筹力度，有效降低融资成本。加强重大事项经济评价和纳税筹划，依法开展关联交易转让定价，降低境外所得税费用。

压降经营风险。增强忧患意识，持续完善风险管理体系，健全风险预警机制，全面开展风险评估，强化重大风险管控，从源头降低坏账风险、汇率风险、税务风险，增强风险防控能力，有效强化合规管理，保障公司持续稳定健康发展。

三、亏损治理，打好增效攻坚战

眼睛盯着市场看，行动围着效益转，东方物探把亏损治理作为提质增效的重中之重，牢固树立"减亏即是增效"理念，持续健全亏损治理长效机制，强化亏损治理顶层设计，大力推进亏损治理行动计划，全力打好亏损治理攻坚战，确保国有资产增值保值，实现效益稳步增长。

2021年，公司全面摸排亏损企业现状，做到"养人不养亏损企业"，系统梳理亏损企业历史经营情况，结合市场前景、功能定位、公司战略以及业务布局，对亏损成因准确定性，找准治理方向，精准推进亏损治理工作。

按照"管理提升一批、重组整合一批、转让移交一批、关停退出一批"的原则，制定并动态调整压降策略以及亏损治理方案，确保工作落实落地。按照"减亏、扭亏、合理回报"三步走的工作目标，确定亏损治理和法人压减年度底线目标和奋斗目标，详细列出时间表、路线图和任务书，确保亏损治理工作有序开展。

督导落实亏损企业治理和法人压减工作。按月监控、通报全级次企业账面经营情况，每季度召开工作督导会，针对预算执行差异，深入分析原因，及时协调解决。扭亏企业稳步提升效益，避免返亏，循环治亏。亏损企业责任单位一把手亲自抓部署，具体落实减亏扭亏方案，形成"一级抓一级，层层抓落实"的工作局面。亏损企业机构编制和职数只减不增，用工总量只减不增，管理性支出只降不升。

四、量效齐增，提升发展质量效益

坚持把改革创新作为高质量发展动力。东方物探积极推进落实《公司改革三年行动方案》，全面完成"分级分类"改革，按照集团公司要求持续开展企业发展能力评价和国际化经营能力评价，推进公司治理体系和治理能力现代化，不断提升公司管理规范化、标准化和科学化水平。以对标世界一流为切入点，围绕"率先打造世界一流"，深入推进落实《公司对标世界一流管理提升行动计划》，对比标杆找差距，从加强战略管理、组织管理、运营管理、财务管理、科技管理、风险管理、人力资源管理、信息化管理等方面，优化完善公司对标指标库，深入开展常态化对标。

坚持把找油找气作为最大价值使命。坚持底线思维，以中国石油和中国石油集团油田技术服务有限公司指标为底线，根据经营压力测试最坏结果制定提质增效方案，明确年度生产经营底线指标，并把指标分解到每项措施、每个单位，将责任落实落地。增强市场营销工作的整体组织协调能力，充分调动各层级市场开发积极性，形成"公司抓总、单位主攻、上下协同、分进合击"的高效协同市场开发模式。制定出台国内物探处"一帮一"政策，探索建立区域首席客户经理负责制，负责区域内一体化市场开发和客户维护工作，为市场开发管理和提升营销能力提供制度保障。加强服务保障能力建设，全力配合油气田开展技术攻关，助推油气勘探实现大发现、大突破。

坚持把国际业务发展作为提质增效的重要阵地。拓市场、调结构、增效益、树品牌。全力服务集团公司海外资源战略，深化与中国石油国际勘探开发有限公司战略合作，加强与海外合作区沟通交流，为海外合作区获取更多优质储量提供有力支撑。聚焦技术营销，聚焦高端客户，聚焦品牌打造，充分发挥国际国内一体化、前后方一体化优势，优化全球市场布局。

面对前所未有的困难挑战，东方物探深刻把握行业发展规律，结合业务特点发挥综合优势，围绕油气聚焦主业，稳经营、强科技、提管理、防风险、抓党建，着力在"做强做优做大"上下功夫，在"大战""大考"面前经受住了考验，取得了卓越不凡的发展成绩：集团公司国内外油气重大发现成果参与率始终保持100%，海外市场投标中标率超过70%，全球市场占有率超过40%，发展质量效益迈上新台阶，在建设世界一流地球物理技术服务公司的征程上迈出坚实的步伐。

第四章
绿色智能，开启现代化物探新局面

东方物探以习近平生态文明思想为指导，认真贯彻落实国家"生态优先、绿色发展"理念，按照集团公司"碳中和""碳达峰"环保目标要求，奉行"奉献能源，创造和谐"的企业宗旨，坚持政治、经济和社会责任的有机统一，大力实施文明施工、绿色物探，实现了企业、员工、用户、社会与自然环境的和谐发展，创造了良好的全球环保美誉度与业界品牌知名度，荣获"全国模范劳动关系和谐企业""中国石油环境保护先进企业"等光荣称号，成为石油石化行业的"绿色先锋"。

第一节　新时代新理念，开启绿色物探新征程

绿色是生命的颜色。

人类渴望蓝天白云、繁星朗月，愿见清水绿岸、鱼翔浅底，期盼鸟语花香、田园风光……现代城镇文明，人们首先关注和切身感受到的是它的优美的环境，满眼绿色正是居民最动人的幸福底色，是对远方来客最温馨的问候。

东方物探肩负使命，跋山涉水，勘察地质构造，寻找油气资源，业务领域遍布全球5大洲、50多个国家。在条件复杂、恶劣艰险的环境中奉献能源，创造繁华，对绿色有着特殊而深厚的情感，与大自然结成了亲密的伙伴，尊重自然，爱护自然，把对自然环境和社会公众的损害降到最小，实现人与自然、社

会的和谐相处，是东方物探的理想价值追求。

党的十八大以来，中国特色社会主义建设进入新时代，以习近平同志为核心的党中央站在民族复兴的战略高度，高度重视生态文明建设，把绿色发展作为治国理政理念，放在重要突出位置，以前所未有的改革力度和政策密度推动绿色转型，开展了一系列根本性、开创性和长远性工作，决心之大、力度之大、成效之大前所未有，形成了习近平生态文明建设思想。东方物探立足新发展阶段，贯彻新发展理念，构建新发展格局，把"绿水青山就是金山银山"落到实处，开启"绿色物探"新征程。

一、"绿色物探"的提出与初探

东方物探开展的"绿色物探"，是从美丽的海南岛开始的。

2011年，东方物探执行董事、党委书记苟量一行到南方油田公司进行高层互访，签订了南方石油勘探战略框架协议，派出东方先锋2202队、239队进入海南岛和广东三水经济发达区开展三维地震勘探，决心在海南："干成、干好、干出精品"！

施工中，景色迷人的海南岛激发了物探将士对祖国大好山河的热爱，施工物探队主动采取了一系列措施，全面提升环保和工农工作水平，爱护祖国的绿水青山。

一是全体参战员工文明施工，行车规范，合规守纪。

二是实行"一字作业"和"最小面积作业"。进入工区，所有施工人员和车辆均按照"一字路线"行进，钻井等各工序施工面积保证科学适用，降到最小。

三是依靠政府抓好协调。向各级政府部门表明找油找气、造福地方的诚挚态度，赢得支持，成功开好每一个工农协调会。

四是立信于群众，营造和谐企地施工环境。张贴公告，制作电视片，用当地方言宣传找油找气的意义，慰问孤寡老人，捐资助学。

经过一系列努力，东方物探的环保工作获得地方民众、政府和南方公司三方高度评价，顺利通过甲方验收，被评为"优质工程"。

"绿色物探",实现了东方物探在著名风景区和经济发达区"干成、干好、干出精品"的奋斗目标。公司生产例会上,施工单位做了关于《文明施工铸诚信,绿色物探赢市场》的经验介绍。公司电视台记者专门深入海南工区,拍摄了系列电视专题片《海岛先锋》,播放后引起很大反响。在基层建设工作会上,东方先锋2202队做了《我们是如何进行文明施工和绿色物探的》典型经验交流,与会代表受到触动,获得一致好评。

2012年,党的十八大胜利召开,宣示将生态文明建设与经济建设、党的政治建设、文化建设、社会建设并列,提出"五位一体"建设美丽中国的目标。东方物探在工作会议和职代会上首次提出"绿色物探"的理念,强调要"以找油找气为己任,牢牢把握'发展、转变、和谐'三件大事,尊重自然、顺应自然、保护自然,积极推进生态文明建设"。

2013年,东方物探再次进入海南施工,凭借出色的环保工作和工农工作优质完成施工任务,再次获得"优质工程"奖牌,积累了丰富的"绿色物探"经验,"绿色物探"的步子越走越稳,逐步走出一条文明施工、绿色发展的新路。

二、"绿色物探"的全面探索与实践

2014年,绿色物探纳入公司HSE体系整体布局,在长庆、新疆、青海、吐哈、西南、华北、内蒙古等各个探区全面展开,产生了深远影响,形成了广泛的社会共识。

1. 绿色发展理念深入人心,增强了"绿色物探"行动自觉

东方物探发挥新媒体网络平台优势,定期刊发"绿色物探小故事"和"绿色环保短信",使绿色发展理念内化于心,外化于行。树立了"大自然是伙伴""人人都是文明施工员""管工作必须管环保""像保护眼睛一样保护生态环境"等"绿色物探"工作理念。

物探队制定《绿色物探文明公约》,开展"绿色物探文明班组""绿色环保文明之星"评比,设立亮星台,定期进行公布,把绿色环保业绩纳入先进评比

之中，实现"一票否决"，形成了持续深化的动力机制。

物探队在队伍集训、党员活动日、新员工入职、主题教育活动中，把"绿色物探"作为"必修课"进行宣讲，激发每个人的环保热情，让人人于细微处尽一份环保绵力，每个人都做绿色发展理念的践行者、推动者，以思想自觉引领行为自觉，形成全员共同参与的良好风尚。

> **案例**

宁绕 10 步路，不伤一棵草

东方物探把"环保优先，绿色发展"的理念在人迹罕至的沙漠区进行了很好的贯彻。在塔克拉玛干、古尔班通古特、腾格里沙漠作业，物探队遇到大面积梭梭林、红柳林时，将停止推路施工，在技术手段有效避让的基础上，开启"人背肩扛"模式，宁可自己多受累，多走 10 步路，也要把大漠深处的"绿色"留住，不伤及一棵青草，保护脆弱的沙漠生态环境。

> **案例**

瓜田不纳履，李下不整冠

东方物探承担的连北项目测线穿越"葡萄沟"。施工时正值 7 月，葡萄满架，花果飘香，对于满身汗水的物探队员来说充满"诱惑"，但是执行任务的 2264 队严格工农工作纪律，秋毫无犯，为避免老乡误解，施工人员做到"瓜田不纳履，李下不整冠"，放线班员工将裤脚打上绑腿，避免走路裤角挂倒瓜果，赢得百姓称赞，营造了良好的施工环境。

2.绿色作业标准科学规范，提升了绿色物探作业水平

围绕施工现场，"绿色物探"形成了包括"6 项顶层设计要求、8 项绿色作业原则和 57 个作业要点"的标准体系，打造了"绿色物探"的作业管理平台，为物探生产优质高效运作提供绿色"护航"方案。

1）施工前。预防为主，超前介入，优选正确的施工季节窗，详细踏勘找出

环保着力点,科学选取营地,合理设计车辆路线,优选环保节能产品,优选绿色激发和接收方式,从源头防治污染和生态破坏。

> **案例**

"世界屋脊"上的环保先锋

东方物探强烈的环保意识,在生态环境脆弱区青海探区得到充分体现。2016年,东方物探运作的羌塘盆地吐错地区二维项目,位于藏北高原腹地,平均海拔4500米以上。高寒缺氧,气候恶劣,条件艰苦,是物探禁区,也是生态脆弱保护区。对此,东方物探从施工源头设计出发,使用可控震源采集,保证"一条线无捷径"作业。其次,与甲方充分协商,选择5—6月作为施工期,这个季节雨水少,气候好,道路硬实,对自然环境伤害小。另外承担项目运作的294队科学选取营地,合理设计行车路线,为每台车辆配发专用垃圾袋,对生活垃圾进行集中处理,坚决杜绝采购使用无法降解的一次性用品,有效保护了当地生态环境。当地环保部门及第三方环评公司称赞说:"东方物探的'绿色物探'作业法科学有效,应该作为藏北高原物探施工的标准作业法进行推广,你们是世界屋脊上的环保先锋。"

> **案例**

"千方百计",只为每一片绿色

2017年,东方物探承担的苏里格下古生界目标区勘探项目位于陕西省榆林市和内蒙古自治区鄂尔多斯市内,工区属典型沙漠草原区。承担任务的280队常年植根鄂尔多斯盆地,深知沙漠变草原的艰难历程,施工前先后3次对工区进行详细踏勘,将工区细分为流沙起伏较大区、沙草区、碱滩区、农田村庄区等区域类型,对区域内所有测线,严格按照"一线一设计,一线一审批,一线一分析,一线一总结"程序精细化施工,确保全程科学受控,降低环境损坏,赢得当地老乡和油田方的点赞。

2）施工中。坚持"阳光作业"原则，严格执行绿色作业制度，控制作业面积，实施"一字作业"和"最小面积作业"，做好人文关怀，抓好社区共建活动，确保施工和谐有序。

> **案例**

帕米尔高原上的"绿色航线"

2021年9月，东方物探承担的塔里木盆地西南坳陷乌泊尔线束项目，位于海拔4500米的帕米尔高原上，自然生态环境脆弱。承担任务的民爆工程中心四队为了最大限度地维护高原地表生态平衡，加大投入，工区运输采取直升机运输为主、车辆运输为辅的运输策略，租用民用运输直升机1架，构建了空中"绿色运输走廊"，许多生产生活物资通过"绿色航线"带出，极大地减少了对地面自然环境的损害，保护了高原的洁净生态。

为群众雪中送炭，为扶贫锦上添花。东方物探在施工过程中组成志愿者服务队帮助施工地困难群众进行义务劳动，为当地的学校捐资助学，为敬老院送礼品献爱心，与施工地百姓结下了深厚友情，为和谐施工打下了坚实的基础。群众称赞物探队是不穿军装的"子弟兵"，夸奖"共产党好，党教育的队伍好"！

3）施工后。及时回收生产生活废弃物，最大限度地恢复地表生态环境，做到"离开的时候，只留下足迹和评价"。项目结束后，到地方政府进行拜访，感谢政府和群众的大力支持，征求意见，改进工作，延续和谐施工环境，延续与当地政府和群众建立的深厚感情。

> **案例**

"连脚印一起带走"

东方物探在土库曼斯坦施工时，营地经常搬迁，物探队为了保护当地环境，特地为营区路面布道砖做了记号，营区迁走时，这些砖也随之一并带走，到达新工区后，按照砖上的标记，迅速组合，达到使用面积最小的目的，减少对地表的损害。

> **案例**

为珍稀植物设置围栏

东方物探承担的CHEVRON反承包项目，分布着许多珍稀的动植物和古代墓群，物探队到达工区的第一件事就是进行环境评估，把珍稀动植物的彩色照片发到每一个班组，采用设立围栏的办法对珍稀植物进行避让保护，施工后进行恢复，保护生态环境。

3.绿色发展文化氛围浓郁，形成了现代绿色生活方式

以理念为先导、以行为为基础、以制度为保障，东方物探形成了浓郁的绿色发展文化氛围。员工思想意识得到升华，绿色生态理念成为队伍价值核心理念，"绿色物探"成为一种信仰，扎根于员工内心深处，融入于生活之中。

物探员工主动迎接绿色生活时代，从生活点滴开始建构现代绿色生活方式，形成了员工队伍新品质。从消费端发力，反对奢侈浪费和不合理消费，倡导节约一张纸、一度电、一滴水，文明用语、文明就餐、文明行车，做到用之有时，取之有节。进入新时代，物探员工更加热爱自然、倡导节俭、注重健康，将绿色生活方式融入每一个人的日常生活之中。

公司领导每年义务植树，为院区添春色。在践行绿色发展过程中，东方物探领导既是推动者，也是实践者。每年春天，公司领导都带领总部机关人员到科技园、长沟培训中心、物探院区开展植树活动，如今往年的棵棵幼苗已绿荫如盖。东方物探执行董事、党委书记苟量在活动中强调：植树是每一个公民应尽的职责，更是我们践行发展新理念的具体行动。就是让大家都树立生态文明的意识，用双手为后人留下一片绿荫，为生态文明建设、为建设美丽中国贡献力量！

> **案例**

打造河套盆地"绿色名片"

2020年冬,东方物探运作的扎格三维地震项目,位于黄河冲击而成的河套盆地之中。该地遍布的人工风沙防护林区和农田防护林网抵御着乌兰布和沙漠的侵袭蔓延,成为国家保护黄河生态系统的重点地区。承担任务的2322队坚持"环保优先"原则,把保护"母亲河"贯穿于文明施工的每一个环节。运用eSeis无线节点设备、无桩号可控震源、GPS定位等"绿色物探"技术为项目施工提供科技支撑。制定了科学行车路线,出工返回均按"一"字路线进行,不得随意开路、各行其道。同时该队加强恢复管理,队上生活垃圾不仅全部集中打包带回,还把测线沿线遇到的各种垃圾全部捡回。通过一系列环保有效措施,扎格三维项目虽然投入人员712人、可控震源32台、各种车辆设备124台,但未发生一起工农停工事件,采集日效达到5000炮以上,创造同地区最高施工记录,打造了东方物探河套盆地"绿色名片"。

三、"绿色物探"走向全球

地球是人类共同的家园,生态环境是人类生存和发展的根基,建设美丽和谐的"地球村"是人类的共同梦想。随着环境问题的全球化,国际社会把保护环境作为各国政府的共同义务和责任,成为进入国际市场的准入砝码。

面对生态环境挑战,习近平总书记提出了建设"人类命运共同体"的倡议,强调人类是一荣俱荣、一损俱损的命运共同体,良好生态环境成为各国经济社会发展的支撑点和人民生活质量的增长点,绿色发展成为各国共同关切和追求的目标。习近平总书记呼吁全世界各国政府和人民坚持人与自然共生共存的理念,对自然心存敬畏,共同保护不可替代的地球家园,让人人享有绿水青山。

东方物探在国家走出去战略指引下,全面实施国际化发展战略,认真学习国际通用管理规则,通过创新发展,已经形成了一整套以项目管理为核心的HSE管理体系,成为参与全球治理的"名片"和"通行证",推动公司实现经济效益、生态效益和社会效益的有机统一,在"一带一路"建设中播撒绿色发展理念,共享绿色发展成果。

海外市场作业中,东方物探恪守"生产作业只留下脚印"的环保理念,绝不以牺牲生态环境为代价换取经济利益,多次在国际生态敏感区,靠着"精诚伙伴"的合作意识和争创一流的创业精神,严格履行环境保护社会责任,赢得了国际油公司、施工当地政府和公众的信任,开拓了国际高端市场,打造高价值的BGP国际品牌。

东方物探海外绿色物探的成功做法体现在三方面。

1. 健全组织,实施全过程环境保护目标责任管理

东方物探成立了各级HSE管理委员会,对环境保护实行统一领导,在总部指定一名分管领导作为管理者代表,具体负责本单位的环境保护工作;同时聘请了一名高级HSE顾问,作为IAGC环境管理委员会成员之一,积极参与IAGC全球环境保护标准的修订工作,对BGP海外项目环保工作提供业务指导和技术支持。各海外项目设立专门HSE总监,负责对本项目的环境保护工作,按照"谁主管、谁负责"的原则,层级签订HSE责任书,实行环境保护目标责任制,定期组织考核。

各海外项目经理部发挥属地主管作用,结合KPI[①]考核机制,对现场作业活动和员工作业安全行为进行监督,极大地降低了人为不遵守环保规定的行为。同时,建立激励政策,通过隐患报告形式,搜集分析非环保行为,采取针对性有效措施,提升环保工作水平。

---

① KPI:关键绩效指标。

> **案例**

骆驼带口罩

BGP巴基斯坦项目经理部9501D队承揽的PEPL公司Dumbar2D项目,工区横跨信德省国家保护区和俾路支省"国家公园"保护区。为保护区内生态环境,物探队严禁使用机动车辆,雇用了300头骆驼运输。为了防止骆驼啃食园区内鲜草,给骆驼戴上草编的口罩。这样"骆驼戴口罩"成了巴基斯坦物探施工时的一道特有"风景线"。

> **案例**

观鸟定工时

9501D队在运作Dumbar2D项目时,发现工区内鸟类很多,且鸟出巢和归巢有一定规律。该队为了保护鸟类不受施工影响,根据对测线沿线的鸟巢情况调研,定为上午9点半施工,下午4点半退出,防止噪声给鸟类带来影响。解释组以环保优先原则设计施工方案,规定鸟巢附近100米内不允许布置炮点,测线上二、三千米之内不能超过50人一起作业。巴基斯坦政府环保部门对9501D队的工作高度赞扬,授予"国家公园施工资质证书",巴基斯坦媒体称9501D队为"HSE管理的典范"。

2.注重培训,不断强化员工环保意识和资质能力

设定环保培训矩阵图,制定了培训时间表,选择不同的课件,不同时间对不同层级的人员进行定期培训。内容涉及营地、交通、运输、测量、钻井以及社区内施工各环节的环境保护程序、垃圾处理规定等,做到岗位责任清晰,工作程序熟悉,环保要点明确,具备相应岗位的环保资质能力。

各海外项目经理部高度重视招工前公司环境政策、规章制度的培训,以及环境管理体系、垃圾处理、ISO14001等招聘后的专业性环境保护知识培训。利用一切可利用的机会,通过安全会、展会、HSE宣传栏等多种形式,反复传播

环保意识，打造过硬的环保队伍。

> **案例**

"红树林"复种

红树林被誉为"海岸卫士"，属珍稀树种，生长极慢。东方物探尼日利亚项目组在红树林生长区作业，对清线和环境恢复工作进行了严格的现场监督和过程控制。规定测线清线宽度不超过1米，禁止使用链锯和推土机进行伐树和清线，只能用砍刀进行清线，同时规定直径超过20厘米的树不准砍，如果不得不砍，必须做好记录并在日报中反映出来，在环境恢复时聘用专业承包商对所有测线进行复种，并定期对复种进展情况和成活率进行实地考察和监控，此举得到了当地民众和政府的认可与高度评价。

3. 全程控制，坚持勘探开发与生态保护并举

东方物探海外作业队在营地选址、行车路线搜寻、工区内道路保护、生态保护等方面采取了有效的规避措施。立足长远和地区可持续发展，全过程监督管理，以高度责任感，做好自然环境的恢复工作，获得了施工国政府的高度评价，给公众留下了深刻印象。

> **案例**

爱护"海洋瑰宝"珊瑚礁

文莱海域属热带海域，独特的气候条件和适宜的海洋环境经过成百上千年孕育了丰富的珊瑚礁资源，美丽的珊瑚礁仿佛盛开在海底的花朵一般，为许多海洋生物提供着生活环境，作为海洋食物链的基础，更是全人类共同的瑰宝。在东方物探运作的SHELL文莱OBN项目中，珊瑚区面积占到工区总面积的20%。文莱政府环境保护部门、甲方高层针对珊瑚礁保护提出了极为苛刻的要求，并对工区内珊瑚礁生长情况进行了视频采集取证。如何在施工中避免对珊瑚礁生长造成影响，在全球物探行业中没有经验可以借鉴。对此，东方物探以国际化

标准为指引，把环保工作纳入海洋生产活动全过程，承诺绝不以损害环境为代价换取经济利益，多措并举制定珊瑚礁区域采集方案，实现了项目运作与生态保护的和谐统一。

聘请了遥控水下机器人（ROV）操作人员，对工区海底进行了全覆盖踏勘，使船队导航人员掌握海底立体形态，特别是对节点铺设范围内，每簇珊瑚的具体坐标和珊瑚形态做到"心里有数"。加强了船舶瞭望，通过电台对工区范围内及周边船只进行提醒提示，并向他们提供安全坐标，防止拖网渔船在珊瑚区捕捞。全员争当海洋"清洁工"，及时将发现的废旧油桶、废弃渔网、枯木等漂浮物垃圾进行回收，在船舶靠港时统一处理。项目结束后经过甲方勘测，对珊瑚生长造成的影响远远低于指标要求，赢得了当地环保部门和 SHELL 文莱甲方的表扬，为在全球海底勘查施工生产中保护海洋环境积累了宝贵经验。

绿色物探走向全球以来，BGP 以高标准的运作、精湛的专业技术和高素质的国际化管理团队，实施环境污染和保护全过程控制，由行业规则的遵循者逐渐转变为行业规则的倡导者和制定者，成为 IAGC 的核心会员、EAGE 和 SEG 的主要会员，跨入 HSE 国际标准制定者的行列，走出了一条"绿色物探"拓展国际高端市场之路。

第二节 现代+智能，为绿水青山奉献新动能

2017 年，党的十九大明确提出全面建设社会主义现代化国家。2020 年，党的十九届五中全会进一步擘画了中国"十四五"规划和二〇三五年远景目标，开启了全面建设社会主义现代化国家新征程。

东方物探与时俱进，充分发挥公司在装备研发与制造、软件开发方面的优势，围绕"四化"建设工作主题，把创新作为引领公司绿色发展的第一动力，坚持自立自强，大力发展绿色技术，推动加快信息技术与物探业务深度融合，向数字化转型、智能化方向发展，充分发挥现代化装备技术对绿色物探的支撑作用。

东方物探围绕生产难题，大力推广了可控震源采集、高精度地震采集等技术，推进节点仪器使用，推广应用可视化质量监控、无人机精细地表调查等新方法、新手段，绿色物探实现采集无线、指挥无线、设备轻型化、生产智能化，创新生产组织管理模式和工作流程，施工效率大幅提升，物探周期大幅缩短，降低了对自然环境的损坏和社会公众的影响。

一、大力推广可控震源替代炸药震源施工

减少施工作业生态破坏面，实现了绿色技术上的飞跃。

综合公司地震采集数据统计分析，可控震源与井炮日效及能耗情况对比：可控震源日效是井炮的4.84倍，单炮能耗震源是井炮的36.02%，单炮水耗震源是井炮的11.68%，在物探生产方面起到了提速提效和节能降耗作用，降低了资源投入，减少了炸药震源使用的安全环保风险。

二、加大节点仪器推广应用力度

作业效率大幅提升，最大限度地减少作业人员，优化物探施工现场生产组织方式，由传统分组模式向跨专业大班组转变，由线性施工的"并行"模式向非线性施工的"串行"模式转型升级，物探生产面貌发生了翻天覆地的变化。

>>> 案例

危机变新机，逆势开新局

2020年，新兴物探开发处受突发新冠肺炎疫情严重影响，4个三维项目被迫停滞3个多月的时间。该处对传统的生产组织模式进行了变革，全处一盘棋，应用"节点仪器+独立激发"现代化采集装备，打造精干专业的采集团队，运用信息化、数字化、智能化技术优化工序流程，改变传统物探队有线仪器作业"并行独立"的施工模式，采用"连环串行"的集约规模化作业新模式，做到"起步就是冲刺，开局就是决战"，一举扭转了新冠肺炎疫情带来的不利局势，逆势而进。员工劳动强度大幅降低，效率提升200%~300%，项目提前竣工，全部获评"优质工程"和"精品工程"，特别是处于新冠肺炎疫情中心的湖北远

安项目得到了甲乙双方和地方政府的高度评价。新兴物探开发处应用国产 eSeis 节点地震仪器，加强物探队现代化建设的经验入选集团公司基层建设典型工作案例。

三、应用无人机航拍航测、选线、选点、辅助设计

实现可视化导航，优化车辆行驶、测线开辟，强化了复杂山地等高风险地区的生产支持力度，减少人员及装备投入，大幅降低施工作业对地表植被的影响，降低车辆行驶里程，降低油料等能源消耗及移动源污染物排放，提升生产效率，进一步增添绿色物探的科技含量。

四、推广应用新能源，降低物探生产生活能耗

野外营地采用集中水暖供暖代替单个小煤炉供暖，降低了燃煤的消耗量。优先选用太阳能替代常规能源，供电采集设备、直流鼓风机、直流抽水泵、震源车 LED 探照灯，实现野外采集、营地照明、低压充电等环节的安全供电，有效降低油料、燃煤等消耗，减少污染物排放，降低作业风险，"绿色物探"跟上了时代技术创新的步伐。

五、推广使用小型化、轻便化钻井设备

在满足施工要求的前提下，加强对人抬钻、拖拉机钻等钻井设备进行改造，改造后钻机重量减轻 20%，钻井时效提高 4.7%，能耗降低 26.9%，降低人的劳动强度，减少对地表植被的破坏，使一线作业人员从繁重的密集型体力劳动中解放出来。

六、绿色智能地震队充满发展前景，为"绿色物探"插上腾飞的翅膀

5G、人工智能、云计算、大数据等信息技术的蓬勃发展，推动石油物探技术智能化成为必然趋势，为绿水青山奉献新动能。智能化地震队系统将采集作业、生产经营、井炮监控、智能质控等业务功能模块化上"云"，将生产管理、采集过程、eSeis 节点等数据入"湖"，通过平台一体化、工序再优化、管理智能化和协同全球化建设，促进跨业务、跨工序的线上协同作业，构建高效生产模式，有效支撑远程生产指挥和技术支持，促进了生产管理效率的大幅提升，

为全面提升东方物探"绿色物探"水平锦上添花。

>> 案例

黄土高原走来"新时代绿色物探队"

黄土高原常年干旱缺水、地表植被极其脆弱。东方物探坚持"绿色物探"施工理念，采取卫星定位、大数据、无人机、5G、可控震源激发和无线节点仪器等新技术新装备，有效减少了地表植物损坏，推进了绿色物探进程。2021年7月，287队运作的国内最大黄土塬单体页岩油三维地震项目，在2159平方千米范围内，采用6万多道eSeis节点仪器、14套可控震源，完成了104678个点的人工地震波激发和34万个点的震波接收，地表植被影响"就像物探队没有来过一样"，经过当地环保部门严格检测，受到好评。

第三节 矢志前行，履行国有企业社会责任

新使命新担当，新目标新征程。

2019年以来，按照集团公司"创新、资源、市场、国际化、绿色低碳"五大战略布局，东方物探锚定"率先打造世界一流"的目标，把"生态优先，绿色发展"贯穿融入"创新优先、成本领先、综合一体化、全面国际化"战略之中，加强绿色转型升级，明确"碳中和""碳达峰"工作目标和工作要求，建设"HSE业绩一流"的全球物探行业标杆，实现绿色赋能、绿色强企、绿色惠民，树立绿色物探、和谐发展、依法合规的品牌新形象，增强职工群众的幸福感、获得感和安全感。

一、绿色物探体系日臻完备，更好地呵护碧水蓝天

东方物探持续强化环境保护的体系化建设，已形成包括《环境保护管理规范》等7项环保建设制度在内的制度标准体系，统一规范了各单位的环境管理工作。

1. 环境保护目标责任到位

公司安全环保处统一监督管理，相关职能部门协调配合，二级单位具体负责，形成了全公司共同参与的环保管理体系和综合决策机制。公司及所属单位年初和项目运作前，按照层级管理的模式，层层签订安全环保责任书，逐级分解和细化指标，自上而下签订到班组，明确各层级污染减排和生态保护的责任，形成年度 HSE 目标和指标责任体系。

2. 环保资质保障能力得到提升

强化"管工作必须管生态环境保护、管业务必须管生态环境保护"的管理理念，加强中层管理人员环境保护业务知识培训，提升决策者的科学决策水平。完善环境管理岗位培训需求矩阵及培训课件，持续强化环境管理人员培训，提升专兼职环境管理人员环境保护知识水平与监管业务能力。

3. 生态环境风险排查与评估得到深化

坚持"环境保护是我们最大的责任"的原则，及时跟踪了解所在地环保部门、甲方、业主对生态保护、污染防治的要求，有针对性地制定环境保护措施并得到认可及必要的批复。固定场所单位按年度、野外物探单位按项目开展生态环境风险排查与评估工作，在生态环境风险排查与评估的基础上，制定环境风险管控措施，明确落实责任人。野外物探单位严格落实工区踏勘阶段的环境调查工作，收集环境和地理位置数据及以往同类工区环境管理资料，掌握自然保护区、禁入区、湿地等分布情况，了解所在地政府对环境保护的具体要求及可利用的社会资源。通过踏勘确定环境保护的工作重点，明确环境保护工作要求，取得必要的施工许可。

> **案例**

偶遇"国际网红"亚洲象群

2021 年 7 月，正在云南与越南、老挝、缅甸三国接壤的思茅盆地热带雨林工区施工的东方物探 301 队，与正在北迁的"国际网红"亚洲象群不期而遇。

为了避免象群北迁受到影响，同时保障重力测量工作的顺利完工，301队走访当地村民，详细了解面对亚洲象的避险方法，根据当地林业部门对亚洲象保护的相关规定，制订了严格的野外安全施工计划，雇佣当地向导开路警戒，结合施工灵活防范，合理安排作业计划，努力做到"人象和谐共处"，保证了安全生产无事故，项目顺利完工。

4. 生态环境保护日常监管常态化

强化环境保护日常监督检查，细化内容。不断加大环境保护工作的考核力度，细化环境保护工作量化评分标准，将环境保护规划的落实情况及实施效果作为日常督查检查的重要内容进行监督检查，对环境保护工作严考核、硬兑现。

5. 环保绩效考核评比纳入业绩主体考核范畴

考核各级属地主管污染减排和生态保护指标落实情况，结果作为责任主体业绩考核的重要构成部分。各级单位分层定期开展量化审核，将审核结果作为评选环境管理先进单位的主要依据。

二、绿色企业创建工作全面启动，建设机制充满活力

2019年以来，绿色物探企业创建纳入东方物探常态化建设机制，全局谋划、全局部署，与生产同安排、同部署、同考核，稳扎稳打、步步为营。

2021年，专门印发了《东方地球物理公司绿企创建工作方案》，"绿色物探"纳入公司"十四五"规划，推动提升全员绿色环保低碳意识，规范员工节能环保行为，持续开展绿色物探队创建工作。

东方物探在绿色物探队中突出新举措，紧扣碳达峰、碳中和目标，严抓各项目HSE开工验收，把污染减排、生态保护、节能降耗的具体措施纳入开工验收内容。要求物探队严格遵守施工所在地的生态保护红线制度，根据地方环境施工要求，依法组织实施环境评价和环境措施备案制度。

东方物探加强部门协同，同向发力，各部门加大对绿色企业创建的统筹指导，加强相关规划制度的有机衔接，加强绿色低碳试点示范宣传，上下达成共识,形成合力,使绿色低碳发展理念融入设计、采购、建设、生产、管理的各方面和全过程,形成日臻完善的绿色低碳发展体制机制,为绿色企业创建营造良好环境。

2050年,我国将实现全面建成富强、民主、文明、和谐、美丽的社会主义现代化国家,这既是人的全面发展,更是十几亿人民的全面发展。围绕中国石油"创新、资源、市场、国际化、绿色低碳"五大战略,按照"清洁替代、战略接替、绿色转型"三步走总体部署,东方物探也列出了"双碳"目标和绿色企业创建的"路线图"和"时间表"。

2021年公司绿色企业创建工作全面启动,开展绿色企业试点创建;

2025年左右实现碳达峰,新能源新业务实现清洁替代良好布局,公司绿色企业建设取得明显进步,所属主要生产经营单位绿色企业创建达标;

2035年实现新能源新业务战略接替;公司绿色企业建设取得更为明显实质性进展;

2050年实现近"零排放",公司成为绿色发展领军企业……

三、绿色物探与时代同行,建设美丽中国行动再出发

江河浩荡,奔流不息,时代洪流,滚滚向前。

2021年10月20日下午,习近平总书记在听取了黄河三角洲国家级自然保护区情况汇报后强调:在实现第二个百年奋斗目标新征程上,要坚持生态优先、绿色发展,把生态文明理念发扬光大,为社会主义现代化建设增光增色。

"十四五"起步,东方物探推进绿色产业结构升级,清洁化、低碳化和循环化改造已经加速,清洁发展、绿色发展迈入新境界。

一是构建了清洁低碳能源"消费体系"。东方物探积极布局新能源,推进光、气、地热等多能融合应用。优先选用太阳能替代常规能源,降低整个生产生活能耗。野外营地优先采用集中水暖、电热供暖,降低燃煤的消耗量。固定场所加大太阳能、地热资源利用力度,优先选用地源热泵、空气能热泵等清洁能源利用技术进行供暖和生活洗浴,构建清洁低碳能源消费体系。

> 案例

"新能源"科西项目显身手

科威特科西项目使用了创全球行业最高纪录的"超大道数"数字检波器数，意味着超大的耗电量和电瓶使用量。东方物探根据中东施工区域日照强的特点，创新使用太阳能板为排列供电，每块电瓶供电周期可延长10天，减少二氧化碳排放810吨。生活中配备专业污水处理设备，生活污水处理后达到灌溉标准，用于浇灌花园、菜地和树林，减少二氧化碳排放约54吨。2021年4月21日，东方物探收到甲方颁发的环境管理奖杯和碳减排贡献证书，甲方对东方物探创新管理、有效采用新能源的做法给予了高度评价。

二是坚决打好污染防治攻坚战。东方物探密切关注国家和所在地政府产业结构调整政策，做好高排放老旧机动车淘汰更新工作。推广应用山地钻降尘装置，降低山地钻井作业过程中扬尘浓度。探索引入可控震源、发电机、工程机械尾气净化装置，减少移动源污染物排放。深化水污染治理。野外施工作业队伍自建营地推广应用洗浴、厕所、污水处理一体化解决方案，减少新鲜用水量及污水排放量，坚决打好污染防治攻坚战。

三是突出中央企业引领作用，践行绿色低碳责任。东方物探加强碳资产管理，建立了绿色低碳管理考核培训长效机制，构建绿色低碳决策与考核机制，建立投资项目绿色评价方法，完善环保低碳监测监控，组织新政策新要求宣贯培训。开展企地绿色共建，加强与利益相关群体、媒体等单位沟通，强化信息公开，推进公众开放日活动，积极参与生态文明建设公益活动，以绿色行动树立绿色形象，锤炼打造绿色企业品牌。

> 案例

"寸草心"志愿服务活动暖人心

东方物探的各个院区，活跃着一支"寸草心"青年志愿服务队。他们在公司团委的带领下,开展院区义务植树、关爱老人、维护院区绿色优美环境、倡导使用绿色环保产品、协助抗击新冠肺炎疫情,东方物探践行绿色发展的靓丽风景线,是居民夸奖的"有户口"的"雷锋"青年服务团队。面对院区居民使用塑料袋较多的情况,他们开展了"远离白色污染,保护绿色家园"签名宣传活动。为让坚守生产一线的将士们无后顾之忧,工作安心,他们探望一线将士家中的老人和孩子,解决实际困难,并结成"一对一"志愿服务对子,保证不时之需,随时提供帮助,为公司发展做出贡献。

踏遍青山人未老,只因胸怀绿水青山!

绿色生活,人人应为,处处可为。一个小举动,带来的是环境大改变,一个小作为,带来的是绿色大发展!

汇聚在石油铁人的旗帜下,东方物探不忘初心,牢记使命,筑牢生态文明之基,锚定一流,为全球贡献东方绿色发展成果,为世界人类文明进步而奉献担当!

第三篇 创新驱动，提升企业核心竞争力

创新引领未来，
创新成就梦想，
傲立全球发展潮头，
惟创新者进，惟创新者强，
肩负民族的希望，坚持自立自主自强，
走向世界舞台中央……

第三篇

习近平总书记强调，创新是引领发展的第一动力，是人类进步的灵魂；抓创新就是抓发展，谋创新就是谋未来。进入新时代，实现高质量发展已经由原来的要素驱动转化为创新驱动，科技创新成为高质量发展的核心驱动力。东方物探紧跟时代步伐，始终把创新放在发展全局的核心地位，紧跟国家能源战略，坚决贯彻落实集团公司党组决策部署，锚定世界一流，大力实施创新优先战略，矢志不移推动科技创新。坚持自主、自立、自强，面向世界物探科技前沿、面向找油找气需求、面向科研生产难题，抢占技术制高点，打造具有国际先进水平的勘探技术利器，引领带动行业技术进步；坚持市场导向、问题导向，大力推进科技体制改革，创新完善制度机制，形成科技创新的强大资源组织能力、技术研发能力和全员创新的良好生态，打造全球物探技术策源地；始终把保障国家能源安全、服务中国石油勘探开发、提升国际竞争力作为技术创新的最大价值体现，围绕产业链部署创新链，依靠创新链提升价值链，构建形成创新服务发展新格局，在率先打造世界一流征程中，心中更有底气，步伐更有力量。

第一章
技术创新，打造勘探核心利器

关键核心技术是要不来、买不来、讨不来的。作为集团公司找油找气的主力军，东方物探深知只有把关键核心技术掌握在自己手中，才能真正实现率先打造世界一流和高质量发展，才能更好地履行为国找油找气的光荣使命。近年来，面对当今世界激烈的科技竞争和技术壁垒，东方物探聚焦提升自主创新能力，集中力量开展关键技术攻关，在国家和集团公司重大专项支持下，打造具有自主知识产权的物探核心软件、核心装备和核心技术。实现了关键核心技术自主可控，把创新主动权、发展主动权牢牢掌握在自己手中，有效提升了公司的核心竞争力。

第一节 破解"卡脖子"技术，核心软件跨越迭代升级

地球物理勘探，简称物探，是通过地震勘探判断哪里有油气资源，哪里可以钻井，就好像是给大地做"CT"。地震数据采集、处理、解释是地震勘探的三大环节，数据采集就是"CT机"进行扫描收集数据的过程，处理则是把扫描数据变成清晰、准确、可靠的"CT图片"，而解释则是根据"CT图片"进行分析，判断具体油气分布，确定钻井位置。地震数据采集、处理、解释软件则是进行采集、处理和解释的核心系统，是物探原理、物探核心技术及计算机应用技术的集大成，是衡量一个国家物探技术水平的标志之一。

在过去很长一段时间，我国石油物探软件主要依赖国外引进，采集处理解释的核心技术掌握在别人手中，严重制约着我国物探技术的发展，影响着国家的油气能源安全。

东方物探从重组成立之初，就坚定不移加强关键核心技术研究攻关，历经20余年，实现了国产大型物探软件从"0"到"1"的跨越，并始终致力于核心软件的加速迭代升级，形成以GeoEast、KLSeis Ⅱ为代表、覆盖物探技术全领域的12大软件系列。

一、坚持科技自立自强，打造物探中国"芯"

面对西方封锁，东方物探坚持自立自强，众志成城，认真贯彻落实集团公司党组部署，充分发挥中央企业"集中力量办大事"的政治和制度优势，集中研发成功了国内第一个自主知识产权的物探软件——GeoEast，并经过近20年的持续发展和功能提升，已经成为中国石油地震资料处理解释主力平台，推动了国内外一系列重大勘探发现，有力提升了东方物探国际竞争力和技术影响力。

二、自主创新，奋力打破国外封锁

回顾GeoEast软件研发历程，当年由于东方物探海外业务快速发展，让国际竞争对手感到潜在威胁，联手宣布对东方物探实行全面技术封锁，以此困住东方物探海外业务发展的脚步。要发展，就必须把主动权掌握在自己手中。2003年4月，集团公司设立重大专项，投入1.4亿元，正式启动GeoEast软件研发。

做就做最好的软件。GeoEast软件的设计是拥有一个基础数据平台，处理解释两个框架，集先进物探技术与软件技术于一体的"航母级"物探软件。但是，这种处理解释一体化软件没有任何可以借鉴的成熟经验，当然技术储备不足、研发人才严重短缺的问题也非常突出。

一定要做出自己的"争气"软件。东方物探迅速集结起260多名科研骨干，怀着背水一战的决心，闯出了一条属于自己的研发之路。项目组独创了"螺旋+瀑布"的研发模式，经过19个月艰苦卓绝的技术攻关，一步步闯出了700多万行软件代码。

2004年12月31日，东方物探自主研发的GeoEastV1.0地震数据处理解释一体化产品正式对外发布，结束了中国石油没有自己的地震数据处理解释一体化软件的历史，改变了物探软件产品必须依赖进口的局面。

三、持续提升，全面替代商业软件

好软件是用出来的。刚刚研发成功的GeoEast软件也不例外，由于软件自身性能不够完善、用户不愿改变使用习惯、对软件功能不甚了解等原因，面临着无人愿用的尴尬境地。

"软件就是自己的孩子，自己不用谁来用？"2011年，东方物探市场与行政手段并用，在内部率先全面推广应用GeoEast软件，同时确定了"十二五"末内部市场应用率达到80%的目标。

全面推广应用中，东方物探一手抓应用问题现场解决，一手抓功能完善提升，GeoEast软件在推广应用—发现问题—改善提升—再次应用的反复迭代中走向成熟强大。2014年，GeoEast处理解释应用率双双突破80%，提前一年实现"十二五"推广应用目标。

"十三五"以来，集团公司自2016年起在所属各油气田及科研院所全面推广应用GeoEast软件，利用三年的时间实现"157"工程目标，即：GeoEast应用人员熟练掌握率100%；地震处理项目软件应用率达到50%；地震解释项目软件应用率达到70%。

东方物探创建"以客户为中心，以市场为龙头"的一体化现场服务体系，建立前后方一体化、技术支持与软件研发一体化问题解决机制，后方的研发人员就像急诊大夫，24小时待命，随叫随到，与前方的应用支持人员密切配合，确保第一时间解决生产难题，有力保障了软件的推广应用。

在大庆油田，薄砂体预测是一个困扰多年的技术难题，东方物探组建了GeoEast技术专家团队，常驻油田与用户面对面沟通，后方研发人员与现场支持人员相互配合，实时解决各种问题。GeoEast专家团队配合油田设计了21口风险勘探井位，全部获得了工业油流。成果是最好的宣传，大庆油田成为第一家大规模应用 GeoEast 的单位，并且 GeoEast 软件从研究院向采油厂延伸。

经过 3 年推广应用，GeoEast 软件在股份公司 19 家油气田及科研院所处理解释项目平均应用率由 12% 和 9% 跃升到 62% 和 72%。各油气田 GeoEast 软件应用人员熟练掌握率达 100%，圆满完成"157"目标。GeoEast 软件逐步替代同类商业进口软件，成为中国石油地震数据处理解释的主力平台。

2019—2021 年集团公司继续实施软件推广应用"188"工程，即：到 2021 年底，GeoEast 软件熟练掌握率保持 100%，勘探领域处理解释项目平均应用率分别达到 80%，国内重大勘探发现参与率超过 80%，实现开发领域有应用需求的全覆盖。

GeoEast 软件技术性能在推广应用中也得到跨越式发展，打造形成高陡山地、黄土塬、非常规等十大处理解释特色技术系列。同时，东方物探陆续研发了 GeoEast 配套技术产品，为油气田勘探开发提供了强有力的技术支撑。

应用 GeoEast 软件一体化综合速度建模及起伏地表成像等处理解释技术，为秋里塔格取得重大突破提供了高精度技术成果；利用 GeoEast 软件各向异性深度偏移处理、井震联合、高精度成图、多属性融合以及五维解释等技术，提高了地震资料的成像精度，促进了柴达木盆地英西地区油气勘探突破；在页岩气开发中，GeoEast 软件作为主力软件有力支撑浙江油田黄金坝—大寨区块产能建设。

GeoEast 软件的自主核心技术有效提升了东方物探找油找气服务保障能力，GeoEast 软件在集团公司油气勘探重大发现参与率超过了 80%，海外油气重要发现参与率超过 80%，节省大笔国外同类软件购置费。

GeoEast 软件实现了从"能用"到"好用"、从"让用"到"想用"的根本性转变。自主知识产权软件研发能力、满足油田新技术、新方法需求以及保障核心技术安全作用得到充分彰显。软件在中国石化、中国海油等 70 多家单位以及部分海外市场广泛应用，被 50 多所高校作为教学软件和科研平台，成为全球三大主流物探软件之一。

四、突破高端，昂首挺进国际市场

技术进步永无止境。东方物探瞄准物探高端技术研发，加快关键核心技术攻关，持续推动 GeoEast 软件升级换代，为东方物探开拓海外高端市场提供了有力的技术支撑。

OBN 技术是国际物探行业的前沿技术，也是进入国际高端物探技术服务市场的门槛技术之一，是东方物探技术攻关的重点。2016 年，东方物探成立了由 30 多位技术骨干组成的研发组，从最初的算法公式开始，仅用 74 天，就完成了 11 项关键技术的原型模块开发，建立了 GeoEast 系统 OBN 数据整套工业化预处理技术流程。

在沙特阿美公司 S78 项目的技术交流中，东方物探展示了 28 条接收线的叠前时间偏移和深度偏移处理结果，剖面盐体底部构造非常明显，质量非常高，阿美公司高层对东方物探的技术能力高度认可，决定把 S78 项目的处理工作量直接交给东方物探。在随后的 BP 印度尼西亚 OBN 项目的运作和市场开拓中，OBN 处理技术发挥了关键作用。

混叠采集技术也是近几年新兴的勘探技术，以其低成本、高效率的优势，逐渐得到国际油公司的青睐。

2018 年，东方物探参与全球最大海陆三维地震勘探项目招标，高效混采分离技术成为能否中标的关键技术。研发团队与项目组成员一起，对 128 套数据不断测试，经过 180 多个昼夜鏖战，终于突破了这项技术，在与多家国际公司的对标测评中，排名第一，为东方物探中标全球最大海陆三维地震勘探项目做出重要贡献。

东方物探持续进行科研攻关，2020 年超高效混采技术取得突破，使 PDO 项目创造 5.5 万炮行业最高日效，使阿联酋 ADNOC 项目平均生产日效提高 2 倍，巩固了在中东采集市场的龙头地位。

近年来，东方物探创新形成高效混采分离等 20 项核心关键技术，打造了超高效混采处理技术、超大密度海量数据处理解释技术等三大技术利器。强化前沿储备技术研究，研发了横波源正演波场分析、震源激发方向特征分析等 4 项新方法。持续开展弹性波成像以及基于深度学习的断层识别、层位解释等"AI+物探"新技术研究，为软件可持续发展和开拓国际高端市场储备了技术。

经过近 20 年的发展，GeoEast 软件目前已发展到 4.0 版本，形成了 19 大技术系列，拥有 900 多个功能模块，开发完成了共享、协同、开放的新一代多学科一体化软件平台 GeoEast-iEco，形成了涵盖陆地到海洋、常规到非常规、地面到井中、纵波到多波、地震到重磁电的物探软件产品家族，整体功能达到国际先进水平，多项技术处于国际领先水平，成为全球主流物探软件之一，铸就了物探中国"芯"。

软件作为国家油气重大专项的标志性成果，荣获国家科技进步二等奖、河北省科技进步一等奖，累计获得国家授权发明专利 267 件、登记软件著作权 145 件。

站在新的起点，东方物探 GeoEast 软件研发团队将按照"共建、共享、共赢"理念，以新一代物探软件为平台，集成整合全球科研资源，构建开放包容的物探软件研发体系，紧密围绕制约油气发现瓶颈问题，加大关键核心技术攻关，打造低成本高效率的物探利器。

> **案例**

GeoEast 软件攻克"双高、双复杂"

GeoEast 软件系统在准噶尔盆地油气"双高、双复杂"领域勘探中成为"核心利器"，在应用中取得优异成绩。2017—2020 年运作采集处理解释一体化三维项目共计 25 个，GeoEast 软件系统参与率 100%。在准噶尔盆地发现的 129 口油气井中，GeoEast 软件系统参与重点井 95 口，重大发现参与率达到 73.6%。针对盆地地层岩性"双高"处理解释关键技术，为油气勘探发现提供高品质地震资料和强有力的技术支撑，助力实现 4 项重大发现。针对盆地"双复杂"区处理解释关键技术，支撑 3 项重大发现。在准噶尔盆地"双高""双复杂"两个重要领域千吨井、百吨井的重大发现发挥了至关重要的作用。

> 案例

专注二十载 KLSeis"破茧成蝶"

地震采集业务东方物探核心业务。地震采集软件是地震采集不可或缺的技术工具和技术手段,也是东方物探核心竞争力所在。

自1998年发布KLSeis以来,20多年持续研发攻关,2012年,推出了新一代地震采集工程系统KLSeis Ⅱ V1.0版本。2020年10月,KLSeis Ⅱ V4.0发布,实现了地震采集从地面到井中、从陆地到深海,全场景、全流程的业务覆盖。

KLSeis Ⅱ地震采集软件工程系统,在全球50多个国家地震采集项目推广应用,国内探区生产使用率达到100%,国外探区使用率达到98%。特别是在BP印度尼西亚OBN节点采集、阿曼PDO超高效混叠采集、科威特西20万道级高密度采集及阿联酋ADNOC大型三维采集等重点、难点项目中,KLSeis Ⅱ软件系统促进了地震采集项目提速提效,为东方物探连续18年保持全球陆上物探采集市场第一发挥了重要作用。

> 案例

KLSeis Ⅱ亮剑秋里塔格

塔里木盆地库车坳陷的秋里塔格构造带,是塔里木油田增储上产的重要战略区域。2019年,为加快落实塔里木油田2020年实现3千万吨产能计划,分别在东秋6、中秋2部署了两块满覆盖面积共计545.69平方千米的三维地震采集项目。东秋6项目采用有线仪器、节点仪器混合接收的采集方式,需要对不同种类的采集数据进行大量的数据合并和预处理。但是,通过实际生产的效果验证,现有的工程软件无法高效、稳定的解决数据合并等相关问题。研发人员快速反应、主动介入,第一时间组织开展了针对性技术攻关,于项目启动前顺利完成软件研发工作。项目运作中,软件研发专家团队进驻项目组,持续跟进10余天,针对新软件进行及时调试和修改,实现了项目生产运作高效、平稳,为获取高质量的地震资料品质提供了技术保障。

十三大物探软件系列

英文名称	中文名称
KLSeis Ⅱ	新一代地震采集工程软件
GeoEast	地震数据处理解释一体化软件
GeoMountain	山地地震数据处理解释软件
GeoEast-Lightning	逆时偏移处理软件
GeoEast-Diva	速度建模软件
GeoEast-EasyTrack	五维解释软件
GeoEast-Marine	海上地震数据处理软件
GeoEast-MC	海上地震数据处理软件
GeoEast-VSP	井中地震数据处理软件
GeoEast-RE	油藏地球物理综合评价软件
GeoEast-esp	微地震实时监测软件
GeoGME	重磁电处理解释一体化软件
GeoSNAP	物探测量定位和导航软件

第二节 自主研发制造，核心装备铸就硬核实力

工欲善其事必先利其器。东方物探立足物探前沿技术，强化装备应用技术创新，持续加大装备技术研发攻关力度，突破制约油气勘探发现的技术瓶颈，实现物探核心装备国产化，走出来了一条从跟跑向并跑、领跑的创新发展之路。

一、可控震源——开启高精度地震勘探新时代

可控震源是靠液压驱动产生人工地震波的一种车载震动源，石油物探就是利用它产生的震波，探测地下地层，发现地下油气藏，是石油物探最重要大型核心设备之一。作为高效、安全、环保、低环境影响的勘探装备，可控震源引领着陆上绿色勘探的未来。目前，只有中国、美国、法国可以自主完成设计与制造，最新的低频震源技术也只有在中国形成了工业化生产，而东方物探就是这项全球最顶尖核心技术的研发者。

二、从跟跑到并跑，自主设计结硕果

改革开放初期，"KZ-7"型震源是中国石油初次尝试可控震源的国产化，由于整个系统的可靠性不高，并没有形成工业化应用的产品。

随后研制成功 KZ-13 型震源，实现了国产可控震源工业化应用，研究成果获得国家科技进步二等奖，中国石油科技进步一等奖。成为当时继美国后，第二个具备制造同类可控震源的国家，成为国产可控震源发展里程碑。

其后推出 KZ-28 型大吨位可控震源，把创新性理念首次应用在国产可控震源上，核心参数完全是自主计算设计，主要技术指标达到了国际同等水平，成为集团公司工程技术服务"十大利器"之一。

2009 年，东方物探完成低频可控震源 KZ-28LF 的试制和野外现场测试，低频地震信号激发效果得到 SHELL 技术认可，开创了低频可控震源工业化应用的先河。

三、从并跑到领跑，抢占先机竞风流

地震勘探精度首先取决于人工激发地震波的品质。满足绿色、高效、低成本等勘探要求的大吨位、宽频带、高精度可控震源，一直是国际地球物理行业的研发热点和难点。

东方物探经过多年技术攻关，率先突破低频地震信号激发等关键技术难题，实现了从"0到1"的突破，形成了一套全新的宽频高精度可控震源设计、制造及应用技术，推动我国可控震源装备技术全面升级换代。目前，全球只有中国实现工业化生产，是国际上唯一能规模化应用的宽频地震信号激发源。

2013 年，东方物探推出 LFV3 低频可控震源，成为全球首家掌握 3Hz 以下低频勘探技术的公司，被国外同行誉为"开启低频勘探先河"，被评为中国石油十大科技进展。

创新永无止境。当低频可控震源技术优势还在口口相传的时候，东方物探又先人一步，开始了新的研究方向。

2017 年，东方物探研发成功 EV-56 高精度可控震源，在全球率先实现从低频向宽频的跨越，把低频地震技术和高精度地震信号控制完美地结合在一起，总体性能领先国际同行整整一代，建立了可控震源行业的新标准，开启了高精度地震勘探的新时代，成为中国石油油气勘探开发的新利器。

内蒙古额济纳旗巴丹吉林沙漠，为了克服恶劣的环境和特有的沙漠喷砂影响，东方物探专门研制了三十米高的天线塔，数字地震采集系统指挥着16台EV-56高精度震源在方圆200平方千米的区域作业，初步处理的地震剖面让甲方代表不敢相信能达到这样好的地质效果。

在久攻不克的鄂尔多斯盆地复杂黄土塬山地，加大EV-56高精度可控震源规模应用，作业效率大幅提升，深层资料品质实现"从无到有"质的突破，助力庆城10亿吨大油田的发现。

EV-56等可控震源大范围推广应用，有效提高了国内复杂区的油气勘探精度，成为复杂区地震勘探的首选装备，为准噶尔环玛湖十亿吨级砾岩大油区、塔里木库车两万亿立方米天然气规模储量、柴达木英东和英西两个亿吨级油田等一系列重大发现和勘探突破提供高质量数据支撑；同时，也为地方物探在国际市场竞争中增添了"杀手锏"，成为尼日利亚、阿尔及利亚、加纳等海外项目中标的重要砝码。

自2017年全面投产以来，EV-56高精度可控震源已经应用于国内外300多个勘探项目，采集500余万炮。EV-56先后入选2016年中国石油十大科技成果、2017年国家"十二五"科技创新成就展、2018年中国石油工程技术新产品。

2018年，东方物探进行新一代横波可控震源研发，推出大吨位横波可控震源，在青海三湖地区油气勘探中取得重大突破，并全球首次在二维勘探中获得分辨率是纵波2倍的横波资料，拉开了横波源矢量勘探的序幕，标志着中国石油装备制造综合实力再次迈上了新台阶。东方物探可控震源技术研发历经四十载，已经成为代表中国石油综合装备技术实力的重要标志，大幅提升了中国石油物探的硬核实力。

> **案例**

高清成像揭开页岩油面纱

为了保护鄂尔多斯盆地生态环境，东方物探大力推进"绿色物探革命"。在对可控震源工作机理和黄土塬地层特征理论分析的基础上，在全球范围内首次将可控震源"开上"黄土塬。创新黄土塬"井炮+可控震源"的宽方位、高覆盖和高密度混采技术，大幅提升了三维地震属性均匀性，进一步提高了地震资料品质，以高清的地震资料揭开了页岩油的神秘面纱，有效提高了页岩油勘探成功率，助力长庆油田6000万吨大油气田建设。可控震源上黄土塬的大获成功，重新定义了黄土塬"绿色勘探"的新模式。其后又针对黄土塬特点，量身打造出BV330CQ黄土塬高通过性可控震源，进一步拓展黄土塬可控震源应用空间，实现黄土塬激发"干得完、干得成、干得好、干得起"四大战略意义。

> **案例**

eSeis——节点地震仪器进入"E时代"

2020年1月22日，在被誉为中国石油科技界的"奥斯卡"——"中国石油2020十大科技进展"入选项目中，eSeis陆上节点地震仪器赫然在列。它是东方物探经过7年潜心攻关，自主研发的又一个核心勘探利器，综合技术性能已达到国际领先水平并实现产业化。

四、潜心攻关，打破技术垄断

节点仪器作为油气勘探最核心的装备之一，研发制造长期被国外垄断。东方物探每年对节点地震仪器需求巨大。据不完全统计，东方物探仅2019一年通过购买或者租赁超过10万道，其中95%属于国外厂家生产，租赁价格居高不下。

同时，随着地震勘探向复杂构造、复杂地表、高密度大道数方向发展，笨重的常规有线仪器不能适应当前发展需求。具有安全环保、轻便高效、经济实用等优点的无线节点仪器，逐步成为地震勘探主力采集设备。

研制自主产权节点地震仪器，进一步提高自主创新能力、油气勘探能力和国际竞争力迫在眉睫。

2012年，东方物探承担国家级《百万道地震采集系统研发与应用》科研项目，承担起新型节点地震仪器研制任务。经过7年艰苦攻关和持续改进升级，攻克业内多项关键技术，eSeis 2.0无线节点采集系统成功研制完成，以"两高、两强"的独特优势，实现了几代人物探人装备自主研发的梦想，成为叩开地下迷宫的"利器"之一。

五、发挥优势，快速实现应用

东方物探建设了自动化工业制造生产线，制造成本达到同行业节点单元最低水平，实现了设计、研发、制造、应用一体化。

2019年东方物探试生产1万道，并在塔里木盆地古木1三维地震勘探项目中投入使用。该项目工区涵盖山体、戈壁、河道湿地、村庄农田等地表类型，是首个采用"G3i有线+eSeis节点仪"进行规模化生产并取得成功的项目。项目共计节省人员投入52%，节省采集设备投资40%，提高采集作业效率30%，提前2个月完成采集任务，同时大大降低了对环境的影响。

在内蒙古二连盆地高寒地区，施工期气温低至-31℃，历史最低气温-40.7℃。为了验证eSeis节点能够在高寒环境下运行情况，技术人员利用低温烘箱模拟项目施工温度，完成了低温采集测试报告。结果表明eSeis节点在-40℃低温下运行正常，完全满足地震勘探项目数据采集需要。

2020年7月，21万道eSeis节点仪器规模化、自动化总装生产正式启动，是全球最大规模总装生产。

2020年国庆节前夕，完成首批9万道eSeis节点仪器投产，助力东方物探秋冬季项目高效生产。2020年10月，东方物探2202队木瓜区三维采集项目首条满覆盖地震资料处理剖面新鲜"出炉"，被专家评价为"全优剖面"，标志着eSeis节点地震仪器首次大规模地震采集应用获得成功。

2020年年底,eSeis节点地震仪已经生产制造21万道,先后在国内塔里木、长庆、华北等探区22个项目应用,性能稳定,数据回收率高达99%,减少放线作业人员50%以上,有效提高了地震作业效率,保证了作业质量,降低了作业风险和项目运作成本。

六、智能"小盒子"释放大功效

eSeis节点地震仪器是一个蓝黄相间的小盒子,成年人一只手就可以提3、4个。这个"小身材"却集成现代化工业设计,体积小、功耗低、智能化程度高,是一个名副其实的"高智商"地震仪器。

高保真、高精度是它的第一个特点。eSeis节点地震仪器首创高精度时钟同步技术,将仪器时钟同步精度提高至10微秒以内,数据保真度从24位提高至32位,引领地震勘探设备向高精度和高保真度方向发展。

信息定位降低安全风险。由于采用GPS信息定位和无线信息接收存储和发送地震激发信息,eSeis节点地震仪器大大降低了采用传统仪器大小线施工所带来的安全风险,规避了绕道、掉排列的质量风险,更适合大规模集约式采集方式施工,施工效率更高。

6条测线,满覆盖107千米的"瘦小"二维地震勘探项目,由于使用了eSeis节点地震仪,26名项目人员仅用5天就完成了5180炮的采集任务,比用常规采集仪器生产效率提升近30%。

节点立体化质控技术,实现了节点单元从人工、车载、无人机等方面全过程、全方位、多视角的质量控制,并创新采用无桩号节点放样技术,可实现检波点放样与节点单元质控一次完成,采集效率提高30%以上,作业成本降低20%以上。

QC数据回收是采集作业的一项重要工作任务。以往节点地震仪器QC数据回收全靠人工,每天每人最多回收200道,而eSeis节点地震仪器使用的是车载系统,数据回收速度提高了4倍以上。

eSeis节点地震仪及采集系统的研制成功,加速了勘探行业有线节点向无线节点的更新换代，也让百万道级地震数据采集系统成为现实，同时也提高了地震队作业效率，加速了智能化地震队建设。

随着 eSeis 节点地震仪进一步推广应用，无论是高山之巅还是雨林深处，无论是炎热的中东大沙漠还是 –30℃的锡林浩特雪原，eSeis 节点地震仪都经受住了严峻考验，出色地表现出了"两提、两降、五化、五省、一增强"的高效地震采集亮点。

十二大物探装备系列

装备名称	装备作用
G3i	有线地震仪器
Hawk	节点地震仪器
EV56	宽频高精度震源、LFV3 低频震源
SL11、ML21	数字检波器
SN	模拟检波器
DSS	数字化地震队系统
SD40–80	等山地钻机、机械化钻机
气枪震源	等滩浅海装备
十二缆深海勘探船	等深海装备
GeoSNAP 定位和导航	等测量装备
特种运输装备	
辅助仪器	

第三节　打造物探技术策源地，核心技术引领行业发展

进入 21 世纪，油气勘探目标向复杂构造、深层和非常规储层等高难领域转移，传统稀疏窄方位勘探技术精度已不能满足复杂区油气勘探需求，研究更高精度的物探技术成为国家重大战略抉择。

东方物探坚持面向油气田勘探开发、面向国际前沿、面向技术引领，加强物探引领技术攻关，大力研发应用"两宽一高"技术、非常规勘探技术、双复

杂勘探技术等，打造物探技术创新策源地，站在了全球物探技术创新的潮头。

一、"两宽一高"——自主创新"杀手锏"技术

东方物探瞄准"高精度、高效率、低成本"勘探需求，依靠自主知识产权装备、软件集成创新，经过十二年持续攻关，突破了一系列理论、技术、作业和装备制造等重大难题，最终形成了具有完全知识产权和装备支撑的"宽方位、宽频带、高密度"新一代地震勘探技术，大幅提高了复杂油气目标的识别能力和探测精度，推动了物探技术的升级换代，开启了高精度地震勘探新时代。

1. 目标成像更清晰，引领高精度勘探新时代

"两宽一高"是指"宽方位、宽频带、高密度"，形象地说就是能够给地下数千米岩层拍出高清晰度彩色照片的技术。"宽方位"相当于广角镜头，从不同角度拍照片，可以看清地下更全面的成像资料；"宽频带"相当于彩色照片，拍出比黑白照片（窄频带）清晰度更高的照片；"高密度"相当于数码相机的高像素，像素越高拍出来的照片质量越好。

这一技术覆盖了复杂山前带、碳酸盐岩、低渗透、地层岩性、潜山、非常规等各个领域，在国内外得到全面推广应用，推动了我国陆上地震勘探技术的革命性发展，引领石油勘探迈向海量数据、高精度地震勘探新时代，成为国家油气重大专项标志性成果。

2. 物探采集更高效，打造效益勘探新模式

实现高密度数据采集，必须加大炮密度，但随之成本也大幅增加，不具备经济可行性，难以在更大的范围进行推广。东方物探自主研发的可控震源解决了这个难点，2008年，在可控震源的帮助下，准噶尔盆地二次开发三维项目采集效率极大提升，可控震源高密度采集的经济可行性和资料成果品质都得到了认可，拉动了准噶尔盆地新一轮高精度三维勘探高潮。

2014年，滴南8项目低频震源将扫描频率由过去常规震源低频设计的3Hz下探到1.5Hz，"两宽一高"采集技术再次实现新的升级，实现了准噶尔盆地深层石炭系地震资料从无到有的重大突破。

2017年，东方物探又成功研发了可控震源超高效混采技术，大幅提升"两宽一高"的采集效率，技术要求和作业效率充分满足商业化生产要求，在阿曼项目最高日效达到了2.8万炮，进一步增强了在中东高端市场的竞争力。

3. 地下油藏露真容，"高精度"助推"大突破"

东方物探瞄准找油找气技术需求，持续创新，研发出了一系列新技术、新软件和新方法，创新形成了"两宽一高"高效采集十项关键配套技术，引领了全球陆上地震勘探技术发展方向，成为具有国际领先水平的优势技术。2016年被评为中国石油石化科技创新十大进展之一。

"两宽一高"地震勘探技术大幅提高了勘探精度，分辨能力提高3~4倍，最高达到纵向5米、横向15米，油气勘探成功率提高15%~40%。近年来，在国内塔里木、准噶尔、吐哈、柴达木、渤海湾等主要盆地大规模应用，为多个亿吨级油气田的发现起到决定性支撑作用。

目前，"两宽一高"技术已经在国内15家油气田企业、在国外58个国家136个油公司大规模应用。在科威特西实施了23.4万道全球最大道数项目，在阿曼项目创造了日效38517炮全球最高纪录，取得了显著的经济效益。

"两宽一高"的发展之路，是东方物探以"拓荒者"的精神，在未知领域勇于挑战、反复攻关、永不言弃，奋力践行科技自立自强的最佳证明。

二、"双复杂"地区地震勘探技术——开创山地勘探新局面

2019年1月6日，高探1井首次在准噶尔盆地南缘下组合获日产超千吨重大发现，标志着东方物探在破解"双复杂"地区世界级勘探难题上取得了新的突破。

准噶尔盆地南缘（以下简称"南缘"）位于北天山山前，一直被勘探家认为是寻找油气勘探大场面的有利区带，几代石油人前仆后继，不屈不挠为寻找大油气田持续了近百年探索。但由于地表地貌、地下构造双复杂因素影响，地震资料品质较差，勘探未取得实质性突破。前期勘探虽取得了安集海、呼图壁、玛纳斯等一批中组合油气发现，但由于中组合构造相对破碎、储集层横向变化

大、圈闭充满程度较低，大构造小油藏，难以形成整装大油田。2008年，新疆油田协同东方物探瞄准下组合开展二维宽线地震采集技术和叠前深度偏移技术攻关，深层地震成像品质得到一定程度改善，发现和落实了一批下组合圈闭目标，并陆续上钻4口风险探井，但受圈闭不落实及钻井工程技术原因均未获油气突破，下组合大油气田勘探又陷入低谷。

2018年，新疆油田协同东方物探再上南缘，开展新一轮物探技术攻关。针对制约地震成像的巨厚砾石发育、多重构造叠覆及强变形逆掩推覆三类世界级地震勘探难题，东方物探专家不断展开"头脑风暴"，突出目标驱动、问题导向，打破常规、持续创新，在攻关思路和方法上不断寻求大突破，逐步探索形成了南缘"双复杂"地区地震成像特色配套技术，进一步搞清了构造形态，有效保障了圈闭落实精度，支撑了南缘大油气田发现。2019年1月6日，高探1井首次在准噶尔盆地南缘下组合获日产超千吨重大油气发现，实现了几代物探人下组合勘探梦想。2020年12月15日，呼探1井在南缘中段再获高产油气流，预测储量近3000亿立方米，展现了准噶尔盆地"油气并举"新格局。2021年，天安1井、天湾1井、呼6井等相继钻揭大套厚气层（待试），南缘下组合勘探大场面基本形成，在南缘寻找大油气田的勘探梦想终于得以实现。

随着南缘"双复杂"地区经济高密度三维地震勘探技术的逐步配套，基本解决了长期困扰复杂构造成像的技术瓶颈，突破了地下含油气圈闭"看不清、瞄不准"的勘探难题，复杂构造圈闭细节、精度得到大幅度提升。2019年至2021年，南缘下组合共完钻井位10口，钻井误差均小于1%，部分井在超7000米深度甚至创造了误差小于1‰的"奇迹"。

> 案例

钻井跟踪破解"双复杂"难题

四川盆地龙门山山前带双鱼石地区是典型地表山势陡峭，地下构造复杂、断层发育的"双复杂"地区，同时该区域油气埋藏深、平均达7500米以上，储层薄、一般不超过 20 米，研究难度极大。

2017 年以来，双鱼石"双复杂"区逐步由勘探向开发延伸，倾向于超深、大斜度水平井，但该区域储层极薄，需要预测精度达到 10 米以内，四川盆地地震成果构造精度一般为 1%，即 8000 米允许误差 80 米，远达不到需求。同时，该区微幅构造较多、断层发育且成"扫帚"状密集分布，钻井过程中调整不及时极易穿出靶体，都对地震成果精度和及时性提出了极高挑战。东方物探以问题为导向，着力基于叠前深度偏移进行井位跟踪技术"一体化"攻关，开展纵向全地层速度陷阱识别精细三维解释，由浅至深识别各个层位存在的"速度陷阱"，将不同的层位速度和展布特点加入叠前深度偏移技术中，准确的预测储层位置和地层倾角畸变，实时为钻井提供支撑。井位跟踪技术运用于多口双鱼石"双复杂"区开发井，经后期测井成像验证准确率达 90% 以上，深度误差 0.2% 以内、倾角误差 2 度以内，为精准入靶提供了可靠的技术保障。

近两年来，东方物探针对双鱼石"双复杂"地区提出井位 20 口，油田采纳 15 口，其中 7 口完钻，6 口获超百万立方米工业气流，有力推动高效高质量勘探开发，为西南油气田"上产 500 亿"做出了积极贡献。《四川盆地川西北部双鱼石－河湾场地区三维地震勘探》项目获中国地球物理协会地球物理工程奖银奖。

三、非常规能源勘探配套技术——推动非常规资源勘探新时代

在当前追求低碳化、高效化、多元化的能源发展趋势下，国内油气企业开始从"油气公司"向"能源公司"转型，由以原油业务为主向原油和天然气业务转型，由以常规油气为主向常规和非常规并重转型。

东方物探紧跟时代大趋势，适应油气企业转型发展需要，积极调整发展战略，开始向综合能源服务转型——立足常规能源勘探技术服务，持续加强非常规能源技术服务，着力打造适应油气企业转型发展的技术利器，逐步研发形成了非常规能源勘探配套技术。

1. 先行先试，跨界煤层气服务

随着油气勘探领域的拓展，东方物探高度重视非常规油气勘探开发技术研究，将目光投向了煤层气排采市场。

煤层气，俗称"瓦斯"，是与煤伴生、共生的气体资源。我国煤层气资源丰富，居世界第三，开发利用前景广大。从2008年起，东方物探重点围绕鄂东缘开展了煤层气三维地震勘探关键技术研究和应用，逐步形成了以煤层气三维地震采集技术、提高中浅煤层气目的层成像精度处理技术和煤层气甜点综合预测技术为代表的煤层气地震勘探技术系列。

应用这套技术，东方物探在国内首次设计和实施了煤层气三维规模研究应用项目——中国石油煤层气公司韩城煤层气三维地震勘探项目，取得了丰富的地质勘探成果，在后来的煤层气有利区带评价和开发井位部署中发挥了重要作用。

2. 冲锋在前，挑战页岩气勘探

现代石油工业的发展，主要靠的是对富集于储层中的高丰度油气赋存的开发利用，也就是对常规油气的开发利用。这些常规油气是从暗色富有机质页岩类地层生成排出进而聚集的，而这些常规油气排出后，页岩中仍有相当部分的油气残留。这些残留在页岩中的油气，被称为页岩气，也就是非常规油气。

然而，由于页岩气开采难度大，一直没有获得大规模开发利用，直到2008年美国发动"页岩气革命"，以一种经济高效的方式实现了对页岩气的大规模商业开发。

随着经济的飞速发展，我国迫切需要新的非常规油气资源来改善能源结构，中国的"页岩气革命"提上了日程。我国页岩气可采资源主要分布在西南地区，西南地区首推四川盆地南部。作为找油找气"先锋"，东方物探积极响应时代号召，开启了中国页岩气勘探的征程。

页岩气勘探开发的第一关，就是要自主创新相关配套技术，在页岩气勘探开发"定好井、钻好井、压好井、管好井"全过程发挥关键作用，支撑页岩气高效商业勘探开发。

东方物探凭借强大的科技创新实力,在页岩气选区评价、勘探开发、高效开发三个重要阶段全程参与,并发挥了关键性作用:建议国内第一口页岩气直井,支撑水平井跟踪评价,优选出长宁、威远和昭通页岩气勘探国家级示范区;支撑川南地区提交页岩气探明储量超过 1 万亿立方米;承担了中国南方 70% 的页岩气物探工作量,支撑我国成为世界第二大页岩气生产国。

在挑战页岩气勘探开发的过程中,东方物探依托国家、集团及公司级科研项目,结合地震勘探一体化生产项目,形成页岩气甜点地震综合预测配套技术,有效指导了页岩气甜点预测、井位部署及水平井轨迹优化、压裂后评估,在昭通、长宁——威远页岩气示范区以及荆门、黔江、正安——务川等众多页岩气勘探开发区得到有效应用。

未来,东方物探将按照集团公司新能源和替代能源发展战略,继续在非常规和新能源业务领域发力,加快非常规油气地震地质工程一体化技术研发,不断提升"甜点"预测、微地震监测和水平井压裂参数精细指导等技术服务能力,集成创新地热资源综合评价及配套开发、运维等技术,积极开展可燃冰高精度勘查识别、砂岩型铀矿有利区评价优选等新技术研究,全力服务集团公司多种伴生资源综合勘探部署。

案例

逐梦新能源

2014 年以来,东方物探与浙江油田战略合作,以昭通黄金坝、紫金坝、云山坝和荆门远安、黔南罗甸等区块为主战场,以全面、精细、立体勘探为主线,实施了多个页岩气勘探项目。

项目运作中创新地实施"一体化高效开发"有效模式,走低成本质量效益发展之路。以"逆向思维目标设计,正向互动创新施工"为手段,形成从地震勘探、地质评价、部署研究、设计优化、生产实施到项目组织管理的"一体化高效开发"模式，创新应用地震采集处理解释一体化、地质工程一体化、勘探开发一体化、经济技术一体化、现场指挥和前后方协同联动一体化和研究生产一体化等六个"一体化"模式，确保高质、高产和高效开发。

研究人员创新形成盆外复杂山地地质条件下页岩气地质工程一体化评价、水平井钻井和储层改造新技术，攻克"强改造、过成熟、杂应力"等地质难题。共完成二维地震 5906 千米，三维地震 1158 平方千米，页岩气评价井成功率达 82.35%。发现了滇黔北探区黄金坝—紫金坝、大寨和湖北荆门探区远安三个有利建产区域，其中黄金坝区域已建成 5 亿立方米页岩气生产能力，成为"国家级"的产能示范区；紫金坝区域正在建设 10 亿立方米上产工程；云山坝和大寨启动 5 亿立方米产能建设接力工程。昭通示范区已完成近 50 口各类页岩气井的钻井压裂和投产试气工作，形成了 50 万吨当量的油气生产规模。

第二章
管理创新，激发发展内生动力

科技创新是一项系统工程，是多种创新因素相互复杂作用产生的复杂涌动。一般来说可以被分为三种类型：知识创新、技术创新和现代科技引领的管理创新。着眼于打造驱动高质量持续远发展的强大引擎，东方物探始终坚持一手抓技术创新，一手抓管理创新，坚持技术创新和体制机制创新"双轮驱动"，以改革释放创新活力，形成了依托国家科技重大专项，以企业为主体，以市场为导向，产学研深度融合的全球化科技创新体系，充分发挥国有企业集中力量办大事的优势，集中打好关键核心技术攻坚战，全面提升创新链的创新效能，跑出了技术创新"加速度"，牢牢地将发展的主动权掌握在自己手中，一步步走向了世界物探舞台的中央。

第一节　构建科研创新体系，提升公司创新效能

着眼于率先打造世界一流，切实履行为国找油找气的崇高使命，推动物探技术服务业务快速发展，提升东方物探整体创新能力和创新效能，东方物探经过多年实践，逐步构建了以企业发展战略为指引，以建设世界一流地球物理技术服务公司为目标，以提升找油找气能力为出发点，"一个整体、三个层次"的科技创新体系。坚持研究把握行业发展趋势，加强中长期技术发展规划和顶层设计，突出关键技术、核心技术研发，建立健全有利于技术研发与成果转化、

优化资源配置的研发组织体系，实施"应用基础研究、技术研发、推广应用"一体化的全生命周期项目管理，确保业务发展所需核心技术高效研发与应用，全面增强企业核心竞争力和可持续发展能力。

一、坚持需求导向，科学制定技术发展规划

"不谋万世者，不足谋一时；不谋全局者，不足谋一域。"东方物探始终坚持市场导向，瞄准世界一流，加强顶层设计，把握技术发展趋势，找准科技创新主攻方向，聚焦重大需求布局和落实研发项目，把研发应用重点放在突破瓶颈、拉动市场、提高效率、降低成本的重点技术上，加快突破关键核心技术，为高质量发展提供更加有力的技术保障。

1. 顶层设计，把握正确技术发展方向

东方物探坚持战略引领、市场导向、业务驱动的原则，通过年度 SEG、EAGE 等国际地球物理年会调查了解行业技术发展现状及前沿技术发展方向；面向国内外油气田公司，组织开展"国内外新技术调研""中国石油物探技术调研""科技规划主营业务需求调研"等物探技术需求调研；对调研结果应用"模板—技术特征测评法""特尔菲法"等方法进行技术优选，从技术竞争性、技术对生产力影响、技术水平的级别等不同维度对技术需求进行分析，明确支撑企业发展的技术优劣势，找出差距，明确技术发展方向。

2. 制定规划，推动技术创新滚动发展

结合物探技术"高精度、高效率、一体化"的总体趋势，提出五大发展战略思路，即保持优势领域技术领先，解决生产问题；实现核心技术赶超，提高竞争能力；发展业务链延伸技术，保障可持续发展；跨越式发展差距技术，促进新业务增长；强化前沿技术获取与发展，占领制高点；同时，明确了物探软件、装备、配套技术等 10 个优先发展的重点领域技术群，以及每一个重点领域的研究目标、研究课题、重要节点指标。

3. 优化配置，发挥一体化技术优势

东方物探实施技术领先顶层设计，强化"自上而下"科研立项管理，变

"按能力立项"为"按企业发展需求立项",增强企业技术创新与发展战略的协同一致性。每一个重点领域都配备首席科学家全面负责,对研究工作进行总体设计,分解成不同的小科研项目,组织企业内外部科研力量分别研究、集成汇总,集中力量解决影响和制约企业长远发展的重大技术难题。

坚持开放式研究,充分利用社会资源以不同的方式开展合作研究。2016年以来,在集团公司的持续支持下,东方物探集中内部研发力量,同时与国内外科研院所广泛合作,先后组织完成了 GeoEast 大型处理解释一体化软件和 eSeis 节点地震仪研发项目,填补了国内空白,改变了国内物探行业核心软件和装备长期依赖国外公司的局面。

二、坚持研用结合,健全完善创新链条

"创新链"是从基础研究开始到产业化结束的整个过程,包含知识创新、核心技术、一般技术、产业化应用等多个环节。东方物探紧紧抓住"创新链"中的核心要素,不断提升知识创新和核心技术创新在全创新链中的地位和比重,加大核心要素科研经费投入和科研人员的培养。坚持深化完善科技创新体系,以国家科技重大专项为引领,突出培育能够形成核心自主知识产权的高价值技术创新。坚持开放创新,加强与高校、科研院所及企业研发部门合作,共同进行基础研究、应用研究,东方物探创新效能得到有效提升。

1. 实施"分级管理",释放科技创新活力

东方物探建立并完善了"一个整体,三个层次"技术创新组织体系,三个层次即决策层、核心研发层、应用研究层。决策层即公司科技委员会,按照技术大类设立专业委员会,负责技术创新顶层设计及决策。

东方物探对科研项目实行公司及二级单位"两级管理"的科研管理机制。核心研发层由公司层面管理,负责前沿性、整体性研究工作,坚持"战略导向"和"市场导向",关注公司长远发展,集中有限资金解决"瓶颈"技术难题,以创造和保持持续的竞争优势。应用研究层指各生产单位的研发力量,聚焦"问题导向""生产导向",负责解决实际生产经营中的应用性技术问题和个性化需

求，加强新技术推广应用，发挥生产应用测试与问题反馈作用，实现技术研发与应用的良性循环，增强现场解决问题的能力，促进新技术、新产品加快完善升级。

2. 推行全生命周期管理，提高科研质量效率

东方物探实施科研项目全生命周期管理。坚持企业科研成果的生命力在于应用，科研成果只有成功应用于生产实践，转化为生产力，才是企业科研活动的价值体现。

坚持用技术路线图强化技术研发与成果应用一体化设计，按照应用基础、技术攻关、现场试验、推广应用一体化设计，确定目标、里程碑、相关技术、团队。

坚持技术研发与成果评估并重，更加注重商业化应用指标考核。将项目实施中技术或产品性能指标、知识产权指标及取得的预期成果等作为科研项目整体考核的中间阶段，项目收尾阶段增加技术应用指标、商业化指标并列入合同考核指标，只有完成收尾阶段考核，才最终认为项目周期结束。

大力加强科研成果有形化管理。东方物探将知识产权管理与成果有形化相结合，加大专利、软件著作权和商标保护力度。把 GeoEast、KLSeis 作为采集处理解释方法研究成果的统一开发平台，将软件化作为有形化的重要标志。注重技术品牌建设，浓缩中国石油物探 40 多年来的勘探经验并集成了最新技术成果，向业界发布 PAI 技术品牌，逐步把 PAI 发展成为配套技术集成平台。

科研项目全生命周期管理进一步提升了技术研发质量，打通了技术研发到成果推广应用的关键环节，实现了从"需求—研发—应用—新需求"的技术发展良性循环，保障了核心关键技术研发与应用。

三、加大资源投入，保障科技规划实施

企业是科技创新的主体，是国家战略科技力量的重要组成部分，是关键技术突破、创新投入和成果转化的主力军。东方物探立足国家能源战略目标，直

面油气企业由资源主导向科技主导转型的巨大挑战，以国家油气科技重大专项为引领，企业配套项目为主体，坚持以"自主创新、重点跨越、支撑发展、引领未来"为指导方针，针对重大战略产品、关键共性技术或重大工程，发挥集中力量办大事的优势和市场机制作用，进行了新型举国体制实践，通过核心技术突破和资源集成实现了跨越发展。

科研项目是科技规划、科技组织及创新链实施的关键。2016年以来，东方物探集中优势资源打好关键核心技术攻坚战，积极争取各层级科研项目立项，保证了科技规划的顺利实施。其中，国家级科研项目37项、集团公司级项目35项，同时加大企业配套项目投入，设立公司级项目150项，科技研发投入强度保持在2.7%左右。

在加大项目及资金投入的同时，坚持引育并举，打造国际一流科研队伍，形成1名院士、6名总经理高级技术顾问、13名首席技术专家、79名高级技术专家共6700余名的专业技术人才队伍，7人被列为石油科学家人选、34人被列为科技英才培养计划。2008年以来，先后引进急需的高端技术、管理等"高精尖缺"人才27名，推动公司在叠前深度偏移成像、地震速度建模、多波、油藏、页岩气等关键技术领域取得了快速突破，实现了跨越式发展。

近年来，东方物探重大创新成果竞相涌现，科技实力逐步从量的积累迈向质的飞跃，从点的突破向系统能力提升。通过实施"高精度地球物理勘探技术研发及应用""近海大中型油气田形成条件及勘探技术"等国家级项目，创新形成了"复杂储层地震岩石物理分析及应用""弹性波全波形反演与深度域成像技术"等多种新方法新技术，打造了"横波可控震源""百万道级地震数据采集系统""新一代地球物理油气勘探软件系统""高精度宽频可控震源"等多个装备或软件，以及"陆上宽频高密度地震勘探技术""油藏及非常规物探配套技术""海洋宽频地震勘探关键技术""超深层重磁电震勘探技术研究""页岩气藏地球物理响应与优质储层识别"等一系列关键集成配套技术。

第二节　打造创新型企业，放大公司创新优势

面对当今世界科技创新的新条件、新特点和新趋势，习近平总书记指出，在全球化、信息化、网络化深入发展的条件下，创新要素更具有开放性、流动性，不能关起门来搞创新。要坚持引进来和走出去相结合，积极融入全球创新网络，全面提高我国科技创新的国际合作水平。东方物探始终坚持全球视野，坚持开放联合，发挥产学研协同效应，以开放包容的胸怀谋划科技创新，构筑全球化科技创新网络。

一、坚持全球视野，建立国际化研发布局

东方物探聚焦全球物探技术高地，持续推进研发机构全球化布局，在软件研发上形成"两国四中心"布局、在装备研发上形成"四国五中心"技术创新网络，为核心软件、核心装备、核心技术研发应用提供强有力支撑。

依托物探技术研究中心，打造形成"两国四中心"核心软件研发平台。中心本部与各分中心、国内与国际、内部与外部之间实现有机衔接，统筹资源，发挥合力优势，形成协作、联动、互补的一体化大研发格局。研发形成的 GeoEast 处理解释一体化、lightning 深度域成像、Diva 深度域建模、MC 多波处理解释等系列软件产品，成为中国石油主力物探软件平台，成为推动油气勘探突破和开拓国际市场的技术利器。

依托 INOVA 陆上装备制造子公司，搭建"四国五中心"陆上装备研发平台。在 KOC 项目竞标中，东方物探通过全产业链协同、多兵种作战的模式，发挥"两宽一高"技术、PB 级地震数据处理关键技术和 G3i HD 地震采集系统、SL11 单点数字检波器等装备优势，成功中标全球最大道数三维地震采集项目。

二、创新组织模式，提高科研项目开发效率

东方物探始终坚持有利于科技创新的深化、有利于项目团队的协作，有利于资源潜力的发挥，有利于生产力的形成的"四个有利于"原则优化资源配

置，宜统则统，宜分则分，根据不同的项目特点设立了GeoEast超大型软件的研发中心模式、eSeis节点地震仪攻关项目组型模式、KL-CSRtQC混采数据实时质控等软件的矩阵式管理模式、领域专家领衔的专家工作组模式以及揭榜挂帅模式。

"詹仕凡创意工作室"成立10年来，从5人到如今的10人，从现代地震属性到人工智能，实现了一个个新的方法突破，攻克了一座座技术高地。工作室成立之初，仅用了10个月的时间，就推出了全球首款触摸屏解释软件GeoEast-EasyTrack，使解释工作变得更加便捷和直观。随着"两宽一高"技术发展，高密度地震数据给地质人员带来了更多的地下信息，同时也带来了大数据管理和显示的难题，工作室又研发了"五维解释"软件，其叠前道集分析及裂缝预测、方位AVA(FVA)解释等技术的综合性能，至今无人能够超越。2017年人工智能进入蓬勃发展期，工作室又把目光聚焦到人工智能和大数据分析上，在智能地震初至拾取、智能层位断层解释等方面取得了可喜进展，一些模块已经形成GeoEast系统，在生产中推广应用。

"揭榜挂帅"：2020年，东方物探开始探索"揭榜挂帅"，最大限度为技术专家"放权赋能""解套松绑"，积极鼓励技术专家承担科研项目。向公司内外发布攻关技术难题，有效汇聚行业智慧，以GeoEast为平台，探索引进、合作、效益分成等多种技术获取方式，快速实现特色技术补充。

> 案例

"揭榜挂帅"点燃科技创新火炬

东方物探始终坚持把科技创新作为高质量发展的首要任务，持续开展管理创新和机制创新，积极探索"揭榜挂帅"这一新型科研组织模式，让那些想干事、能干事、干成事的科技领军人才挂帅出征，让有真才实学的科技人员英雄有用武之地。

2020年6月，东方物探聚焦物探关键核心技术，紧密围绕如何选题、评价、奖励等出台配套管理措施，形成需求明确、评价科学、激励公开的"揭榜挂帅"顶层设计。面对GeoEast软件发展急需攻克的众多技术难题，物探技术研究中心率先开展"揭榜挂帅"工作试点，打破常规科研组织模式，激发科研人员越是艰难越向前的勇气和创新活力。

与传统分配任务不同，揭榜攻关任务不设门槛、不问资历，谁有本事谁就揭榜，一个任务可由两个项目组'揭榜'，同期并行研究，把课题申报和科研奖励这两个独立评审的问题合二为一，实现了科研管理和科研激励的统筹融合。

近年来，静校正技术是制约东方物探双复杂区处理技术发展的一个短板，一级工程师任晓乔挑头揭下攻克"基于初至的快速初至剩余静校正技术"这项关键技术的榜单，快速组建了6人团队。项目进展迅速，2020年12月完成程序编写，2021年3月此项技术已经在研究院处理中心进行试生产。该技术成果成功填补了东方物探初至波剩余静校正技术空白，创新实现了一种基于XYO域初至拟合方法，使山地资料处理信号保真度大幅增强，计算效率较传统方法提高10倍以上，软件应用效果媲美国际同类软件。

2020年，物探技术研究中心针对生产需要、难点关键技术发布了5项"揭榜"攻关任务，7支团队成功揭榜，基于复杂框架模型约束阶梯状油藏网格模型生成技术、地震数据压缩工具等技术攻关均取得显著成效。其中，曹中林博士带领攻关团队揭榜"模式识别Vz噪声压制技术"攻关任务，率先攻克Tau-P域变换技术，通过模式识别方式使得压制噪声效果明显，不仅提高了OBN资料成像质量，而且使得OBN处理周期大幅度缩短，有力促进了勘探生产提质增效。

2021年年初以来，东方物探"揭榜挂帅"先后推动物探技术研究中心、研究院、采集技术中心等科研生产单位在软件研发、采集处理解释、油藏等多个技术领域取得新进展、新突破。与此同时，东方物探在内部试点取得明显成效后，将揭榜范围进一步扩大，24项关键技术需求面向全行业发布，得到国内外63家单位积极响应，逐步形成社会各界技术合作、集智攻关的新格局。通过"一对一"技术会谈，筛选重点合作意向44项，东方物探与中国科学院、西安交通大学等 9 家单位签订了首批"共建共享共赢"合作框架协议，确立 10 个以上共建示范工程年度目标，并取得阶段性成果。

东方物探通过"揭榜挂帅"有效汇聚行业智慧，快速实现特色技术补充，推动 GeoEast 软件在相应功能方面快速成熟，进而为用户提供更好的软件产品。"揭榜挂帅"机制在科研技术研发领域点燃了科技创新的火炬，"试点"示范效应激发了广大科研人员自主创新的热情，科研单位体制机制管理能力、科研团队协作和组织能力得到快速提升。

三、突出协同创新，构建多元创新联合体

开放合作是技术创新的必然趋势，也是企业切实提高自主创新能力的必然要求，只有推进开放式创新，实现企业、高校和科研院所等产学研主体的深度融合，形成创新合力，企业才能把握住经济全球化带来的各种战略性机遇。

东方物探坚持实施自主、联合、开放研发策略，先后与国内外 54 家知名院校、科研机构和油气田企业建立"产学研用"合作攻关机制，与 SHELL 等 11 家国际油公司建立技术交流平台，与 8 家高科技企业建立战略合作伙伴关系，先后开展 120 项技术合作，其中 60 余项成果实现转化，加快地震成像、各向异性、储层及流体、重磁电等关键技术研发进程。

1. 校企合作，紧跟物探技术前沿

有限差分正演模拟技术是油气地震勘探界最实用的一种数值模拟技术，原理方法已经成熟，但边界吸收效果、计算效率等瓶颈技术限制其工业化应用。东方物探和高等院校经过多年合作研发，形成了基于 NPML 边界条件的三维声波 GPU+CPU 集群分块正演模拟方法，利用 GPU 的并行加速性能，大幅提升计算效率；采用区域分解方法，分摊单一计算设备压力，解决单 GPU 无法完成大规模正演模拟的难题，为正演模拟大规模实际生产提供支撑。以上算法已经集成到地震采集工程软件系统 KLSeis Ⅱ 中，与三维建模软件相结合，形成三维模型正演软件系列，可用于地震观测系统论证、资料处理模型验证。软件在国内塔里木、青海、大港等探区多个地震采集设计投标项目中应用，有效地验证了设计方案的可行性。

东方物探先后与 12 家国际知名院校开展了产学研合作创新，不断加快前沿热点技术研发和转化。

2. 油企合作，加速新技术新装备推广

东方物探坚持采集处理解释一体化，在重点探区组建一体化攻关团队，共同立项研究，发挥综合优势，努力为油田公司提供一揽子技术解决方案。坚持与油田公司科研单位结合，建立完善共同投入、共同研究、共享成果的科研体系，依托股份公司重大科技专项、油田公司横向课题、东方物探科技项目，加强联合攻关，共同推动油气勘探新突破。

在塔里木盆地，应用"有线＋节点地震仪器"联采、井炮独立激发等新技术，实现库车高难山地高密度三维观测，博孜 7 井等 4 口井获得成功，进一步夯实大北—博孜万亿立方米大气区。在准噶尔盆地，推广"两宽一高"地震勘探、可控震源高效采集等新技术新方法，实现绿色高效勘探，推动油气勘探取得全面突破，助力发现玛湖 10 亿吨大油田。在鄂尔多斯盆地，持续深化黄土塬三维地震技术攻关，地震成像精度实现质的飞跃，创新形成致密油气、页岩油甜点综合预测等技术系列，助力 10 亿吨庆城大油田发现，推动环江等地区取得重大成果。在四川盆地，加大海相页岩气"甜点"预测、评价等关键技术攻关，为川南地区建成国内首个万亿立方米储量页岩气田提供了有力支撑。

3. 合资合作，快速突破关键技术

分布式光纤传感系统（UDAS）是未来实现波场高密度空间采样、大幅度提高井中地震资料品质、实现油藏长期永久监测的重要技术方向。UDAS 技术是我国井中地震技术领域的"卡脖子"技术。自 2013 年以来，在国家及集团公司支持下，东方物探采用技术入股、资本入股等形式，与电子科技大学联合成立成都中油奥博公司，发挥东方物探市场开发、技术配套等优势，引入电子科技大学 3 个高端技术团队、20 余名技术人才、6 项专利技术，成功研发出 DAS 系统，开启"井中高精度成像、多井井地联采"等油藏精细刻画新篇章。

> **案例**

"三共"机制打造高效研发新模式

东方物探坚持开放共享原则,解放思想,探索建立"共建、共享、共赢"研发机制(简称"三共"研发机制),广泛吸纳和利用各类创新资源,有效整合国内外创新成果,推动国内外科技创新战略联盟和创新联合体建设,构建富有活力的创新生态,加速技术研发进程。

"三共"研发机制,就是在科技研发上"共建、共享、共赢"的机制。"共建",是指合作双方共同建设物探技术研发应用统一平台,双方可利用平台开发环境自行开发。"共享",是指双方共享平台及合作开发技术成果。"共赢",是指双方共同享有合作开发的技术成果及经济效益。

"三共"研发机制基于物探技术研发和应用统一平台GeoEast,汇集中国石油内部和外部各生产单位、科研院所、研发机构及个人,引进和移植先进技术和软件,弥补研发力量不足,避免重复开发,共同打造统一的技术产业联盟,建设国产物探软件生态系统,最终达到技术共建、成果共享、效应共赢的目的。

东方物探研究制定《GeoEast平台"共建、共享、共赢"合作开发机制实施框架》,做了大量探索和准备工作,成立"三共"机制实施领导及工作小组,组建多领域技术专家评估小组,通过"揭榜挂帅"等形式发布软件技术需求,以"一对一"技术会谈的方式,筛选重点合作意向44项,安排专门技术人员负责对接,开展技术评估测试,每月跟踪进展。

2020年11月20日,东方物探正式发布GeoEast软件"共建、共享、共赢"合作开发机制,展示前期共建成果,与大庆油田、新疆油田、中国科学院、煤炭地质总局、中国石油大学(北京)、西南交通大学等9家单位共同签署了《GeoEast软件"共建、共享、共赢"合作开发框架协议》,标志着"三共"合作开发机制成功迈出了关键的第一步。随后,东方物探进一步强化顶层设计,持续完善"三共"机制实施工作流程,细化平台技术管理、需求评审与发布、共建方准入与管理、成果评估、等级认证、市场化定价、推广应用以及收益分配等"三共"机制配套实施细则，形成《关于加快 GeoEast 软件"共建、共享、共赢"合作开发机制建设与实施的指导意见》。

2021年4月1日，经过两年精心准备的 GeoEast-iEco 软件平台及开发环境正式开放，提供线上申请和下载功能，并开通"iEco"开发技术支持群，开展软件社区、应用商店、体验中心和技术论坛等基础设施建设，标志着 GeoEast 软件"共建、共享、共赢"合作开发机制的正式建立，GeoEast 软件系统研发应用迈上了新征程。

GeoEast-iEco 软件平台及开发环境一经开放便受到中国石油内外各生产单位、科研院所及著名高校的广泛关注和积极响应。通过合作技术审议评估，已确定选取16项处理技术12项解释技术进行推进，首批6项共建技术通过东方物探技术评估。截至2021年，已完成大庆油田Z反演技术、清华大学快速鲁棒曲波域多次波自适应相减技术、北京瑞码恒杰相控建模技术等10项"三共"机制示范工程技术对接任务，"三共"机制合作开发及委托销售协议拟定工作。

未来，将持续重点培育"三共"机制实施示范项目，总结积累"三共"机制实施经验，持续完善实施方案及工作细则，持续加强平台建设、研发模式、市场营销等系统研究，加快实现"新平台、云模式、共建共享共赢"运营方式变革。

第三节 健全鼓励创新机制，激发公司创新活力

习近平总书记强调，要完善科技奖励制度，让优秀科技创新人才得到合理回报，释放各类人才创新活力。东方物探坚持把应用作为检验科研的标准，建立了行政推进、考核激励双重驱动机制，形成研发应用相互促进的良性循环，健全完善了科技项目评价和后评估激励机制，鼓励科技创新、激励发明创造，提高了成果转化率和贡献率，自主创新能力显著提高。

一、健全完善考核评价机制，推动科研水平上台阶

科学技术研究是现代社会发明与创新的源头，是引发技术和生产发展的源动力。科技奖励制度是促进国家科学发展和技术创新的重要机制，是激励科技人才成长的重要手段。奖励科学发现、发明创造，鼓励科技进步，一直是国家长期坚持的一项重要科技政策和措施。

科研项目是科学技术研究的有效载体，是科技成果涌现的主阵地。科研项目考核奖励是为了鼓励承担科研项目的项目组按期高质量完成项目、研究内容目标并顺利通过成果验收而设立。

东方物探历来高度重视科技奖励工作，全面接轨国家、中国石油科技奖励举措，加强科技成果的整体策划和培育，拓宽科技奖励申报渠道，提升质量，减少数量，优化结构，超前谋划国家、集团、地方、学会及行业协会奖励申报，切实发挥科技奖励的引导作用，实现科技奖励制度在改革中引领创新，在创新中推动发展，在发展中造就人才。

东方物探制定了《科研成果考核激励政策实施暂行办法》，建立基于业绩贡献的科研激励机制，将项目完成质量和成果转化效益与科研人员利益挂钩。

2018年，根据集团公司成果转化创效奖励政策，东方物探整合现有制度，制定了《科技成果转化创效奖励办法》，设立产品外部销售奖、产品内部安装奖、技术服务应用创效奖，通过效益提成和一次性奖励等手段，激励销售创效、降本创效、服务创效。

激励政策的精准实施，带来的是科研成果水平的大幅提高。"十二五"以来，GeoEast地震数据处理解释一体化系统等30项成果被评为集团公司自主创新重要产品；"两宽一高"地震勘探配套技术等9项配套技术及产品被评为中国石油十大科技进展；可控震源高效采集配套技术等60项成果被国内知名院士及专家鉴定为国际领先或国际先进水平。超大型复杂油气地质目标地震资料处理解释系统及重大成效等7项成果获得国家科技奖励。

"十三五"期间，获省部级以上科技奖励97项，其中国家科技进步一等奖

1项、二等奖1项、中国石油科技进步特等奖3项。超千人获得国家、地方政府、集团公司及东方物探科技奖励及荣誉。

二、深化知识产权体制改革，推动原始创新能力提升

知识产权是企业发展的战略性资源和竞争力的核心要素，是助推创新驱动发展的重要力量。知识产权工作能力和水平直接关系到能否在激烈的市场竞争中抢占先机、掌握优势、赢得主动，关系到企业能否实现更长时间、更高水平、更好质量的发展。

对于东方物探这样的专业性很强的大型跨国经营服务企业来说，加强知识产权保护与管理显得尤为重要。"十二五"以来，东方物探先后出台专利管理实施细则等多项制度，并持续完善与修订，增加专利奖，加快提升专利申请质量和效率，更加重视发明专利和国外专利的申报及布局工作，为自主知识产权产品成功走向市场奠定了基础。

强化知识产权战略研究与顶层设计。将事后的知识产权保护提前到研发立项时的知识产权策划，使知识产权管理与技术创新管理协同发展，科研项目的研究成果更具创新性，同时专利导航也为引导和支撑科研立项提供支撑。专利导航和技术树的结合，为东方物探整体技术发展明确方向。

健全完善知识产权管理机制。构建了"决策层—管理层—执行层"三级线性管理体系，形成了从人员管理、环境管理、文档管理、学术交流、论文发表管理到知识产权保护客体判断标准的系列管理制度，涵盖科研项目研发各个环节，为技术及产品提供了全方位的保护。

建立全过程知识产权保护策略。科研项目分为科研立项、合同签订、研究开发、成果验收4个阶段，明确每个阶段的关键控制点，同时不断应用知识产权标准衡量、调整保护策略，确保了全过程保密。

"十三五"期间，东方物探申请专利1168件，其中发明专利占比84.5%，较"十二五"同期提升146%；获授权专利968件，其中发明专利占比83.3%，较"十二五"同期提升370%，授权国际专利10余件。2017年，"一种无加速

比瓶颈的克希霍夫叠前时间偏移并行方法"获中国专利优秀奖；2019年，"水陆检波器数据海水深度反演方法和装置"获集团公司首届专利奖金奖。发明人也因劳动创造获得奖励，激发了发明创造积极性。涌现的大量原创性发明专利，支撑东方物探原始创新水平能力与水平不断提高，确保公司在激烈的国际市场竞争中获得先机。

三、创新推广应用机制，推动新技术成果有效转化

党的十八大以来，中共中央和国务院出台了一系列促进科技成果转化的指导意见、政策法规，积极破除科技成果转化的体制机制障碍。东方物探积极响应，大力推进全面创新改革，大胆探索创新体制机制，统筹科技创新资源，促进成果、人才与资本等要素优化配置。大力推动技术转移和成果转化，发挥行政与激励"双轮"驱动作用，向研发和推广单位同时下达考核目标，明确责任，加强协调，强化考核，形成研发与应用单位齐抓共管、研用相长的格局，打造了科技创新新业态，推动了产业升级，形成了一批促进科技成果转化的鲜活案例和经验做法。

1. 行政推动与考核激励双轮驱动，推进软件快速应用

制定实施《GeoEast推广应用管理办法》，包括计划管理、实施管理、考核管理以及奖励政策，设立了软件推广应用专项奖励基金、应用专家和科技带头人，对使用自主创新成果的科研人员，实行培训、收入、职称评定三个倾斜，有效激励软件应用积极性，快速实现GeoEast公司内部应用率超过85%。2019年，按照有利于调动应用单位积极性，有利于推广应用、方便操作原则，制定实施《公司内部GeoEast软件安装服务收费暂行规定》，建立起公司内部软件安装推广收费政策。

制定实施《自主软件市场指导价格与对外销售的暂行规定》，对软件外部销售代理模式、市场指导价、对外销售价、销售收入分成和奖励比例等进行了原则性规定，规范自主软件的销售工作，加大对外销售工作力度。

2020年，聚焦制约处理解释业务发展的瓶颈技术问题，将一批有配套科研

项目支撑、已经形成软件但未进入规模生产应用阶段、生产需求迫切的关键技术纳入研用联合攻关任务，加速新技术新方法的测试完善、示范应用，推进技术研发产品化。开展"处理解释攻关年"活动，组织系列专题研讨会，做好技术交流和论证，推进一体化攻关，加快突破静校正、OBN 处理等一批急需关键技术。

2. 自主研发与生产应用紧密结合，推动先进设备快速应用

在装备推广中，东方物探成立公司层面推广应用领导小组，组建由资源保障、产品支持、应用支持、方法支持的各方面专家组成的前后方、研究与应用一体化攻关组，配套租赁价格优惠、使用核增收入、推广专项奖励、应用专家和专业技术等级评聘倾斜等政策，加快 G3i 地震仪器研制成功并顺利推向市场。

不断强化核心装备自主研发创新战略，搭建研发设计制造一体化平台，开展低成本 eSeis 节点地震仪器研制。2017 年，成立大型地震仪器研发项目组，实行项目长负责制，快速突破了 GPS 驯钟、实时质量监控等关键技术，推出了检波器、采集站、电池高度集成的新型节点 eSeis2.0。

2020 年，成立公司 eSeis 制造应用领导小组，以及生产制造、推广应用、技术保障等工作组，建成日产 2000 道自动化生产线，统筹衔接研发、制造、应用环节，生产 21 万道并在 16 个项目规模化应用。

2021 年，成立公司 eSeis 节点地震仪器提升工作领导小组，加强科研支持和组织协调，进一步提升 eSeis 节点地震仪器性能和制造工艺，全力打造实用、好用、想用的装备利器，为公司"十四五"期间打造"百万道"全球超大规模陆上节点地震仪器研发、制造和应用全产业链奠定坚实基础。

"十三五"以来，东方物探聚焦行业难点，以技术突破推进成果创造，以机制体制创新带动成果转移转化率提升，实现了软件、装备基本全面自主化，为打造世界一流地球物理技术服务公司奠定了基础。

第三章
群众创新，构建全员创新生态

群众是真正的英雄。职工群众中蕴藏着无限的创造力。群众性经济技术创新是国有企业落实党的群众路线，尊重群众职工主人翁地位和群众首创精神，以广大职工群众为主体，以提高经济技术指标、生产作业效率、职工劳动技能等为目标，通过合理化建议和技术革新、技术攻关、技术改进等所进行的一系列创新活动，是团结动员广大职工积极投身经济建设主战场建功立业的重要举措和途径，对于充分调动发挥广大职工在技术创新中聪明才智和积极性、主动性、创造性，汇聚起推动企业高质量发展的强大力量，具有十分重要的意义。

多年来，东方物探始终高度重视基层职工创新，将职工群众经济技术创新作为公司创新体系的重要组成部分，紧密围绕公司高质量发展，建立了"党政主导、部门协作、工会搭台、上下联动、基层实施、职工唱戏"的基层创新领导体制和工作格局，明确了紧贴科研生产一线、紧盯生产过程难点和重在实际效果的鲜明创新导向，搭建了职工创新工作室、合理化建议征集、劳动竞赛、QC小组活动等多种平台和载体，形成了立项、发布、交流、表彰等配套工作机制，持续将群众性创新工程引向深入，促进了东方物探核心竞争力和职工队伍体素质提升，也有力促进了公司找油找气和高质量发展。

第一节 建立健全长效机制，为基层创新赋动能

基层创新是一项长期性、基础性、群众性的实践活动。东方物探持续完善群众性创新工程制度措施，先后制定了《关于组织实施群众性经济技术创新工程的安排意见》《职工创新工作室管理办法》《质量管理小组活动管理办法》等相关制度，形成了比较完备的激励职工创新体制机制。

一、健全职工创新工作体系，夯实职工创新基础

完善职工创新工作体系，形成了"152333"工作体系。

形成1个格局：党政主导、部门协作、工会搭台、上下联动、基层实施、职工唱戏。

完善5项机制：工作保障、人才培养、学习交流、成果推广、创新激励。

坚持2个导向：问题导向、价值导向。

狠抓3个环节：组织发动、过程督导、完善提升。

用好3个平台：主题活动、交流展示、宣传推介。

锻造3支过硬队伍：思想政治过硬、能力素质过硬、结构梯次过硬。

坚持"研用"一体化和"创用改"相结合，每年都有一大批管理改进、技术攻关、小改小革、QC小组活动等成果进行发布和推广应用，让创新成果"看得见、用得上、有回报"，有效提升了创新人员的获得感、价值感。

二、明确职工创新目标，树立现场创新导向

加强对职工创新的引导，紧盯科研生产和项目运作，提出职工创新总目标。

"两提"：提速、提效。

"两降"：降低成本费用、降低安全风险。

"四化"：标准化管理、信息化支持、机械化保障、专业化服务。

"五省"：省人、省钱、省时、省事、省力。

"一增强"：增强找油找气的服务保障能力。

三、完善职工创新机制，焕发基层创新活力

重点完善五项工作机制。

创新成果学习交流机制：每年举办基层职工创新成果交流会、现场观摩会、QC 成果评审发布会，搭建工会云网上交流展示平台，推动探区之间、单位之间成果交流共享。

创新人才培养机制：统筹制定人才培养计划，通过定课题、压担子、师带徒等多种形式，促进形成创新人才阶梯式成长的培养模式。

创新成果推广转化机制：通过采取组织推动、任务分解、上下联动、沟通交流、利益共享的方式，建立推广应用机制，促进创新成果加快转化。

创新工作激励机制：通过与评先选优、职称评审、专家科带评定挂钩等多种方式相结合的精神鼓励、物质激励，不断激发创新人员的创新活力，调动创新人员的工作积极性。

创新工作保障机制：在人员、场所、设施、经费等方面给予投入，为创新工作开展营造良好环境。

通过五项机制建设，大张旗鼓选树表彰创新人员和创新成果，营造了良好的创新环境和氛围，基层员工的创新智慧竞相迸发，创新动能充分涌流，创新活动在公司上下蔚然成风。

第二节　创建"职工创新工作室"，发挥引领示范作用

创新是企业基业长青的根本保证和强大动力。职工创新工作室创建活动，是培养新时代技术技能人才和发挥创新人才作用的重要举措，是职工群众锐意创新、攻坚克难的阵地和舞台。以创新领军人物名字命名职工创新工作室，让创新者受尊重、有荣誉，有资源、有待遇，有效地发挥职工创新工作室示范引领和辐射带动作用。

一、创新工作室百花齐放，能工巧匠各显其能

多年来，东方物探高度重视群众性经济技术创新工作，通过统筹谋划，突出重点，注重实效，积极搭建职工创新工作平台，一批各具特色的职工创新工作室如雨后春笋般竞相破土而出，有效激发了广大职工的创新潜能和创造活力，为公司高质量发展提供了强劲动力。

做好顶层设计，突出"三为主"工作导向。紧密结合勘探生产需求，坚持以解决生产难题为主、以职工广泛参与为主、以成果推广应用为主，统筹制定职工创新工作室创建活动实施方案，大力开展职工创新工作室创建活动。

提升建设标准，营造创新环境。发挥工作室在基层职工创新活动中的平台孵化和标杆示范作用，明确工作室创建标准，确保有固定场所、有设施设备、有创新团队、有管理制度、有攻关项目、有经费保障、有创新成果。

抓好团队建设，激活发展动能。以劳模、技术专家和高技能人才为带头人，选拔具有一定理论水平、业务专长、创新能力的职工加入创新工作室，形成工作室核心团队。同时，将一大批基层单位、一线班组优秀技术骨干汇集到创新工作室这一平台，不断扩大职工创新工作室的覆盖面。按照择优选拔、能进能出、能上能下的原则，加强对团队成员的动态管理，吸引了一大批年轻技术工人主动投身到工作室中，形成了"想创新、敢创新、能创新、会创新"的工作格局。

注重成果孵化，拓展创新功效。规范开展创新工作室攻关课题申报、立项、验收工作。在课题立项环节，注重在生产实践中寻找创新突破口，着力解决生产难点和技术难题；在成果转化环节，规范成果申报、鉴定、转化流程。同时，积极推荐优秀成果参与各级评比活动，促进了"分散式"个人创新向"集群式"团队创新方向转化，增进了职工之间的技术、资源、经验共享，培养了更多的学习型、知识型、技能型、创新型职工，提高了企业自主创新能力。

截至2021年，东方物探共创建职工创新工作室51个，其中河北省管职工创新工作室11个并获得河北省"工人先锋号"；集团公司技能专家工作室3个；

1名创新工作室带头人被全国能源化学地质工会确定为"学习榜样",2名带头人被集团公司确定为"石油名匠"重点培养对象。

省管职工创新工作室名录

序号	单位	创新工作室名称
1	华北物探处	楚建设电子设备维修创新工作室
2	海洋物探处	曹建明创新工作室
3	海洋物探处	高斌创新工作室
4	塔里木物探处	李家华创新工作室
5	青海物探处	陈应明创新工作室
6	长庆物探处	杨新勇创新工作室
7	装备服务处	祝彩霞INOVA仪器创新工作室
8	装备服务处	刘存SERCEL仪器创新工作室
9	装备服务处	赵帅创新工作室
10	装备服务处	畅毅创新工作室
11	装备服务处	张小盟创新工作室

▶▶ 案例

"3个8"改写历史

杨新勇创新工作室于2011年成立,经过十年发展已经成为"东方先锋职工创新工作室""河北省职工创新工作室""集团公司专家工作室"。杨新勇作为创新工作室的带头人和领军人物,带领工作室团队致力于解决制约生产的钻井工具、设备维护等关键难点,涵盖钻具制造、设备维修、技术改造等多个领域,攻克了物探采集野外钻井及运输汽车修理中一系列难题,取得技术革新和改造成果60多项。

鄂尔多斯盆地黄土塬区,地下黄土、胶泥、砾石纵横交错,地上沟、卯、塬、梁星罗棋布,复杂的地表地下条件,使得几十年来黄土塬地震钻井90%的工作量要靠人工洛阳铲完成，劳动强度大效率低，一直是黄土塬区三维地震勘探的"拦路虎"。

2018年年初，肩负公司和物探处重托，杨新勇和他的创新团队毅然决然开始黄土塬钻机研发。杨新勇没有系统学过机械设计，他利用空闲时间查阅了大量资料，为了确定一个传动速比，他查阅的资料堆满了整个工作台，经常加班加点到凌晨。功夫不负有心人，第一台黄土塬气动钻机基本设计方案在课题专项讨论会上顺利通过。

钻机试验期间，为了获得第一手资料，杨新勇和他的团队就把"家"搬到了作业现场。他们白天跟在洛阳铲、水钻、风钻施工现场，统计钻井数据，摸索机械原理，研究攻克方法，晚上在宿舍开"头脑风暴"会。图纸改了一稿又一稿，模型改了一遍又一遍。终于集洛阳铲钻具硬度与水钻、风钻速度优点于一身的新一代黄土塬气动钻机研制方案成功定型。

新钻具加工试制期间，从工地上回来的杨新勇，又一头扎进了机械车间，一环一环的精细核对，一个卡扣一个螺帽的反复琢磨，终于第一台HTZ-20A型黄土塬气动钻机成功问世，并立即投入吴堡和平凉项目施工现场生产试验。

"单井8分钟，日钻井进尺超过800米，是洛阳铲效率的8倍"。2019年，黄土塬气动钻机的这"3个8"，彻底改写了黄土塬50年来人工钻井的历史，破解了黄土塬钻井这个世界级难题。经过不断改进，适合黄土塬勘探的CQ-HTZ-20系列机械化全气动轻便钻机，现已成为助力长庆油田加快二次创业发展的勘探利器。

> **案例**

咱们创新有力量

2020年，西南物探分公司的《井炮源驱动》职工创新项目，在集团公司首届一线生产创新大赛中获得专业组三等奖。这是西南物探分公司积极落实"四化"建设工作取得的成果之一，也标志着西南物探职工创新进入一个新发展阶段。

近年来，西南物探分公司持续加强创新工作室建设，陆续建成5个职工创新工作室，面向物探生产难题，集中攻关、集中孵化、集中推广，近3年来5个创新工作室取得创新成果50多项，10项在东方物探基层职工创新及成果推广应用交流会上进行了展示，其中《干扰源仿真分析软件的研发与应用》获优秀创新成果一等奖，《多功能RTK差分信号转换器及APP应用软件的研发》等两项成果获二等奖。

为加快优秀成果推广应用，西南物探分公司因地制宜，坚持问题导向，抓住建立健全组织、资金保障和督导考核机制三个关键，2020年自主开发并规模推广了优秀成果23项，其中管理创新3项、技术创新9项、工艺创新11项，创经济效益数千万元。

二、搭建创新成果交流平台，催化创新裂变效应

创新成果是促进企业持续发展的宝贵财富，是撬动市场的"杠杆"，是削减成本的"利刃"，是提升效率的"阀门"，是增加效益的"砝码"。创新活动只有向现场推进、向推广延伸，把创新成果转化为现实生产力，实现技术优势向经济优势、发展优势的转化，才能充分体现创新的作用和价值。

东方物探按照"公司统一部署与单位自愿采用相结合"的原则，成立创新成果推广应用领导小组，明确职责分工，拟定推广计划，形成了公司层面推广应用的长效机制，实现了优秀成果推广应用内部转化率100%。

一个创新工作室就是一个"聚宝盆"，一项创新成果就是一棵"摇钱树"。在职工创新工作室的引领下，"十三五"期间，公司共取得创新成果3262项，在公司范围内推广应用492项，解决了许多生产中的实际难题，降低了生产成本，改善了工作环境，提高了生产效率。一大批创新成果直接转化为生产力，助力二维地震采集项目平均日效提高9%，三维地震采集项目平均日效提高10%。

无人机支持作业在多个探区得到推广应用，从最初的山地收放线辅助功能到现在的工区踏勘、安全风险识别、可视化质控等关键程序介入，降低了作业风险，提高了施工效率。

天线塔在生产实践中通过不断改进完善，进一步优化为操作更便捷、使用更广泛、机动性能更强的车载式升降天线塔，形成了《陆地高效多功能仪器车的研制》新成果，有效解决了多年来野外勘探信号弱、通讯难的瓶颈问题。

可控震源在黄土塬地表施工区的有效推广应用，"井震联采"施工模式的广泛应用，大幅提升了项目运作能力，使得地震勘探项目激发成本整体下降超过三分之一。

> 案例

多功能仪器车提效率保安全

国际勘探事业部坚持以"金点子""好方子"为发力点凝聚员工智慧，20项创新成果在沙特阿拉伯、阿尔及利亚等国家得到有效推广应用。沙特阿拉伯S77项目施工地形以沙丘为主，地形复杂，行车安全风险高。根据生产需求，仪器车平均每7天一次搬迁，频率高，影响时效。国际勘探事业部研制陆地高效多功能仪器车，立体利用有限空间，将必要及必备的设备、设施进行整合，减少了设备及人员的投入，缩短了仪器重新投入生产的时间间隔，提高了生产效率，降低了安全风险，也改善了仪器车内部的舒适性。该项目多次在公司及甲方审计中得到好评，目前已在多个海外项目推广应用。

三、强化创新成果推广应用，加速转化助推发展

自2016年起，东方物探连续五年组织基层职工创新及成果推广应用交流会。深入总结一年来基层职工创新暨"四化"建设工作取得的经验做法，对下一步创新成果推广应用和基层职工创新工作做出部署，交流展示推广创新成果，表彰优秀创新成果和优秀创新组织单位，不断推动基层职工创新活动走深走实，全力打造职工创新工作品牌，加速创新成果向现实生产力转化。

"十三五"期间，通过经验交流、现场观摩、线上推广等方式，开展基层创新交流 47 次，交流单项技术成果 49 个，展板交流成果 666 项，推广应用成果 492 个，有效促进了勘探生产提速提效、提质增效。

第三节　厚植全员创新沃土，汇聚创新智慧力量

创新的源泉在基层，创新的舞台在现场。东方物探认真落实国家"大众创业、万众创新"的要求，按照集团公司总体部署，积极践行"创新优先"发展战略，通过制定《关于深入开展合理化建议和技术改进活动的实施意见》，紧密围绕找油找气和高质量发展，以"大力弘扬石油精神、持续提升找油找气能力"和"立足新时代、建功在东方"为主题，通过开展职工创新、劳动竞赛、合理化建议征集、QC 小组等形式多样的群众性经济技术创新活动，不断催生技术创新、技术改进成果，持续提升职工能力素质，充分激发了广大职工群众立足岗位、创新创效、建功立业的积极性、主动性、创造性。

一、细节入手挖潜力，"小改小革"凝聚"大智大慧"

东方物探基层职工创新实践始终坚持问题导向、注重成果质量，坚持"从生产中来，到生产中去"，着重围绕生产中的实际问题，找准症结点，抓住突破口，开展选题立项、攻关研究和技术改进，破解技术难题。尤其是在"小改小革"方面做足文章，积极营造"人人思考创新、人人参与创新、人人主动创新"的良好氛围，努力挖掘员工中蕴藏的创新激情、聪明才智，使越来越多的员工从生产一线发现问题、解决问题，让小革新发挥大作用、创造大效益，从细微之处为公司高质量发展增砖添瓦。

2019 年，东方物探创新成果亮相中国石油首届一线创新成果交流推介会。东方物探推介的陆上检波器钻孔机系列等 11 个创新成果，以其巧妙的设计、较高的实用价值，受到参会人员的广泛关注。

东方物探首席技能专家赵帅团队研发的可控震源液压泵维修工具，巧妙利用柱塞缸出油阀孔和柱塞中孔为定位点和导向点，设计制作出结构独特的定位

导向工具，提高了自主维修能力。可控震源轮胎拆装装置，创新出免拆轮胎螺丝的轮胎更换方法，使可控震源施工现场无法使用专业轮胎拆装装置成为历史，降低了员工更换震源轮胎时的安全风险和劳动强度，缩短了轮胎更换时间，提高工作效率1倍以上。

东方物探首席技师薛华团队研发的便携式抽头插头组合拆解器，采用助力手柄及扶正套叉联动的方式，解决了408、428仪器电缆防水抽头插头组合拆解困难、组合拆解过程插针损坏率高的问题，大幅提高了工作效率、降低了劳动强度和插针损坏率。快速拆解组合循环使用的标准组合货箱，克服了传统货箱存在形状尺寸固定、循环利用率低、使用成本高、大量使用木材不利于环保等缺陷，可广泛应用于散货和集装箱运输。

这些创新成果，紧贴野外生产实际，解决了生产技术难题，推动了野外勘探降本增效、提质提效，集中展现了新时代东方物探人敢于创新、勇于拼搏的先锋精神。

>> 案例

"五小"点燃创新活力

塔里木物探处严格按照设备维修工作的总体部署，结合东方物探提倡的"以用定修"和稳增长、保效益要求，组织开展以"小革新、小发明、小创造、小设计、小建议"为主要内容的"五小"群众创新活动。为使修复的总成件、零部件达到"技术上可行、使用中放心、经济上合理、质量上可靠"的要求，塔里木物探处经过不懈努力和刻苦攻关，不仅使设备总成和一大批零部件在物探生产一线重燃生机，而且还攻克了多项设备总成件、零部件和设备维修专用工具的瓶颈。其中有7项获得国家专利、2项获得国家级技术创新成果奖。经过8年不懈努力和刻苦攻关，共计完成500余个设备总成件、1000余个设备零部件的改造再利用。

> **案例**

创新技改助推阿联酋 ADNOC 项目高效运作

2021 年以来，在阿联酋 ADNOC 项目海上作业区块运作中，东方物探聚焦项目创新创效开展群众性创新活动，通过创新技改等手段不断推进项目优化管理、提质提效。

创新船舶管理，释放生产效能。在海洋物探中，作业船舶的运行及管理直接影响作业效率。阿联酋 ADNOC 海上项目共有节点船、震源船、仪器船等作业船舶 65 艘，通过开发 VTS 船舶跟踪系统，同时结合 GISNODE 导航软件，实现了作业船舶的总体部署和实时监控，以及各施工船舶之间的即时沟通，提升了作业船舶的协同配合，确保了每天实际生产与作业计划的符合率，达到了有效作业时间的无缝衔接。

创新生产工艺，提升作业时效。项目组围绕制约生产提速的关键点，大力开展专项攻关。如利用船舶待命时间，成功完成新型小型扩展器升级，使得双源船调头时间从最少 40 分钟缩短到 20 分钟，船速由 4.3 节提高到 5 节，有效缩短了船舶转弯半径，日有效作业时间由 75% 提高到了 81%，同时降低了人员转运、靠船补给风险。

创新自主维修，打破技术壁垒。阿联酋 ADNOC 252 队、253 队在用的 Mass I 型节点具有数据资料品质高、组装便捷、体积小巧等优点，但由于 Magseis 公司的技术保密及质保期限制，损坏节点需发运到挪威进行维修，成本高昂。2020 年年底开始，两支队伍陆续出现四闪节点问题，部分损坏严重的节点只能发运到挪威维修，严重制约一线生产。东方物探选派高级技术专家靠前支持，在中方节点船建立维修点以实现自主维修，力求打破技术壁垒。自 2021 年年初第一个四闪节点修复至年底，设立在阿布扎比的维修中心和两支队伍在船建立的维修点，累计成功修复四闪节点 747 个，完成了 970 个重症节点的清洁维护保养任务，累计节省近百万美元的送修费用。

二、聚焦难点开展 QC 活动，提质提效添活力

创新需要合作，需要依靠集体智慧、团队力量。东方物探基层职工把创新理念融入勘探生产实际中，从小处入手，从解决实际困难着眼，通过开展 QC 小组活动取得创新成果，为生产提速提效发挥了重要作用。

打造"互联网+QC"新模式，通过互联石油平台，搭建 QC 功能模块，开展线上线下相结合的课题申报、过程管理、成果发布和推广应用，打破了"信息孤岛"，有效拓展了成果推广的方式和范围。

坚持每年召开一次 QC 成果发布会。"十三五"期间，发布 QC 活动成果 3347 项，产生经济效益约 5 亿元。3 个 QC 小组被评为国家优秀 QC 小组，获得集团公司优秀 QC 成果一等奖 8 项、二等奖 9 项、三等奖 6 项。2020 年，在集团公司群众性质量活动优秀成果评选活动中，东方物探取得 4 个一等奖、3 个二等奖的优异成绩，在改进质量、降低消耗、提高服务水平、提高工作效率和经济效益，以及提高职工素质能力、团结协作意识方面取得明显成效，为公司高质量发展筑起了坚固的质量防线。

》》案例

一场"西游记"捧回世界级大奖

东方物探"脉动青春"QC 团队以"脉动活力、激扬青春"为理念，以"问诊地质经脉、追踪油气律动"为主线，致力于解决塔里木盆地的油气勘探开发难题，被评为全国优秀质量管理小组。

2018 年以来，"脉动青春"团队瞄准库车三大难题，持续开展攻关，解决了"构造带轴辘""圈闭捉迷藏"等勘探难题，形成了逐层深入、持续改善、良性循环的攻关和创新思路，为油田增储上产发挥了重要作用。

2020 年 12 月 3 日，一场《西游记》版的 QC 成果发布，在孟加拉国达卡市召开的第 45 届国际质量管理小组大会上精彩亮相。国际质量管理小组大会，起源于 20 世纪 70 年代中期，由 13 个国家与地区行业标准化协会联合发起，被

誉为"质量奥林匹克"。2020年，大会首次在金奖之上设立"铂金奖"，是质量管理成果全新至高荣誉。

大会共开设11个线上会场和2个线下会场，来自全球各地的260多个QC小组同台竞技。中国共有66个团队参会发布成果，每个成果均在省部级以上成果中遴选，经中国质量协会专家评审组审议，择优向国际组委会推荐，国际组委会评审组再次严格评审，择优参会发布。东方物探"脉动青春"团队，通过层层选拔，代表中国石油在这场世界顶级的"质量盛宴"中发布优秀成果。

成果以"路在何方—八十一难—火眼金睛—七十二变—降妖除魔—取得真经—传经东方—爱我中华"为发布主线，将质量管理PDCA的"提出问题—解决问题—效果检查—推广应用"创新融入中国优秀文化。发布会上，唐僧、孙悟空、猪八戒纷纷登场。在这些具有中国代表性小说人物的演绎下，让物探技术既融合了全球行业前沿的技术创新思路，又融入了中国历史优秀文化。

现场的评委深深感受到"中国技术发展和质量提升惊叹全世界"，评审组一致认定，西游记是全球历史长河中推动国际文化交流最具代表性的典故，中国脉动青春小组的成果发布"Outstanding creativity, very high mark!"（创意非凡，成绩优异！）。最终，《降低超深气藏预测深度平均误差》QC成果荣获本届大赛国际级最高奖项——"铂金奖"。

三、广开言路问良策，"金点子"生出"真金子"

合理化建议来源于基层职工真切的实践体会，最具针对性、实用性。东方物探充分发挥基层职工身在一线、立足岗位的优势，紧密围绕制约"安全、质量、成本、效率、效益"等重点难题，从解决实际问题出发，问计于民、广征良策。

东方物探合理化建议活动坚持"压指标、严评审、重奖励、抓典型"的工作思路，全面推进目标管理。年初分解合理化建议年度目标计划，落实创新责任指标，做到"技术革新大家挑，家家肩上有指标"，建立"征集、评审、实施、奖励"工作机制，每年严格评审，对优秀合理化建议和活动优秀组织单位进行表彰。

一个金点子就可能是一把金钥匙，就能挖出金豆子。装备服务处采纳职工建议，利用待报废设备资源，开启挖潜式维修，仅 32-CT 检波器一项维修就节支 400 多万元。

"十三五"以来，东方物探共征集合理化建议 16035 条，采纳实施 7910 条，评选出公司级优秀合理化建议 120 条，在破解生产难题、提高生产效率、降本增效和创新创效中发挥了重要作用。

>> 案例

小点子"挖出"大效益

海洋物探处在组织开展的"我为创新创效发展献一计"合理化建议征集活动中，采纳实施的职工"关于实施报废检波器再造"建议，将待报废的 5572 只检波器重新进行了整合，组成了 1566 只合格检波器，按每只 2700 元测算，就修旧利废便节约费用 422.8 万元，既满足了生产需求，又实现了挖潜增效。

第四节　开展主题劳动竞赛，突出创新增效益

人世间的美好梦想，只有通过诚实劳动才能实现；发展中的各种难题，只有通过诚实劳动才能破解；生命里的一切辉煌，只有通过诚实劳动才能铸就。

近年来，东方物探紧紧围绕"率先打造世界一流"，聚焦重点探区、重点工程、重点项目，坚持把基层职工创新作为劳动竞赛重要内容，围绕降本增效、提速提效、创优创效，先后组织开展"三比、四优""立足新时代、建功在东方""两提高、两降低、两保障""凝心聚力促发展、创新创效当先锋""六比六赛六提升"、"攻坚克难、创先争优、创新创效"等多种形式的

主题劳动竞赛活动，使劳动竞赛成为推进企业自主创新、转变生产方式、提高生产效率和经济效益的重要途径，形成比学赶帮超的浓厚氛围，有效激发广大职工劳动热情和创造活力，不断焕发出争创一流、建工新时代的强大正能量。

> **案例**

秋里塔格燃烽火

2019年，东方物探承担的塔里木探区东秋6、中秋2、西秋1等3个三维地震采集项目开工。该项目是塔里木油田在2020年实现3000万吨产能关键性区域的重要项目，项目满覆盖面积546平方千米、43047炮。东方物探将3个项目列入"重点工程"，组织开展"保安全、保质量、提效率，建功秋里塔格"主题劳动竞赛，参赛单位为西南物探分公司、塔里木物探处等相关单位。

东秋6、中秋2项目施工过程中，全体参战员工始终激情满怀、斗志高昂，地震资料一级品率98.71%、合格品率99.98%，各项质量指标均优于合同要求。项目采集作业效率大幅提升，创造了秋里塔格工区地震采集纯生产日效673炮、单日采集1331炮的作业新纪录，有力推动了项目高质量、提前圆满完成。

西秋1三维采集项目是股份公司重点项目，项目满覆盖197.2平方千米、22644炮，其中高大山体15259炮，占比高达67.39%。工区异常险峻，断崖林立，最大落差600多米。气候变化无常，雷雨频繁、洪水频发，被当地人称为连雄鹰和黄羊都到不了的地方。

劳动竞赛中，247队本着可操作、可量化的原则，以测量、钻井、下药和放线四个工序为竞赛单元，按日制定计划，按点进行比拼，按个人和机组单日完成情况给予竞赛奖励。做到每天一公布，每10天一奖励，变定性考核为量化考核。广泛开展全员创新创效大比拼，先后组织创新能手评比、创新班组大比拼等活动，形成了以"智能头盔""科技防洪"等为代表的23项优秀创新成果，创造经济效益百万元。设立了竞赛优胜光荣榜，钻井组长周四奎带着4个钻井机组，第一批登上西秋最高峰，用105天的坚守，完成了最难山体区545口井的竞赛任务，啃下了最难啃的一块硬骨头。劳动竞赛活动历时4个月，累计组织实施8个阶段，参赛人员达到2000多人次，日效从计划的650炮提高到平均日效821炮，最高日效1385炮，比原计划提前12天完成任务，再次刷新秋里塔格复杂山地物探采集生产纪录。

每一次启碇,都直挂云帆,
每一次跌宕,都奔涌向前,
东方巨舰,
在世界市场的汪洋大海中浩荡向前,
正绘就一幅伟大的创业长卷。

第四篇 开放共享,走进世界物探舞台中央

第四篇

习近平总书记在全国国有企业党的建设工作会议上，明确提出"六个力量"国有企业改革发展的目标定位。其中国有企业要"成为实施走出去战略、'一带一路'建设等重大战略的重要力量"的要求，始终作为东方物探人心中照亮前路的灯塔和秉持的方向。

走出去，是时代赋予东方物探的使命。党的十一届三中全会以后，党中央确立走出去发展战略。在经济全球化的趋势背景下，东方物探积极推进现代企业制度改革，努力转变经营机制，凭借多年的国内行业经验，紧跟集团公司海外战略部署，按照市场规则开展跨国经营。自1988年走出国门，东方物探国际业务从无到有、从小到大、从弱到强，历经国内反承包、初出国门、海外起步、规模成长、跨越发展、高质量发展六个发展阶段。东方物探成为国有企业参与国际竞争与合作的劲旅，先后成为IAGC核心会员，SEG、EAGE主要会员，在世界物探行业中的角色和地位日益凸显。

走上去是东方物探诠释使命担当的明证。面对复杂的国际环境和激烈的市场竞争，东方物探坚定实施全面国际化发展战略，以战略措施规划市场、技术创新开拓市场、优质资源匹配市场、出色业绩稳定市场，健全以快速启动、高效运作为核心的国际项目支持管理体系，成功实现了由低端市场向高端市场的跨越式发展。

通过艰苦卓绝的不断奋进开拓、持续发展，从走出去到走上去，东方物探跻身成为全球最大地球物理承包商，累计为70余个国家300多个油公司提供技术服务，打造形成中东、北非、东非、西非、拉美、中亚和东南亚等规模化生产基地,陆上业务连续 18 年保持行业第一,销售收入连续 6 年保持行业第一,被集团公司誉为"国际业务发展的一面旗帜"。

33 年栉风沐雨,砥砺前行,东方物探依托持续变革和创新,实践了国有企业从国内到国际、从低端到高端、从陆上到海上,做优做强做大的高质量发展模式,走出了一条国有企业从小到大、由弱到强、日益走近世界行业舞台中央的可持续发展之路。

第一章
从走出去到走上去，陆上业务做大做强

东方物探以高度的政治责任感和使命感，始终坚持全面国际化发展方向不动摇，紧跟国家"一带一路"倡议步伐，深入推进市场空间、发展资源、运营管理全面国际化发展，加快从走出去向走上去转变。持续做强做优做大海外市场，推动公司海外业务向更高水平、更优质量、更大效益迈进。

第一节 走出去，实现全球化发展

一、全球化视野——实施全面国际化战略

走出去是时代赋予东方物探的使命。

20世纪90年代，国内物探市场萎缩，东方物探面临如何生存的艰难挑战。走出去，到国际市场上去试水，东方物探人毅然选择了一条被实践证明为光明正确的发展道路。

东方物探1988年走出国门，30多人远赴缅甸，拉开了国际业务发展的帷幕。1994年，东方物探第一次通过国际公开竞标进入国际市场，为厄瓜多尔提供地震勘探服务。之后，相继进入巴基斯坦、苏丹、菲律宾、尼日利亚等市场。2003年以后，东方物探以阿曼为突破口，陆续打开了沙特阿拉伯、科威特等高端市场大门。

从2002年的"全球化、一体化、数字化"战略，到2008年的"一体化、

集约化、国际化、数字化"战略，再到 2016 年优化升级的"创新优先、成本领先、综合一体化、全面国际化"的"两先两化"战略，东方物探国际化发展的站位越来越高远、方向越来越明确、内涵越来越丰富。

公司国际业务的发展历程，经历了难以想象的磨难和痛楚，也经历了许多曲折和困惑，但历任领导班子和国际业务从业人员始终坚持国际化战略不动摇，把推动国际业务发展作为第一要务，举全公司之力大力发展国际业务，有效支撑、确保了国际业务持续健康发展。

2014 年领导干部会议是东方物探国际业务发展史上具有里程碑意义的会议。会议把发展目标聚焦到世界一流，确立了以开放的视野放眼全球，把发展定位聚焦到全面国际化企业，为海外业务不断开创高质量发展新局面提供了战略指引。会议主要在三个方面达成共识。

强化全面国际化思维。坚持立足国内、发展国际、服务全球的国际化公司定位，深刻认识国际化不是单纯的走出国门、走向海外，而是没有国际与国内界限的"全面"国际化，打破国内国际之间的管理界限，树立一盘棋思想。国内对标国际，基于国际业务多年发展实践，公司内部系统梳理管控模式、业务架构、激励机制，通过体制变革和机制优化加速全面国际化建设。加快国际带动国内，逐步使公司业务结构更趋合理，科学谋划国际业务未来发展，编制国际业务中长期战略规划，进一步明确目标、方向和举措，有效指导公司有质量有效益可持续发展。

提升全面国际化能力。把全面国际化提高到战略高度进行深入研究，重点围绕管理体制、运行机制和现有政策，认真总结和评估跨国经营的得失经验，对国际化的发展战略进行优化，对管理架构、管控机制和发展模式进行梳理，提升同业务规模、业务范围、管理幅度相适应的国际化管控能力，推动公司在全面国际化发展中迈出实质步伐。加强与国际一流企业对标，找出差距与不足，采取针对性措施补齐短板。提高全球资源配置能力，树立"按效益配置资源"的理念，使生产要素向生产效率高、创效能力强的地方和项目集中。统筹国内国际两个市场，积极参加国际技术会议和商务交流，增强规模实力和国际影响力。切实加强国际化高素质人才队伍建设，强化国际化人才双语培训，实施国际化高端人才集聚计划，在公司层面建立国际化人才蓄水池，为全面国际化发展奠定人才基础。

推进全面国际化策略。实施国际业务一体化，明确海外一体化项目管理责任、流程和考核机制。发挥国际勘探事业部市场开发平台作用，与一体化单位共同制定包括处理解释、综合物化探、TZ、VSP、IT等在内的业务发展规划。按照"六统一"政策，加快国内走向国际进程，推进国内国际的一体化；加快国内业务走出去能力的提升，完善国际带动国内业务走出去的机制，调动发挥好两个积极性，推进国际业务一体化健康发展。

二、厉兵秣马——全面对标世界一流

"全面国际化是我们转型升级、实现有质量有效益可持续发展的必然选择，也是保障职工切身利益的根本所在，我们要牢固树立国内国际一盘棋的思想，坚定不移走国际化发展之路。"在东方物探高层领导看来，要想在日益激烈的市场竞争中获胜，东方物探必须树立全面国际化的意识和责任感，方向聚焦、目标聚焦、措施聚焦，把注意力和兴奋点都转移到全面国际化上来，坚定地走全面国际化发展之路。

温室里长不出参天大树，懈怠者干不成宏图伟业。全面国际化靠什么？靠的是精耕细作，靠的是坚实的国际竞争力。东方物探正是具有真诚为甲方找油找气的理念，具有完善的市场营销网络，具有自主的技术支持体系，具有丰富的全地表全地形项目运作经验。这是国际竞争力的重要体现。

1. 市场为王，打造市场开发升级版

发展是硬道理，市场是发展的生命线。深化落实"以客户为中心"市场开发理念，积极通过线上、电话、邮件等远程方式保持与客户的密切沟通，做好客户关系维护，这一点看似平凡，但很关键。加强公司一体化技术营销组织管理，制定年度市场营销计划，提升"一对一"技术营销的针对性和有效性，强化在英文网站、LinkedIn 等媒介上数字化营销，切实提升市场开发成效。拓展市场开发思路，有条件的项目部积极探索进入地热、岩土、矿业和井场地质调查等新的业务领域，研究探索与 TGS[①] 合作在北美开展陆上多用户业务。

坚持维护规模市场、成熟市场与开发新兴市场、高端市场并重原则，对所有项目实行投标、招标、中标"记录管理"，保证项目准备、谈判等全过程可追溯、可借鉴。国际国内、前后方、各单位一盘棋，充分发挥公司综合一体化服务优势，总部和境外机构分工合作、上下联动，形成市场开发合力。国内重点落实"行业研究、动态跟踪、技术营销、数据分析、投标升级管理、及时精准奖励和资源支持保障"等七项工作；海外项目部全面落实市场开发主体责任，牢固树立"领地"意识，把"守成"作为底线、把"开拓"作为根本，把"无中生有、有中生新"作为追求。

升级投标管理，严格落实"一国一策，一项目一策"投标策略，有效组织"临门一脚"，做到"方法设计最优、资源配置合理、生产效率客观、成本数据准确"。对境外所有投标项目，国内都经过组织评审，在进一步提高投标中标率的同时，实现了整体利益最大化；对已投标项目加强追踪，强化"煮熟的鸭子也会飞"的意识和危机感，直到正式签订合同才算完成投标工作；落标项目也要追踪竞争对手的启动和运作情况，争取接手机会。

新冠肺炎疫情下创新市场营销。把"卖场"搬上"云端"，把客户连在线上，与阿联酋 ADNOC、ENI（意大利埃尼集团）和 REPSOL（西班牙雷普索尔能源公司）等公司举行高层会谈不断档，还成功实现了线上参加 SEG、EAGE 和 AAPG 等大型会展。建立了一套适合线上技术宣传的电子资料库，形成了涵盖采集、处理、解释和软件研发等全业务链前沿特色技术的一整套电子平面模板。经过前后方、线上线下全方位共同努力，在全球新冠肺炎疫情蔓延形势下，继续保持了油公司客户黏性，2020 年客户满意度调查得分 4.55，比上年 4.47 分

---

① TGS：挪威地震数据公司。

稳中有升。

在物探行业严冬和新冠肺炎疫情的双重影响下，公司市场开发逆势上扬、取得了丰硕成果：沙特阿拉伯S85、S87、S88连中三元，阿曼重签PDO新项目，阿联酋新增ADNOC两个三维项目，"压舱石"更加坚固沉稳。老市场开拓新天地，尼日利亚、巴基斯坦市场获得全部公开招标项目。新市场取得再突破，中标摩洛哥国家石油公司地震项目，东方物探市场开发实现逆势增长，连续5年箭头向上。

2. 坚持管理创新，打造提质增效升级版

东方物探不墨守成规，不照搬西方经验，积极开展管理创新，自我驱动，始终把"内因"作为决定性因素，按照国际化、市场化要求，保持组织机构和管理体系的精干高效。坚持业绩导向，围绕"有利于发展"的原则，执行四级动态调整海外组织机构设置，对境外机构根据业绩进行分类考核、动态调整，对长期没有实质业务、市场无望的项目部"拆庙并灶"，提高决策水平和执行效率。

根据新形势、新目标要求，创新境外公司管理，优化重构全球税务筹划平台，提升应对汇率风险及安全安保风险的能力，为国际业务高质量发展提供更加到位、更加有力的平台支持。

突出效益优先，聚焦项目提速提效。充分发挥公司整体资源和技术优势，强化项目支持保障，确保重点、难点项目按时开炮采集，优质安全高效运作。

以市场为导向，持续优化资源配置。拓宽渠道，建立高效的陆海空运物流网络，通过明确分工、落实责任、细化沟通和持续跟踪等四项举措，保证项目设备物资需求的及时到位。全球范围内协调解决海外项目设备资产需求，实现了资产盘活，保障重点项目正常运作。

"快速反应，追求卓越"是东方物探的企业风格。在项目运作中，大力推行"抓两头控中间"的项目管理思路，狠抓"严、细、实"，强化项目运作的计划性，同时对项目全过程进行监控与支持。

"管理出效益，精细管理出大效益，精益管理出最大效益"。项目管理水平的高低是提质增效的关键，尽力挖掘自身潜力，通过精细踏勘、优化施工方案、生产组织模式创新、延长作业时间、极端天气防控、QC 成功创新、新技术新方法应用等措施实现项目提速提效。以业绩为导向，鼓励大家干事创业、艰苦奋斗、持续开疆拓土、攻克技术难关，充分激发和调动各方面积极性、创造性，引领大家共同努力、共同创效。

物探行业长期处于"严冬"期，近两年更是面对海外新冠肺炎疫情严峻挑战，东方物探牢固树立"一切成本皆可降"的理念，"勒紧腰带过紧日子、苦日子"。东方物探主动适应环境，实施低成本策略，强化运营成本控制，进一步细化成本，强化重点环节管理，从成本中占比较高的方面着手，从制度创新上来压缩管理成本，从提高现有资源利用率来盘活资源，从工作流程和管理方式创新上来提高劳动生产率和设备利用率。通过持续压缩非生产性支出，实现国内成本费用整体只降不升，严控五项费用支出；境外机构按照务实节俭的原则使用资源，杜绝浪费，降低制造费用。广泛开展修旧利废、资源盘活工作，充分挖掘现有设备物资潜力，减少新增采购。超前做好设备物资运输计划，通过拼箱、集中发运减少发运批次，降低运输成本。大力开展物资、服务采购公开招标，挖掘采购节约潜力。降低人工成本，根据项目进展动态优化配置当地雇员。

有效应对低油价、新冠肺炎疫情和油价暴跌带来的一系列挑战，东方物探持续开展提质增效专项行动。各境外机构学史力行、提质提效，克服新冠肺炎疫情蔓延、人员设备动迁严重受限、当地安保状况变化不定、物资材料价格上涨等困难，通过优化生产流程，压缩生产岗位，不断提升作业效率。各海外地震队无惧疫情，奋勇争先，你追我赶，开展"六比六赛六提升"活动，在新冠肺炎疫情防控、生产组织、创收创效、推新创新、安全管理、质量管理等方面硕果累累。

2020 年以来，国际业务共计投入地震队 32 支，安全高效完成项目共计 52

个，二维勘探项目平均日效提升 6.5%，三维勘探项目平均日效提升 8.3%。通过艰苦卓绝的努力，在全球新冠肺炎疫情和物探行业严冬大战大考面前，东方物探向国家和集团公司交出了一份合格答卷，新冠肺炎疫情防控、生产经营、提质增效取得了重大阶段战略成果，公司成为新冠肺炎疫情背景下全球唯一盈利的物探公司。

3. 对标国际，打造 HSSE 管理升级版

东方物探在国际物探市场打拼中，不断在企业管理、项目运作、运作流程模式等各管理环节，与世界一流油公司认真对标，学习国际先进理念、制度和标准，吸纳国际先进技术管理经验，逐步探索建立并逐步完善了符合国际标准、具有中国特色的运作模式和管理体系，实现了与跨国公司的全面接轨。

以一流的 HSE 管理标准保障一流的项目运作。东方物探国际业务以集团公司"五严、五狠抓"HSSE 管理要求为引导，坚持风险防控、安全文化建设"两条主线"，突出过程考核、能力提升、隐患排查治理"三项工作"，抓实健康体检评估、废弃物处置、信息化平台升级、应急能力建设"四个保障"。转变思路，组织编制《远程高层 HSSE 访问指南》，按计划对海外项目进行远程 HSSE 访问，持续开展四级 HSSE KPI 考核，促进 HSSE 执行力的提升，推动 HSSE 责任的有效落实，推进安全标准、安全责任落实到每一个环节、每一名员工。

"不评估不进入、不安全不投标、不安全不生产"，对重点高风险国家和地区的社会安全形势跟踪研判，科学、动态评估社会安全风险，提升突发事件应对及应急事件处置能力。从预案制定、审核、备案、演习、更新的角度出发加强海外项目应急工作建设，储备应急资源，提升了应急管理水平，实现了国际业务持续安全稳健发展。

HSSE 管理取得了东方物探国际业务历史最好业绩。2019 年、2020 年连续两年 LTI 为零，连年被评为集团公司国际业务"生产安全管理先进集体"，社会安全管理连续 3 年被集团公司评为"卓越级"。

一系列指标更是达到世界行业领先：海外项目累计实现 5541 万人工时无 LTI，总可记录事故率 TRCF0.11，行驶 5193 万千米，交通事故率 MVCR 0.19；海外 38 支地震队达到百万人工时无 LTI 业绩，其中 SHELL 尼日利亚、沙特阿拉伯 S77 项目分别达到 1600 万、1100 万人工时无 LTI；阿曼 PDO 项目更是实现连续安全作业 16 年，创造了 3200 万人工时无 LTI 的世界纪录。

2021 年 8 月 2 日，业界最大项目阿联酋 ADNOC 项目主营地举办了不同寻常的安全庆典。运作该项目的 BGP8615 队成为阿联酋 ADNOC 物探史上第一支达到千万安全人工时的物探队。ADNOC 高级副总裁 Mohamed AL Marzouki 先生率高层代表团向 8615 队颁发奖牌，对 8615 全队的精神面貌以及卓越的 HSE 表现给予了高度评价。他赞叹："两年半的时间、7 个区块的无缝衔接作业、千万安全人工时的成绩不是简单的数字累加，而是 BGP 坚持'左手防疫右手生产'、不断提升 HSE 管理水平、推进安全文化建设取得的成果展现，诚挚感谢 BGP 作为上游承包商在 HSE 方面做出的努力！"

4. 技术领先，打造物探技术升级版

科技创新是"百年变局"的一个关键变量。要在危机中育先机、于变局中开新篇，必须向科技创新要答案。

可控震源高效采集技术和海量地震数据管理系统、炮分离技术，把中东、北非市场一个个大型地震项目做成了行业标杆工程；OBN 处理技术的突破、自主研发收放缆作业装置，助力 BGP 在海洋 OBN 市场取得巨大成功，东方物探作为世界一流的地球物理勘探服务公司，面向国际前沿技术需求，进一步强化技术对国际业务的战略支撑。

公司把创新作为推动发展的第一动力，在技术创新方面瞄准"高精度、高效率、低成本"勘探需求，发挥整体技术优势，大力推广高效混采、节点采集、智能化地震队等新技术、新装备，推动压缩感知等新技术研发，成为甲方解决"痛点""痒点"离不开的战略合作伙伴。

智能化发展、数字化转型是物探创新的必然趋势，东方物探抢占国际市场技术制高点，加强压缩感知数据重构、DSA 采集等前瞻性技术储备研究，积极推动 AI+ 物探技术发展，依托阿曼 PDO 项目打造升级版的智能化地震队，进一步完善基于 Lora 的节点野外质控方法、大道数节点高效作业管理、海量节点数据快速质控等技术。节点采集仪器设备成本低、效率高、人员投入少，在国际市场有目标、有计划地实施"节点战略"，形成新的竞争优势。

凭借公司深厚的技术实力不断发展壮大，自主知识产权的科研成果每年有数十个之多。东方物探不断将这些科研成果及时转化为生产力。公司自主研发的"两宽一高"、高效采集等地震勘探新技术，可以使油公司获得更丰富的数据，达到更高品质的勘探效果，得到了越来越多油公司的青睐。特别是在中东地区，同步滑动扫描、动态滑动扫描已经成为主流的施工方法。

可控震源超高效混叠地震勘探技术较好地解决了陆上高密度采集经济技术一体化问题，被评为中国石油 2018 年十大科技进展，为开拓中国石油海外高端地震勘探技术服务市场奠定了坚实的基础，为打破西方技术垄断、稳固与发展中东等地区的高端市场做出了重要贡献。该项技术先后在中东和北非 15 个三维地震勘探项目应用，应用面积达 52000 平方千米，平均日效超过 3 万炮，创立了日效 54947 炮的全球最高纪录，实现了作业效率 50% 以上的提升，综合作业成本下降 30%，取得了较好的经济效益和积极的社会效益。

在阿曼施工，三维项目主要为沙漠地形，在低油价的冲击下，阿曼项目甲方大幅度缩减勘探投资，控制清线用推土机的投入，要求 BGP 做好推土机作业计划，凡是倾角大于 12 度起伏的地形区域内的炮点都必须空掉，个别区域如果需要达到指定的覆盖次数标准，可以进行偏移和加密。项目勘探面积大，大多被沙漠覆盖，如果依靠人工偏移和加密，需要多人才能完成室内清线物理点设计偏移工作。根据甲方的具体需求，技术人员将 KLSeis Ⅱ 的偏移和加密模块进一步完善，实现了完全符合甲方要求的高效自动偏点和清线设计功能，通过卫片、数字高程数据、推土机轨迹等信息，完全自动和交互操作，既稳定又高效，切实满足甲方的多样化需求，一次性设计成功率高，无需频繁地去野外进行核查，缩短了设计周期，减少了人员和设备成本。该软件的成功应用，为此项目减少2名高级测量人员、2套高性能电脑及相应测量和车辆等设备的投入，为甲方节约成本近10万美元。

三、独特优势——政治引领文化凝聚

在30多年国际市场汪洋的搏击中，东方物探深刻认识到，在与国际一流物探企业同台竞技、比拼技术和设备等硬实力的同时，更要发挥软实力的作用优势，而政治文化优势则是我们国有企业独有的竞争优势，具有强大的创造力和生命力，是我们制胜的法宝。

在多年的海外实践中，东方物探充分发挥政治文化优势，加强党的政治建设，传承弘扬石油精神和大庆精神铁人精神，依托集团公司的战略和支持，努力将政治优势转化成为竞争和发展优势，依靠一支"听党话跟党走"的海外物探铁军，不断推进海外事业发展壮大，走出了一条石油物探企业海外高质量发展的崭新道路。

1. 政治引领，把政治优势转化为竞争发展优势

始终把党的领导作为最大优势，以习近平中国特色社会主义思想为指导，从国内到海外，东方物探各级领导班子始终将党的政治建设放在首位，牢固树立大局意识、责任意识、忧患意识，保持政治上的清醒和坚定，坚决落实党中央和集团公司党组战略部署和决策，围绕海外业务中心工作，忠实履行"凝聚人心、稳定队伍、防范风险、维护安全、保证监督、促进发展"职责任务，把政治优势转化为竞争发展优势。

坚持基层组织建设与生产经营深度融合，结合境外实际创新海外项目基层建设工作，充分发挥基层组织把方向、管大局、促落实作用，把海外队伍的思想政治工作和文化建设有机结合，关心关怀职工群众思想生活，在思想上解惑、在精神上解忧、在心理上解压。把解决思想问题和解决实际问题结合起来，多做得人心、暖人心、稳人心的工作。

新冠肺炎疫情爆发以来，乍得项目部20余名中方员工超期工作，不能按

时倒休回国。项目部班子成员把关怀服务员工心理健康作为"我为员工群众办实事"重点工作，发挥联系帮扶职责，每名领导联系承包5名员工，每周到基层队站开展一次谈心谈话，做好"一人一事"思想工作，及时了解和解决海外员工心理问题和家庭困难。项目还从国内联系聘请心理咨询顾问，为长期不能回国人员提供在线心理咨询辅导服务，优化生产网络，让员工较好地保持与国内家属沟通联系，并协调资源为两名员工提供了国内老人就医、子女入托等帮助，切实为海外员工办实事、解难题，稳定了前方，稳固了后方，保证了新冠肺炎疫情形势下海外队伍的思想稳定，助推两支队伍保持安全高效生产。

公司将队伍建设作为政治优势发挥的着力点，把解决海外业务的实际难题作为队伍建设的出发点和落脚点，把生产经营成效作为海外队伍发挥作用的试金石，始终树立大抓基层的鲜明导向，活化载体活动，切实发挥基层队伍的战斗堡垒和先锋模范作用。

2021年，沙特阿拉伯S88项目启动不久，就出现了G3i HD仪器系统应用"水土不服"的难题，公司领导、技术专家及项目部生产技术骨干迅速组建了"联合技术攻关突击队"，通过"全面部署、统筹规划、稳扎稳打、责任到人"的策略，展开全天24小时在线"背靠背"指挥支持攻关，召开27次会议，对症下药，逐项解决G3i HD仪器"病症"，累计解决111项问题，使仪器功能更加成熟、仪器应用更加顺畅，生产效率稳步提高，最终沙特阿拉伯S88项目实现高效生产，创造了日效2.6万炮的历史新纪录，使公司自主装备在海外高端市场得到良好应用，技术实力和运作能力得到了甲方高度称赞。

2. 使命担当，做好海外找油找气主力军

作为集团公司海外业务"先行官"，东方物探始终紧跟集团公司走出去战略，勇敢走出国门，逐步成长壮大。集团公司的大力支持是公司国际业务发展的最大优势，公司国际业务离不开集团公司的引领和带动。多年来，集团公司海外稳定的区内市场为公司积累国际运作经验提供了平台，更为公司发展壮大奠定了坚实基础。

依托集团公司海外油气区块开发和业务的发展，公司海外业务发展规模逐年扩大，业务结构持续优化，增长质量逐年提高，市场竞争力和品牌影响力不断增强。

"集团有部署，东方有行动，当好先锋，不辱使命"，东方物探把集团公司海外油气重点区块作为主战场，公司调集精兵强将先后在苏丹、哈萨克斯坦、委内瑞拉、伊朗、乍得等地区打造了一批优秀勘探项目。集团公司海外重大发现参与率始终保持100%。

公司紧密围绕集团公司战略发展要求，大力推进"两先两化"战略，持续加大新技术新装备的推广应用和技术支持，在海外建立了16个处理站点和海外研究中心，覆盖了国际主要油气区和集团公司五大海外油气合作区，有效发挥了靠前服务和参谋决策作用。

近年来，东方物探参与集团公司海外服务探区油气勘探重大突破、重大进展、重要苗头项目30余项，为集团公司乍得、尼日尔、秘鲁、哈萨克斯坦等区块采集项目的油气发现不断取得新进展做出了重要贡献。

公司还积极主动承担集团公司海外风险勘探新项目评价工作，努力发挥地震勘探专业技术优势，为集团公司巴西海上、阿联酋、俄罗斯等新的风险投资项目以及现有项目新层系、新区带、新领域提供技术评价，为集团公司新项目获取提供了有力支撑；同时公司还利用多用户业务数据库优势，积极为集团公司风险勘探超前选区提供有力支持。

作为找油找气主力军的东方物探，被集团公司誉为中国石油"海外发展的一面旗帜"。

3. 文化铸魂，将石油精神继承、发扬在海外

东方物探之所以能够在巨头林立的全球物探市场占有一席之地，拼的不仅仅是装备和技术，也不单单是管理水平，最根本的是拥有一支传承石油精神和大庆精神铁人精神的员工队伍，这是最大的独特优势。

第四篇　开放共享，走进世界物探舞台中央

东方物探继承和发扬石油工业优良传统，用石油精神和大庆精神铁人精神育人铸魂，完善以人为本的海外发展保障体系，打造了业界认可的东方物探海外铁军，树立起中国石油海外勘探队伍的良好形象。

广大海外将士艰苦奋斗、任劳任怨、不畏艰难，把自己的青春年华、聪明才智献给了海外找油找气事业。在挑战面前，这支队伍没有条件创造条件也要上顽强拼搏；在困难面前，这支队伍从不叫苦从不叫累迎难而上；在危险面前，这支队伍能够忍受难以想象的磨砺担当无畏、勇攀高峰。

东方物探 70% 的海外项目都处在高安保风险国家。海外勘探不但承受远离祖国亲人、身处异国他乡孤独寂寞的精神煎熬，而且自然环境异常艰苦，还面临着疾病肆虐、恐怖袭击、战争威胁的生死考验。但无论条件多么恶劣，环境多么危险，海外将士们始终保持着为国找油找气、为公司海外事业奋斗的饱满激情和旺盛斗志。

在西非的原始雨林，蚊虫肆虐传染病多发，绝大部分海外员工都得过疟疾，个别项目甚至高达 100%；在西亚陡峭的高山上，所有的勘探设备只能靠人抬肩扛；在撒哈拉沙漠腹地，勘探队员在高温炙烤中作业生产，收线放线，推进勘探测线顽强地向前延伸；在国内万家团圆的新春佳节，海外职工们仍然在哈萨克斯坦零下 40 多摄氏度的冰原上拼搏奋战。

2011 年，利比亚内战爆发，公司紧急决定撤离人员。正在国内休假的利比亚项目经理张继兴得知消息后，顾不上妻子和家人的担忧，立即中断休假火速逆行返回一线，在中国大使馆组织领导以及集团公司、公司的全力保障下，经过 9 个惊心动魄的日夜，终于带领 163 名中方员工冲破战火硝烟安全回国。在撤回人员的行李中，大家顾不上放自己的行李物品，而是把采集的数据、软件、硬盘一样不落地都背了回来。

在乌干达湖口三维地震项目中，出于对资料品质的要求，甲方要求在河流入湖口水域里埋置沼泽检波器。由于河道水温低，加之野生动物（鳄鱼）时常出没，当地雇员都不敢下水。看到这种情况，中方测量组长对水域进行安全评

估后，带头跳进河水中，用自身行动带动了当地雇员，大家纷纷背上设备下水施工，经过全员近 6 个小时的艰苦拼搏，终于完成了这段 2.5 千米水域的采集大小线的铺设工作，保证了项目优质高效生产。

海外物探将士用他们的实际行动，诠释了人生价值，践行了为祖国献石油的铿锵誓言，谱写了当代物探人可歌可泣的时代壮歌。这支由大庆精神铁人精神武装起来的员工队伍，是东方物探国际业务保持高质量发展的攻坚力量。

海外先锋文化，凝聚中外籍员工于无形，成为东方物探凸显的比较优势。在中方员工行动的影响和引领下，很多外籍雇员深深被公司文化所感染和带动，与中方员工一起踊跃投身于项目生产攻坚，挺身在新冠肺炎疫情防控等急难险重工作中。

苏丹项目 9741 队副队经理达法拉就是这样一位外籍骨干。在为 BGP 工作的 21 年间，他从一名地震队加油工一步一步地成长为 9741 队副经理，曾经荣获 BGP5 次五星级雇员、3 次四星级雇员、CNPC3 次杰出雇员、2 次优秀雇员称号。达法拉不仅工作刻苦努力，还积极主动传播 BGP 的管理文化，把 BGP 的各项政策、制度宣贯到每一名当地雇员。达法拉作为本地雇员的代表，在队伍管理中如果存在中苏沟通、理念等方面冲突，他会积极提出合理化建议，在管理中减少文化冲突，对队伍的稳定起到了关键作用。他说："我爱 BGP，BGP 培养了我，成就了我，BGP 就是我的家。"

第二节　走上去，挺进高端市场

如果说走出去是东方物探为自身明确的发展方向，那么走上去则是东方物探为自身确立的高质量发展要求。

面对时代的浪潮，东方物探把全面国际化作为公司可持续发展的战略选择。公司领导层在不同场合多次提到，"海外业务事关大局、事关全局、事关公司长远发展。我们必须坚定国际化发展方向不动摇，持续完善业务管控模式、优化业务结构、提高质量效益，加快海外业务从走出去向走上去转变。"

走上去是东方物探诠释使命担当的明证。

"率先打造世界一流，要求我们必须树立国际视野，融入市场、聚焦高端，在推动高质量发展中勇立潮头，奋力开创海外发展新局面。"在石油高端市场的屡屡突破，是东方物探实施全面国际化战略的结果，大大推进公司高质量发展进程。

东方物探把目光投向了全球油气高端市场——中东，提出"举全公司之力，做优做强做大中东业务"的"中东战略"，从政策、市场、运作、品牌等多个方面明确了高端市场业务发展思路、定位和全新部署。

中东地区是个天然大油库，石油储量占到全世界已经探明的石油储量的61.5%，是世界产油大国最集中的地方：沙特阿拉伯是中东石油储量最大的国家，在世界石油储量中排名第二，伊朗排名第三，伊拉克排名第四，科威特排名第五，阿联酋排名第六……丰富的石油资源量，吸引着来自世界各地的物探企业来一展拳脚。

中东是高端市场，而沙特阿拉伯更是高端中的高端。沙特阿拉伯国家石油公司沙特阿美公司是全球知名的油公司，对安全、设备、技术的要求极高，加上沙特阿拉伯市场长期被西方公司垄断，对东方物探等竞争对手设置了壁垒，要想突破壁垒，面临着巨大的困难。

公司积蓄力量，持续攻关，开展市场营销，跟踪重点客户，进行技术推介。更重要的是，随着在中东陆续拓展新市场，东方物探成功运作了多个精品工程，先后打造了巴基斯坦、苏丹、尼日利亚、北非等多个规模化生产基地，让沙特阿美公司看到了东方物探的实力。历时4年的时间，东方物探获得沙特阿拉伯市场准入；东方物探持之以恒，又用了4年，成功中标沙特阿拉伯第一个项目S47二维勘探项目。就这样，整整用了8年，东方物探终于叩开了沙特阿拉伯市场的大门，终结了西方公司独占沙特阿拉伯市场的历史。

首战即决战，只有高标准运作好第一个项目，才能赢得和甲方更长期的合作。

东方物探在项目管理、运作流程、作业模式、技术标准各个方面，与世界一流油公司认真对标，特别是在安全管理方面，全面升级HSE管理体系，把安全标准、安全责任落实到每一个环节、每一个人。项目历时6年，29000多千米测线长度，160多次营地搬迁，10个百万安全人工时，零LTI，2009年顺利竣工，甲方对东方物探的质量、技术、安全给予了高度肯定。

这个项目的成功运作，打出了名气，也打出了士气。之后，沙特阿美公司把第二个项目、第三个项目……越来越多、越来越重要的项目交给了东方物探。17年间，甲方把15个重点项目授标给东方物探，其中，分别于2009年、2011年、2020年三次实现"连中三元"，9个项目产值均超亿美元。

把每一个项目都作为示范的窗口，做成精品，做亮品牌。

公司广泛应用无桩号绿色施工、高效混采、谐波压制等新技术、新方法，解决了其他公司解决不了的勘探难题，为沙特阿拉伯勘探新发现提供了良好的技术保障。

创新生产组织方式和项目运作模式，形成的项目管理方案被甲方作为其他承包商的"示范样本"。操作规程和技术标准，一点点写入甲方的各项规范中。运作的项目，成为沙特阿拉伯政府和当地社区的"观摩基地"。

东方物探给沙特阿拉伯业界留下了"上天入地下海无所不能"的印象。无论是航磁、地震、测井、处理、解释还是IT，无论是山地、沙漠、砾石、盐沼、浅滩、过渡带、岛屿、珊瑚礁、深海，还是城镇、古城、自然保护区、油田、管线、集输、炼化厂区，无不留下东方物探人的身影与足迹。

沙特阿美公司对东方物探逐步从"信任"转变为"信赖"，公司成为其长期的战略合作伙伴。他们专门发来感谢信："We are confident about our future cooperation!（对未来的合作，我们充满信心！）你们优质高效的超大项目运作能力令人印象深刻！"

公司在沙特阿拉伯成功积累了管理、技术、设备、人才等方面的经验，并持续不断向周边其他国家项目辐射输出，先后进入科威特、阿联酋等高端市场。

2018年，在习近平总书记访问阿联酋前夕，东方物探成功中标阿联酋ADNOC 16亿美元全球最大三维陆海项目，之后陆续追加工作量。2020年，在全球物探市场大幅萎缩的情况下，该项目合同额累计达到24亿美元，打造了中阿"一带一路"油气合作示范工程，得到集团公司党组领导的高度肯定。

公司在中东高端市场迅速拓展，跑出了东方速度，树起了东方品牌。

在阿曼，东方物探创造最高日效5.5万炮的世界纪录，保持了3200万人工时无LTI的行业纪录。

在科威特，东方物探应用自主研发技术，成功运作全球最大26万道全数字检波器三维项目，展示了超大规模作业能力和技术实力，打破了西方公司近50年的垄断。

凭借在中东市场的不断突破，东方物探筑牢了海外业务的"半壁江山"。借助中东高端市场，以沙特阿拉伯为"根据地"和"桥头堡"，借势造势、乘势而上、顺势而为，在完全竞争的高端市场形成裂变效应，实现市场开发的全面突破，公司高端市场占有率达到70%以上，真正在全球物探市场站得住、打得响，树立了形象，打造了品牌。

第三节　规模化，国际业务稳步壮大

在全面国际化发展道路上，东方物探与世界一流物探公司同台竞技，把世界一流作为标尺，坚持问题导向、需求导向和成果导向，打造国际陆上采集业务升级版，管理、技术、效益、质量和品牌达到世界先进水平。解放思想，打破现有条条框框，明确国际陆上采集业务的定位和发展目标，以高端市场带动区域市场，以稳固区域市场辐射优化全球市场，创建了多个规模化生产基地，保障了健康持续发展，为东方物探奠定行业领先地位筑牢基础。

>> **案例**

国际业务的老牌根据地
——巴基斯坦规模化生产基地

巴基斯坦项目，是东方物探最早的规模化生产基地。其稳固的市场、成熟的海外项目运作经验、忠诚的外籍雇员队伍，为东方物探在中东、北非、中亚等地区的"裂变式"发展发挥了重大作用。

小项目大市场，坚守初心担使命。面对巴基斯坦石油市场"小而散"、油公司"小而多"、区块"小而高（风险）"的特点，公司始终坚持"小项目、大市场"的理念，以"精诚伙伴、找油先锋"的初心，担当完成好甲方任务，诚信践诺、优质服务，以高质量、高效率项目运作，突出的社区关系管理、安保风险管理、新冠肺炎疫情管理能力，先后为 BP、ENI、MOL（匈牙利油气工业股份公司）、UEPL（巴基斯坦联合能源公司）、OMV（奥地利石油天然气集团）、PPL（巴基斯坦石油有限公司）、OGDCL（巴基斯坦石油天然气发展有限公司）等多家石油公司提供物探地震采集服务，成功运作了一个个优质的项目，累计完成项目达 240 余个，赢得了甲方的一致赞誉。20 多年来，巴基斯坦项目最多时拥有 8 支地震队，形成海外亿元规模化生产基地，市场占有率达 70% 以上。

一个项目一座丰碑，树中资企业标杆。面对两轮行业严冬和新冠肺炎疫情危机，东方物探在巴基斯坦及时调整策略、创新思维、锐意改革、降低成本、提速增效，在严峻的市场形势、极高的安保风险、突如其来的新冠肺炎疫情等不利因素影响下，克服重重困难，化危为机，以优质的市场和高效的项目运作为抓手，完成一个项目树一座丰碑，多次受到当地政府嘉奖，在安全、安保、新冠肺炎疫情防控管理上都创建了巴基斯坦中资企业标杆。

人才培养助"裂变式"发展。公司发挥成熟基地作用，致力本土化建设，创建了海外人才培训中心、设备中心、处理研究中心，所培养的巴方高、中级人才以及技术熟练工不仅全面满足了巴基斯坦项目部的各类人才需要，在对外人才输出方面也硕果累累。累计向外输送各类高级管理和技术人才65人，中级管理和技术人员162人，技术熟练工637人，为公司在中东、北非、中亚等地区的起步和快速发展发挥了重大作用。

> **案例**

多元化特色服务拼得接续市场
——北非规模化生产基地

北非规模化生产基地是公司持续时间最长的生产基地。其不断接续的规模市场、不断提升的项目运作能力和技术应用水平、不断整合的多元化服务体系，为东方物探在北非地区物探市场实现可持续发展夯实了根基。

规模市场有效接续。自集团公司海外战略部署苏丹，东方物探集结5支队伍形成规模化生产起，东方物探人历经24年，转战广袤酷热的撒哈拉大沙漠，陆续在利比亚、阿尔及利亚、毛里塔尼亚、摩洛哥、突尼斯、埃及等国家拼搏不息，形成了苏丹—利比亚—阿尔及利亚接续规模市场，使"BGP"品牌在北非熠熠生辉。

激烈竞争脱颖而出获众多甲方信任。在阿尔及利亚，东方物探与众多物探公司同台竞技，地震队从1支发展到3支，先后为SINOPEC, REPSOL, SHELL, HESS, BP, TOTAL等知名油公司服务，共计完成二维项目15个，三维项目34个，处理项目24个，成为海外可持续发展的规模化生产基地。良好的HSE表现和项目管理以及高效的生产组织能力，树立了东方物探在阿尔及利亚勘探市场的优质品牌形象。

采用特色技术为甲方提供优质服务。公司秉承激情创造、敢为人先的先锋精神，以为甲方解决勘探难题为己任，不断将新技术新方法引入阿尔及利亚物探市场，实现了"四个首次"：首次使用可控震源交替扫描采集、首次实现滑动扫描技术应用、首次引进EV56宽频震源实现低频震源激发、首次实现高效混采数据采集和现场分离，有效提高了市场竞争力，推动了阿尔及利亚勘探市场向高技术、高产出的方向发展。

打造多元化服务构建一体化协同发展。自2016年公司成功中标东方物探海外最大IT项目——SONATRACH（阿尔及利亚国家石油公司）ERP项目以来，充分发挥全产业链竞争优势，不断追求角色转换、产业升级，成立处理中心、IT项目组，加快服务能力提升，打造多元服务体系，充分展示了东方物探"多面手"与"全能"形象。

>> 案例

塑造全面竞争优势占领市场
——西非规模化生产基地

西非规模化生产基地在公司全球化经营中占有重要地位。其多年来形成的全地形作业能力、成熟的"联姻"模式，为公司在"一带一路"沿线实现合作共赢提供了样板。打造出立体全方位服务体系，为集团公司在乍得、尼日尔油气勘探开发提供了支撑。

全地形作业能力，塑造全面竞争优势。东方物探在热带雨林和沼泽密布的尼日利亚已奋战23载，先后为SHELL、CHEVRON、ENI等国际石油公司和NNPC（尼日利亚国家石油公司）提供全地形作业服务，总计完成47个项目，成为东方物探西非规模化生产基地的核心。心怀大区域，创建大市场，以尼日利亚为策源地，东方物探积极向域内周边国家拓展，先后开拓刚果（布）、刚果（金）、安哥拉、加蓬、喀麦隆等5个国家和地区物探市场，东方物探的旗帜漫卷西非密林与蓝海，BGP美誉传遍西非。

联姻互补，合作共赢。东方物探从不局限于自身成长，以进一步提升服务能力，惠及所在国可持续发展为己任，大力践行国家"一带一路"倡议，与尼日利亚本土物探公司IDSL"联姻"，优势互补，合作共赢。经过多年磨砺与考验，东方物探在尼日利亚勘探市场的作业能力、HSSE管理经验、服务国际油公司获得的信誉已遥遥领先于域内同行，市场占有率超过90%。

全力服务集团公司海外发展。在"非洲死亡之心"乍得、在"世界最不发达国家"尼日尔，东方物探听指挥，顶风险，冲锋在前作贡献，紧随集团公司脚步，在撒哈拉南缘一个又一个勘探区块，留下了一行又一行坚定而自豪的足迹，承担了集团公司在乍得和尼日尔所有勘探项目。与集团公司项目部积极沟通，共同制定优质技术方案，主动提供全方位超值服务，高质量完成勘探任务，100%参与了集团公司在乍得和尼日尔所有重大油气发现，为集团公司海外油气业务发展做出了巨大贡献，项目运作水平和资料品质得到集团公司高度评价。超越主营业务，打造立体全方位服务体系，地震勘探部署设计、地震资料采集、处理、解释，油藏评估、综合物化探采集处理解释、VSP和IT等服务门类齐全，技术一流，形成了稳定的一体化规模生产基地。

案例

高新技术靠前服务提升集团公司保障能力
——中亚规模化生产基地

在中亚规模化生产基地的建设过程中，公司紧紧围绕集团公司中亚油气合作，充分发挥一体化全产业链优势，主动应用高新技术，靠前服务，解决勘探难题，助力新发现，为集团公司在中亚建成大气田，保障国家能源供应做出了突出贡献。

打造一体化靠前服务体系。紧跟集团公司进入哈萨克斯坦市场的步伐，东方物探义无反顾挺进中亚荒凉的大漠、高原，在中亚地区建立了地震采集、处理解释和综合研究、综合物化探、VSP一体化靠前服务体系，共完成三维地震勘探项目97个，二维地震勘探项目59个。其中，高质量完成集团公司土库曼斯坦阿姆河右岸项目地震采集和处理解释任务，为寻找潜力区块创造了条件，探井成功率超过87%，为中国石油阿姆河公司形成6个千亿立方米大气区奠定了坚实基础。

高新技术助力集团公司增储上产。随着中哈油气合作的不断深入，哈萨克斯坦逐步成为东方物探中亚勘探的主战场。东方物探人怀着持续助力集团公司扩大产能的强烈责任感，始终保持着研究、应用、推广高新技术的激情和梦想。在集团公司哈萨克斯坦 AMG 项目首次应用"两宽一高"、低频可控震源施工，通过持续深化地震地质综合研究，建议部署探井、评价井，钻探成功率 100%，有效扩大斜坡区含油范围。相继在 KGM 等项目实施多个"两宽一高"三维地震采集项目，在复杂地区和老油区的勘探开发中发挥了积极作用，逐步确立了东方物探在哈萨克斯坦物探行业的主导地位。

一体化全产业链优势助力新发现。东方物探总是能把优势化为力量，把力量化为行动，做集团公司可靠的勘探先锋。充分发挥地震采集处理解释和油藏地质综合研究一体化全业务链优势，根据不同区块的油气成藏特征，制定合理的勘探技术路线，使出"看家本领"，打出"组合拳"。面对哈萨克斯坦 MMG 公司开发 40 多年的老油区产量递减快、剩余油区分布零散的难题，东方物探综合应用"两宽一高"三维地震配套技术和"地震＋油藏动态一体化"技术系列，结合基于目标的精细处理、高精度构造解释及储层预测，成功在原含油构造范围之外发现了新的油气富集区，为油田公司增储稳产打下了坚实的基础。

>>> 案例

独有技术提供差异化服务
——东南亚规模化生产基地

东南亚规模化生产基地，是公司在域内激烈的市场竞争中，通过采用独有技术支撑重点项目、提供差异化优质服务打造的生产基地。高水平的项目运作，突破了诸多"不可能"，树立了东方物探"高、精、全、专"的品牌形象。

一中心多辐射，打造高效市场竞争格局。东方物探以缅甸物探项目为起点，深耕东南亚市场 33 年，先后进入印度尼西亚、菲律宾、泰国、马来西亚、越南、文莱、东帝汶等国家，形成了以印度尼西亚为中心，向周边辐射扩展的市场格局。

重点项目优质运作，打造生产基地。在印度尼西亚，东方物探始终保持着旺盛的斗志和昂扬的精神，矢志高技术突破、精细化管理、专业化运作，以中国石油人特有的艰苦奋斗和科学求实，成功运作了中油香港、Genting、Talisman 等重点项目，逐步获得了印度尼西亚各主流石油公司的认可，形成了 Sumatra、东 Kalimantan、Papua 三大生产基地，确立了行业竞争优势，共计为 30 多家油公司提供了地震勘探及附属服务业务，累计完成各种地震采集、处理、解释项目 100 余个，建成了年产值超"亿元"规模化生产基地。

独有技术差异化服务获得甲方充分信任。面对印度尼西亚行业严冬下激烈的市场竞争，东方物探有底气、有信心，敢于开创先河，频频祭出"杀手锏"，持续打造差异化竞争优势，努力挖掘潜在市场，以他人不具备的独有技术能力，完成"不可能完成的任务"，经营业绩逆势上扬。先后高质量完成 Ophir、Seleray 以及 Pertamina PANJI、KALIKA 等多个地震采集项目。在不断提高自身项目运作水平的基础上，通过引进低频震源技术，大力推广和应用井地联采技术和加大地震处理解释业务服务等多项举措，连续获得多个老油区勘探项目。2018 年年底至 2019 年年初，东方物探首次在海外实施的 Pertamina（印度尼西亚国家石油公司）Kalyka 可控震源 + 井炮 +VSP 井地联采项目，打破了印度尼西亚南苏门答腊省无法完整完成地震勘探项目的历史，项目资料合格率 100%，一级品率 100%，实现了效率、安全、质量、声誉的"四丰收"。

在国际市场搏击中，东方物探实现了快速成长，海外作业队伍从 1～2 支，"裂变"到 65 支；作业范围从 1～2 个国家，增加到全球 5 大洲、70 多个国家和地区。多区域规模化生产基地的创建，发挥了资源优势，提升了服务能力。在突出高安全业绩、高效能运作、高技术保障、高质量资料的同时，因地制宜，在不同的发展阶段、面对不同的甲方，根据甲方不同的需求，提供差异化、超值、特色贴心服务，打造了东方物探"全能、专业"的品牌形象，获得全球各大石油公司充分信赖，为公司创建"世界一流"打下了坚实基础。

第二章
从无到有，海洋业务扬帆远航

海洋石油资源量约占全球石油资源总量的34%，探明率30%左右，尚处于勘探早期阶段，是全球油气生产增长的主要来源和重要油气接替区。

对于物探行业而言，只有在海洋物探领域占据优势，才能牢牢把握住发展主动权。

20世纪70年代，东方物探海洋业务在滩涂、潮间带开始沉淀孕育；20世纪90年代，在走向浅水、过渡带中求索前行；2005年，东方物探以战略眼光谋划蔚蓝疆场，书写了波澜壮阔的强企航迹。

16年风浪淬炼、16年跋涉远航，东方物探海洋业务日出东方、磅礴升腾，实现了从无到有、从小到大、从弱到强的跨越式发展，由全球海洋物探领域的"跟跑者""并跑者"，逐步完成了向"领跑者"的追赶超越。

作为集团公司唯一从事全球海洋、滩浅海、过渡带、内陆湖泊等0～3000米水深地球物理勘探的专业化技术服务公司，东方物探海洋业务范围涵盖拖缆、OBS[①]多用户、船舶管理、服务保障等业务板块，能够为全球客户提供全海域全地形一体化解决方案，海洋业务足迹遍布全球七十多个国家，为全球七十多家油公司提供技术服务，海底节点市场份额占据全球半壁江山，已成为行业内最具竞争力的主要服务商，塑造了中国石油海洋物探的世界品牌。

---

① OBS（OBC+OBN）。

第一节　梦想照进现实，开启海洋创业之路

一、孕育萌芽——走向滩涂浅水

20世纪70年代末、80年代初，一场空前的解放思想大讨论以雷霆万钧之势席卷中华大地，改革开放的大潮汹涌而澎湃。在那个激情燃烧的年代，物探人在一片盐碱荒滩、潮间带上人抬肩扛、艰辛探索，开始对海的习性有了最初的感观和认识。2002年物探行业重组整合，东方物探开始加快浅海勘探步伐，特种作业装备逐步系列化、配套化，使勘探作业能力拓展到整个过渡带区域，东方物探在与海的初步较量中沉淀经验，为正式进军海洋业务打下了基础。

二、扬帆起航——挺进深海，正式开启海洋业务

>> 案例

拖缆业务：海洋勘探能力从0到1的突破

随着全球经济的快速增长，陆地空间和资源受限，海洋油气资源潜力大、探明率较低的特征逐步显现，加快海洋资源开发和利用迅速成为21世纪世界各国发展的重要战略取向。近年来，全球海洋油气勘探开发步伐明显加快，海上油气新发现超过陆上，储产量持续增长，海洋勘探的成长潜力和市场空间愈发凸显。

东方物探在把陆上业务做到全球最大的过程中，始终怀揣着一个海洋梦——一定要把海洋业务做起来！

海洋物探是资金密集型、技术密集型、人才密集型业务，俗话说：十年陆军，百年海军。西方物探公司也有一句口头禅：上天与下海是同样的挑战。这就决定了东方物探海洋业务从诞生之日起，就必须走国际化发展之路，要在疾风恶浪的国际市场中求生存、图发展。

在集团公司"开发蓝色国土"的号角声中，东方物探正式开启了海洋业务的发展征程。此时，全球海洋物探市场已被西方公司垄断近半个世纪。

"梦想一旦被付诸行动，就会变得神圣。"

东方物探真正意义上的海洋之路从拖缆业务开始。2005年，东方物探开始建造属于自己的深海拖缆勘探船。2006年12月28日，东方物探第一艘，也是中国石油集团第一艘拥有全球无限航区作业能力的深海三维地震勘探船——BGP Pioneer[1]六缆船投入运营。

2007年5月，在西非几内亚湾的霏霏细雨中，BGP Pioneer船队在湛蓝的海面上鸣响首炮，开启了东方物探的首个国际深海勘探项目，这也是集团公司首次实施深海拖缆作业，完成了深海勘探零基础、零经验、零装备的历史性突破，实现了由近岸作业向深海水域的延伸。在集团公司支持下，东方物探相继投资建造的BGP Challenger、BGP Explorer、BGP Prospector[2]、东方勘探一号、东方勘探二号相继下水作业，可运作二维、常规三维、高精度三维、四维等拖缆项目，具备从100~3000米水深、南海到高纬度地区的全方位作业能力。

东方物探聘用西方人做船队经理、做领班，聘用西方人做船长、做老轨，采用西方船队的KPI考核模式，因循国际先进的HSE程序和标准，并集中优秀中方人力资源，选择清一色的本科生、研究生，学习先进技术，汲取先进经验。

几年间，国有企业政治文化优势与国际化海洋业务运营模式产生了叠加效应，拖缆业务从1条船到6条船，从80人到400人，不断发展壮大，一支走向成熟、迈向国际化的海洋物探队伍站立在世界舞台。

在发展的过程中，一个不变的真理始终告诉东方物探：关键核心技术是要不来、买不来、讨不来的。

---

[1] BGP Pioneer：东方先锋号船队。
[2] BGP Prospector：东方勘探者号船队。

拖缆业务诞生于欧美，无论是海上高精度卫星导航技术，还是海上激发及信号接收装备都是军民两用技术，几十年来，一直被西方公司控制和垄断，被限制出售给中国、俄罗斯等国家。按照西方国家技术禁运的相关法律要求，卖给东方物探的拖缆中，在每一组采集信号的水听器上，都加装了深度限制器，当沉放水深超过限定值，水听器就停止工作，这样一来，很多项目东方物探都没有竞标资格。为了完成一些合同，东方物探只能高价租赁一些西方公司使用的拖缆。

本质上，东方物探是从竞争对手手中购买被上锁或降级的技术和装备，然后再与竞争对手同台竞技。所以，在拖缆市场最多只能与竞争对手打个平手，想赢是几乎不可能的。

随着海洋拖缆业务的不断发展，大量公司涌入，行业内竞争日趋白热化，拖缆市场趋于饱和，价格严重缩水，拖缆固有的技术缺陷也愈加显现。东方物探准确把握行业发展大势，向OBN业务战略转型，实现了弯道超车，但拖揽业务始终是东方物探海洋业务的重要组成部分。

"十四五"期间，东方物探坚持"做优拖缆业务"目标不动摇，保持2条二维拖缆船和1条12缆船继续运作拖缆项目，其他拖缆船作为震源船参与OBS项目，重点服务国际大石油公司市场，为开创海洋业务高质量发展新局面继续发挥着重要作用。

> **案例**

OBC[①]业务：逐步突破海洋勘探技术壁垒

OBC，海底电缆地震采集技术，是由挪威国家石油公司于20世纪80年代开发的一种海底地震记录法，它利用置于海底的四分量检波器[②]，通过数传电

---

① OBC（Ocean Bottom Cable海底电缆地震采集）。
② 四分量检波器：压力检波器及三分量速度检波器。

缆，将由海水中激发、海底接收的纵波和转换波等传输到海面接收船的记录仪上。

海洋勘探船在运动中作业，受海洋气候环境影响因素较大，导航系统实际上就是整个作业船队生产的指挥中心，相当于将陆上勘探施工的测量、检波点定位、震源激发及地震仪器采集记录等多种功能融为一体，为多条节点船、震源船及声学定位船进行导航作业并实现远程监控。

东方物探进军海洋业务时，海洋地震勘探导航定位核心技术及设备主要掌握在少数几个国际大公司手中，技术壁垒制约着东方物探海洋业务的发展。

为了打破西方技术封锁，东方物探开始尝试自主研发单船海上导航系统，最终成功研发出适应 OBC 作业的多船分布式综合导航系统 GeoSNAP-Dolphin[①]，在喀麦隆三维海底电缆 OBC 项目中首次成功应用，取得了良好的经济效益，从此在国内外所有海洋 OBC 地震队中广泛应用。

GeoSNAP-Dolphin 系统填补了国内海上勘探导航产品的空白，技术达到国际先进水平，使东方物探摆脱了对进口产品的依赖，海上地震勘探施工核心的导航定位技术不再受制于人，增强了东方物探依靠自主创新、持续提升海洋业务市场竞争力的信心与决心。

在 OBC 业务发展过程中，东方物探开始逐步突破"卡脖子"技术，形成了以一体化设计、综合导航技术、二次定位技术、气枪阵列技术为代表的 PAI-TZ[②] 技术系列，相继中标并成功运作了沙特阿拉伯 S49、S52、S53、S57、S64、S78 以及 KOC 特大型过渡带项目，在世界舞台展示了强劲的 OBC 技术实力，为东方物探海洋业务开启创新领航的奋斗史，逐步实现科技自立自强，走进世界舞台中央奠定了坚实基础。

---

① GeoSNAP-Dolphin：一项自主海上地震勘探导航系统。
② PAI-TZ（东方物探滩浅海过渡带技术系列）。

第二节 抓住重大机遇，抢占 OBN 业务制高点

一、科学决策——实施海洋节点战略转型

1. 敏锐洞察，OBN 技术在萌芽中孕育先机

依托深海拖缆业务，东方物探海洋业务实现了从 0 到 1 的突破性发展。但是，拖缆业务核心技术和装备掌握在少数几家西方公司手中，对东方物探禁售，实施封锁。所以，只靠拖缆技术，东方物探海洋业务步履维艰。

拖缆技术既有优点也有缺点，优点是采集效率高，一条 12 缆三维船每天可以采集上百平方千米，几千平方千米的海域，用拖缆作业 2—3 个月就可以完成采集任务，在陆上，同样的勘探面积需要一到两年。但是，拖缆采集的数据横向覆盖次数只能是一次，纵向覆盖次数是固定的（因为拖缆长度最多只有 12 千米），方位角很窄，适合于寻找大型平缓的地质构造，对于陡倾角构造、破碎构造、盐下构造等复杂油气构造的勘探，拖缆技术就暴露出了致命的缺点。

有没有一种技术，能够克服这个缺陷？

OBN 技术的出现给出了答案。与传统的 OBC 采集技术不同，OBN 技术是将一台地震仪器高度集成到一个小盒子里，每一个盒子就是一个节点，相互独立，沉放到海底进行数据采集，震源船在海面上从不同方向激发地震信号，节点能够几十天到上百天连续不断地记录地震信号，位置稳定、彼此互不干扰、续航时间长、数据存取周期长、受海况影响小、受到的噪音干扰相对较少，采集到的地震资料具有方位宽、信噪比高、保真度高等优点。

在业界还几乎没有物探公司真正重视 OBN 技术的时候，东方物探敏锐地洞察到这项技术的前景和未来。

经过研判，东方物探看到了 OBN 技术的四大发展前景：

OBN 地震勘探技术可以实现全方位、高覆盖、大偏移距、高信噪比的地震

数据采集,将地球物理学家的理论公式,从梦寐以求的理想状态变为现实。

OBN 地震资料可以大大提高复杂油气藏的成像精度,将成海洋油气田增储上产的首选。

OBN 地震勘探关键技术研发与应用将为海洋复杂油气藏的勘探与开发提供有效技术支撑。

随着 OBN 装备价格的下降、生产效率的提升和高效采集技术的成熟,这项技术将有力拉动市场需求。

东方物探开始谋划海洋业务从拖缆向 OBN 战略转型。

2. 果断决策,东方舰队驶入正确航向

向 OBN 业务战略转型并不是一个轻而易举的决策。主要原因是:节点昂贵,一支队伍就要用到上万个节点,投资成本太高。当时 OBN 作业一天只能达到几个平方千米,相比较下,拖缆作业效率更高,成本更低,这个技术会有市场吗?

海洋物探行业出现了一个尴尬的境地,一边是过剩的拖缆公司,因拖缆市场接近饱和、价格低位运行,所以严重亏损,纷纷破产或重组;一边是 OBN 公司,技术虽然领先,但投资风险很大,全球市场需求非常有限。

"人类取得的任何成就,没有一项是在万事俱备的条件下完成的,往往是以超常的胆识和气魄,抓住稍纵即逝的机遇,闯开了新天地的大门。"

过往的探索实践为寻求转型的东方物探海洋业务指明了方向:必须主动求变,将主战场放在竞争对手尚未充分准备,竞争力较弱的新领域,牢牢抓住先机,实现从学习模仿到创新引领的蜕变。

东方物探坚定认为,OBN 技术必将带来一场行业革命,这是海洋业务变道超车的绝佳机会。创新可以使节点产品价格降下来,可以改变现有作业模式,提升作业效率、降低作业成本,关键是要创新,创新,不断地创新!

2016 年,东方物探果断做出向 OBN 业务转型的战略决策,牢牢把握住了发展的主动权。

二、厚积薄发——奠定海洋 OBN 领先地位

1. 初试锋芒，揭开 OBN 技术神秘面纱

为了实现 OBN 业务快速起步，东方物探超前规划并组建了专业化团队，充实 OBN 技术研究力量并取得多项成果，并在泰国 OBN 项目迎来了实战的机会。虽然是一个小合同，但是东方物探看到了机会，可以通过这个项目去验证初步掌握但还从未拿出的几项技术。

东方物探以零利润、零管理费拿到了这个小合同，并派出了几乎所有的 OBN 技术和管理人员，反复验证初步掌握的配套技术，大胆探索各种提高生产效率的可能性和技术方案。

随着首个节点采集项目——泰国 OBN 项目的顺利完成，东方物探掌握了 OBN 技术细节和运作模式，成功揭开了 OBN 运作模式的神秘面纱。

2. 关键战役，中标全球最大海上三维 OBN 项目

2016 年，BP 公司在印度尼西亚 Tangghu 油气田部署当时全球最大的 OBN 项目，这个高产的油气田，在此之前做过三次拖缆采集，两次 OBC 采集，但始终搞不清构造内幕。最终，BP 公司下定决心采用 OBN 技术进行采集。

这个项目吸引了行业领先的 7 家国际大物探公司参与竞标。经过之前的研发、创新和积累沉淀，东方物探拿出的方案在价格和技术上具有较强优势，最终脱颖而出中标 BP 印度尼西亚 OBN 项目。

BP 印度尼西亚 OBN 项目采用了全方位、高覆盖、大偏移距的设计方案，高密度、大排列、高覆盖、ISS[①] 施工等行业先进技术，近万个节点，12 条作业船舶、520 名中外籍员工，项目规模之大、作业标准之高和技术之复杂在全球尚属首例，备受业界瞩目。

对于 OBN 转型初期的东方物探而言，BP 印度尼西亚 OBN 项目意义重大，只能成功，不能失败！

---

① ISS：独立同步激发技术。

项目开工前，东方物探面临"船舶选择、船舶改造、许可办理、人员培训、综合海试、分包商管理"等八大难题，工作计划涵盖12个大项、50个子项、900个管理节点任务，没有一项有成熟的经验可以借鉴。

东方物探按照运行计划总体部署进行细化分解，分别制定项目管理与10天滚动计划、项目准备与动迁计划、特定安全作业计划、后勤保证计划等，及时掌控进展与效果，搭建了一套科学合理的项目计划管理体系。

2017年8月10日，在规定开工时间内，东方物探完成了复杂的管理程序、相关技术及HSE审核，创造了BP公司多年来陆海项目如期开工的先河。

3. 里程碑，成功运作BP印度尼西亚OBN项目

在BP印度尼西亚OBN项目正式生产中，东方物探的"四个突破"，成为项目成功运作的取胜之匙。

施工船舶改造效率创纪录。BP印度尼西亚OBN项目使用的大小12条作业船舶，改造工期只有短短45天，震源船和节点收放船的改造工程尤为艰巨，船级社审图365份，使用钢材上千吨。东方物探前后方高效联动，在一周时间内，实现全部节点和配套连接绳全部装运上船。项目实施过程中，实现了"气枪阵列吊枪盘"的自主开发和成功应用，不但为项目准时开工赢得了时间，成本费用也大幅降低。

自主设计制造大规模节点机械化收放系统。这一系统，可合理规划收放存储设备，节点存储量有效提高。采取HAND FREE[①]自动化操作，提高了收放速度，全面实现了节点投放入水、回收、充电至数据下载的无缝衔接。

自主研发节点质控、数据处理软件。BP印度尼西亚OBN项目每日需要7~8TB的数据进行质控和现场处理，为满足OBN数据质控与处理要求，东方物探充分发挥一体化优势，集中公司百余名专家参与研发工作，先后8次修改完善，最终形成了一套完整的OBN采集、质控一体化解决方案。在项目中

---

① HAND FREE：免手动模式。

标后，东方物探立即启动现场质控和资料处理两大软件的自主研发，仅用半年时间就完成了节点质控、气枪监控、二次定位数据处理三大质控软件开发和 GeoEast 软件 11 个现场处理模块升级。开工一个月后，现场节点采收率高达 99.4%，实现了海底节点数据切分、转储、时钟漂移校正、多分量旋转、节点属性分析、初至波定位等多项功能。

船舶 VTS 跟踪系统和导航数据 OBS OFFICE[①] 软件成功应用。船舶 VTS 跟踪系统实现了实时监控浅水航道平台等全部风险源标识等功能。OBS OFFICE 软件完成了由 OBC 到 OBN 全面支持的升级工作，对复杂定位数据处理、导航定位及质量控制等功能的研发，为 ISS 高效采集方案的顺利实施发挥了重要作用。以炮点信息表（SIT）等为代表的技术方案逐步成为 BP 公司乃至整个行业的 OBN 采集标准。

2018 年 3 月 30 日，东方物探安全、高效、高标准完成了 BP 印度尼西亚 OBN 项目，BP 公司在全球同步发布了相关 OBN 论文，尽管还没有拿到最终数据处理结果，BP 公司依据中间成果就对 OBN 数据体的地质效果做出肯定的结论，成为东方物探 OBN 业务在全球的"广告代言人"。

通过 BP 印度尼西亚 OBN 项目，东方物探向业界展示了领先的 OBN 技术实力和作业能力，抢占了 OBN 业务发展的先机。

第三节　打造利器站稳高端，综合实力跃居行业第一

一、创新引领——OBN 核心技术持续突破

习近平总书记指出，要以科技创新催生新发展动能。

在 OBN 业务转型发展过程中，东方物探始终将科技创新作为主攻方向和突破点，紧密围绕国家"十三五"重大专项和集团公司重点项目，加强海洋节点

[①] OBS OFFICE：导航数据配套软件。

配套技术装备精准攻关，成功实现了 OBN 系列技术从无到有、从有到精的快速发展，为引领海洋业务高质量发展打造了强力引擎。

东方物探自主研发的 KLNodeQC 质控软件，海量地震数据质量控制功能和计算性能行业领先；自主研发的 GeoSNAP-Dolphin 综合导航系统，为大型地震勘探船队综合导航和配套数据处理提供了一体化解决方案；优化布局的船载海工模块式海洋节点自动收放系统，做到了全球中浅水域节点收放作业零障碍，实现了海洋 OBN 地震作业的机械化、自动化及远程智能化；联合研发的全球最新一代海底节点——GPR，搭载了最新型三分量检波器，能够采集更高质量的地震数据。

这四项核心技术与装备的横空出世，使东方物探在 OBN 勘探领域形成了全过程、全链条的整体优势，拥有了搏击国际高端市场的最强竞争力。

1. 自主研发 KLNodeQC 质控软件

作为东方物探海洋业务发展中的里程碑项目，BP 印度尼西亚 OBN 项目被誉为锻造海洋利器的"兵工厂"，孕育了三项核心技术和装备，KLNodeQC 质控软件就是其中之一。

东方物探在中标 BP 印度尼西亚 OBN 项目后，一个巨大的难题接踵而至。这是第一个全球海上超大数据量，ISS/OBN 采集处理项目，日处理数据近 8TB。之前，只有竞争对手掌握这项技术，但也从未进行如此超大数据量的处理。

对于合作，竞争对手提出了严格的条件，只接受"软件＋技术人员"打包式销售，对技术进行严密封锁。核心技术的缺失给这个意义非凡项目蒙上了一层阴影，现场质控软件成为 BP 印度尼西亚 OBN 项目能否成功运作的咽喉要塞。

是选择技术外包还是自主研发？面对如此重要的项目，短短 8 个月的准备期，选择技术外包，风险显然小得多；选择自主研发，一旦失败，结果是灾难性的。

自主研发！东方物探的选择是果断而坚决的。

从 2016 年 12 月份开始，东方物探集公司之力组成技术团队，进行海量数据计算、百折不弃地反复实验，到 2017 年 5 月份，成功掌握了 OBN 质量控制技术的原理和算法，并开发了拥有自主知识产权的 KLNodeQC 质控软件，经过数据验证在功能和效率上优于竞争对手。东方物探仅用半年时间就走完了西方公司几年甚至更长时间才能走完的路。

KLNodeQC 质控软件在持续升级中优化提升，目前已经成为执行高端 OBN 项目的技术利器，有力提升了东方物探在业界知名度和影响力。

2. 自主研发 Dolphin 综合导航系统

如何保障 OBN 作业安全高效？海上导航系统是关键。

东方物探海洋业务向 OBN 转型后，立即着手对原有的 OBC 导航系统进行新一轮研发和升级改造。

依托 BP 印度尼西亚 OBN 项目，东方物探抽调专业技术骨干进行集智攻关和对标研发，完成了 Dolphin 海上综合导航系统的研发，并陆续在国内外多个 OBN 项目进行了成功应用。

Dolphin 海上综合导航系统基于多船分布式的结构设计，能够完成各类型二维、三维海洋地震勘探的测线设计，数据计算、处理、质量控制、成果提交等工作，并兼容所有常见的物探行业标准数据文件格式。具备实时监控跟踪作业船只，实时进行轨迹记录，共享 AIS[①] 和雷达数据，通过网络实时查看作业船舶信息，并提供船舶预警和障碍物预警功能，可满足复杂海况条件下作业需求。

在全球最大海陆地震采集项目——阿联酋 ADNOC 陆海三维勘探项目中，Dolphin 综合导航系统为项目安全高效生产提供了强有力的技术支撑。

3. 自主研发海洋节点自动收放系统

2014 年年初，全球 OBN 业务尚处于萌芽起步阶段，东方物探超前谋划，对海底节点配套收放设备进行全面的调查和研究，结合自有船舶特点进行科学论证，逐渐形成了新的节点收放系统总体设计思路，为未来几次关键改造打下基础。

---

① AIS：船舶自动识别系统。

从 2014 年年底开始，东方勘探二号进入实际改造阶段，移除大部分船体原铠装缆收放设备，安装新的节点传送带及升降机，对后甲板的布局进行了重新规划。

依托东方物探首个节点采集项目——泰国 OBN 项目，自主设计的节点收放设备在承担施工任务的东方勘探二号上初步应用，基本实现了设计功能。随后，东方物探自主设计并制造了节点存储传输设备，在东方勘探二号后甲板再次升级改造，实现存储并传输不同类型节点的功能。

在 BP 印度尼西亚 OBN 项目中，东方物探节点船的收放设备得到持续优化改进，具备了存储 Z700 节点和配套节点绳索的能力，收放效率进一步提高。随后，历经 CHEVRON 尼日利亚、SHELL 尼日利亚项目、SHELL 文莱和阿联酋 ADNOC 项目的进一步应用，东方物探自主研发的缆式海洋节点收放系统方案基本成熟，进入大规模应用时期。

针对节点收放系统难于拆装的问题，东方物探自主研发了机械化集装箱式节点收放系统，为 OBN 勘探实现快速完成船舶改造、压缩项目筹备时间奠定了基础。

4. 联合研发全球最新一代节点——GPR

2021 年 5 月，东方物探在 OBN 领域再次取得重要突破：最新一代海底节点——GPR 在国内正式投产，具有国际领先水平的高精度、全数字、智能化、低能耗海底节点在中国诞生，东方物探铸造了新的找油利器。

与常规海底节点相比，GPR 节点具备更轻巧的外观和较传统节点长达一倍的超长待机模式，首次将 MEMS[①] 技术引入至 OBN 业务，采集的高质量地震信号将更有利于精确地震成像及储层特征描述，较传统节点具有显著优势。

GPR 节点的正式投产，结束了海底节点产品一直以来被西方公司垄断的历史，将对全球 OBN 业务产生重大的商业影响，也标志着东方物探海洋业务从采

---

① MEMS：微电子机械系统。

集、处理解释到装备制造全产业链的闭合发展迈出了关键性一步。

进入"十四五"发展新阶段，东方物探海洋业务核心技术装备的换代升级驶入"快车道"。

Dolphin 综合导航系统完成三源激发模块研发；KL-NodeQC 软件节点兼容性和数据质控效率进一步增强；第三代集装箱式自动收放系统成功使用绞车模式，为深水收放奠定了基础；自主研发了具备二次定位功能的无人艇 BGP-Boy；自主研发设计的浅水过渡带大型硬质工作艇，可高标准满足极浅水作业要求；自主研发的 DP 浅水特种勘探船，可同时容纳模块化节点收放系统及震源系统。

OBN 关键核心技术装备的持续研发，进一步确立了东方物探全球 OBN 业务的主承包商地位，为持续巩固和扩大 OBN 业务优势提供了强有力的技术和装备支撑。

二、迈向高端——塑造海洋物探世界品牌

1. 改革重组，释放了海洋业务发展的强大动能

东方物探海洋业务跨越式发展的秘诀是什么？

秘诀有三个：一是科学决策，抓住行业重大机遇，成功实现战略转型，抢占发展先机；二是坚持科技自立自强，持续打造海洋业务核心技术和装备利器；三是通过体制调整变革，进一步解放和发展海洋业务生产力。

以上三者相辅相成，缺一不可。科学决策引领了正确发展方向；技术创新提供了强大发展引擎；改革重组，有效激活了东方物探海洋业务高质量发展的内生动力。

2018 年 4 月 25 日，东方物探对海洋板块重组整合，并行发展 10 年的深海业务和过渡带业务握指成拳，实现了 OBN 业务市场开发、项目运作、资源配置的"三统一"，为海洋节点战略全面落地按下了"加速键"。

这一变，标志着东方物探海洋业务形成了一个完整的板块，标志着东方物探一体化业务边界更加清晰、一体化政策执行更加高效，海洋业务迅速释放了强大的生产力，在国际市场上的竞争力和创效能力大幅提升。

东方物探管理、技术、文化优势充分发挥，市场、装备、人力资源潜力快速释放。

中东、西非、里海三大区域规模市场建设同步推进，签下阿联酋 ADNOC 全球最大三维陆海勘探项目。

拖缆、OBS、多用户、船舶管理、服务保障五大业务板块资源互通、技术共享、市场互动，形成了抵御风险的新格局。

BGP Marine[①] 和 BGP TZ[②] 品牌融合升级，BGP Offshore[③] 在世界舞台精彩亮相，并迅速在全球业界打响。

东方物探海洋业务从此翻开了崭新的发展篇章，国际竞争力、行业话语权、品牌影响力显著增强，区域规模市场建设取得了重大进展。

创新组建由外籍高管和中方市场骨干相结合，客户经理、项目经理与技术专家相结合的市场营销团队。探索形成了海洋业务"三大商务合作模式"：与油公司合作的"阿塞拜疆模式"，与本土物探公司合作的"尼日利亚模式"，与国际技术服务公司合作的"墨西哥湾模式"。

形成了以尼日利亚为中心的西非、以阿联酋为中心的中东、以阿塞拜疆为中心的环里海区域市场，并拓展构建中东、里海、西非、拉美、西北欧、亚太六大市场布局，区域规模市场开发格局逐步形成。

东方物探海洋业务以不可阻挡之势成为全球海洋物探市场的重要参与者和主要竞争者。

2. 击水重洋，高端市场淬炼海洋品牌

任重而道远者，不择地而息。

东方物探海洋业务乘势而上，在国际高端市场一路澎湃浩荡向前，奔向"世界一流"。

[①] BGP Marine：东方物探深海业务。
[②] BGP TZ：东方物探过渡带业务。
[③] BGP Offshore：东方物探海洋业务。

> 案例

深耕"海上丝绸之路"
——阿联酋 ADNOC 海上项目

2018 年,东方物探中标阿联酋 ADNOC 陆海三维采集项目,这是全球有史以来最大的物探项目,其中海上项目共 6 个区块,占总合同金额的 85%。

面对全球海洋节点数量不足、新造节点不能满足开工时间要求等严峻挑战,东方物探以集团公司为依托,充分发挥综合一体化优势,把项目作为海外发展"天字号"工程,实行升级管理,建立多部门、跨单位、国内外工作协调联动机制,在全球范围内协调和动遣优势设备和人力资源,提前 10 天开工生产,得到了阿联酋 ADNOC 公司的高度评价。

阿联酋 ADNOC 海上项目首次实现多船多源高效混采,生产效率屡创纪录。

四船六源同时放炮,这个在阿联酋 ADNOC 看来极具挑战的作业方案,东方物探利用一体化优势成功做到了。凭借公司自主研发的 Deblending 处理软件,东方物探一体化单位研发团队缜密研究、大胆创新,基于阿联酋 ADNOC 海上项目情况模拟了 25 套在相同气枪阵列下、不同的随机延迟时间和最小船距离的方案,分离后的数据资料保真度高、保幅性强,完全能够满足多源同时激发后的资料分离处理,用科学的方案、精密的计算和优质的资料成功打消阿联酋 ADNOC 疑虑,实现了海上 OBN 高效混采,奠定了项目高效运作的基础。

为了给高效混采提供质控处理等流程的全方位支持,东方物探投入使用了多项具有自主知识产权的先进技术:针对多源多船作业模式的 Dolphin 导航系统;节点数据切分、旋转、定位、姿态角度计算及质控系统 KL-NodeQC;资料处理及资料分离系统 GeoEast;用于日常生产质控和测线完成质控的系列软件等。一系列自主研发的核心技术大大提高了作业效率。

阿联酋 ADNOC 高层多次到海上项目审计交流,对东方物探的技术实力、国际化程度、物探船舶文化印象深刻。特别是在新冠肺炎疫情影响下,对东方物探实施"疫苗下海"等各项举措，保证项目稳产高产给予了高度赞赏和评价。

2020年，东方物探成功中标阿联酋ADNOC三维过渡带勘探项目。这是继中标全球最大海陆勘探项目后，在阿联酋市场取得的又一次重大突破。

阿联酋ADNOC三维过渡带项目是全球最大且首次采用全节点采集的三维过渡带项目。工区涵盖深水、浅水、过渡带、季节湖、城区等诸多复杂地形，全面应用GPR节点，对于东方物探进一步扩大中东市场份额、巩固行业领先地位、提升品牌影响力具有重要的战略意义。

案例

里海零的突破

——BP里海OBN项目

2018年年初，东方物探凭借多年的海外市场开发经验以及敏锐的商业嗅觉，认为环里海区域即将形成新的市场空间，立即采取行动，与阿塞拜疆当地合作伙伴开展商业洽谈，成立合资公司和东方物探阿塞拜疆分公司，一举进入了环里海区域市场。

环里海地带辐射周边近40万平方千米的区域，里海周边毗邻土库曼斯坦、俄罗斯、阿塞拜疆、哈萨克斯坦等国家，拥有与海洋相似的独特生态系统，是世界第三大油气资源富集区之一，被誉为"第二个中东"。里海的大部分海域都没有进行过海洋勘探，其余地区大多只是进行过二维拖缆勘探，具有巨大的市场潜力。

合资公司成立后，东方物探凭借品牌影响力和采集处理解释一体化的优势，于2019年先后中标里海拖缆项目和BP里海OBN项目，实现了海洋业务在里海市场零的突破。

里海是一个内陆湖，与互联互通的各大洋不同，这里自成一体、几乎封闭，船舶调运等资源筹备工作不便开展。特别是这个区域气候条件恶劣，项目运作时窗较短，可以说是不折不扣的OBN业务高端竞技场。

2021年2月23日，BP里海OBN项目圆满收官，创造了东方物探海洋业务"四个第一"。

第一个在里海阿塞拜疆海域独立运作的OBN项目。既锻炼了队伍，又积累了通过合资公司运作项目的丰富经验，对于拉动环里海各国海洋物探市场具有重大意义。

在里海区域第一个采用深水NOAR作业模式的OBN项目。首次应用深水声学定位系统，节点的点位精度高达95%，远高于合同预期标准。

首次使用自主研发的节点自动摘挂系统，经过实际应用和不断调试改进，节点自动摘挂系统在更多的OBN项目中得到广泛的应用，大大提高生产效率，有效减轻员工的劳动强度，进一步保障了人员和设备的安全。

第一个使用无人二次定位船（USV）的OBN项目，减少项目成本，降低了风险，培养了许多经验丰富的USV操作人员，为USV在OBN项目的广泛应用打下了基础。

▶▶ 案例

挺进西非海域

——CHEVRON尼日利亚OBN项目

CHEVRON尼日利亚OBN项目是东方物探继BP印度尼西亚OBN项目后，获得的又一个高端市场OBN地震采集项目。项目包括两个成熟油田区块，作业区水深3～25米，是东方物探承担的全球范围内最为复杂的油田区OBN项目。

东方物探对这一项目高度重视，在项目准备期间完成了两条DP浅水节点船与两条浅水震源船的升级改造，高效完成海、陆、空全球动迁，在短短15天内，全部作业船舶和300余名项目人员在加纳完成集结。

CHEVRON尼日利亚OBN项目海上油田设施非常密集，110多个平台星罗棋布，另有液化天然气设施、火炬、锚地、海底沉船、沉箱和防浪堤等130个水上水下障碍物。平台之间油、气、水管道和海底电缆等交织形成了复杂的海底管线网络。成百上千的大小渔船每日在工区和社区之间来回穿梭，对施工造成严重干扰。

面对如此复杂的作业环境，东方物探巧妙安排 10 条作业船舶密切配合组成行动队列，主力旗舰船行驶在前，节点作业船、震源船、安保船和护航船通力配合、统一行动，实现了多船之间高效协调、密切合作。

尼日利亚作为全球海盗高发地区，安保问题是东方物探始终关注的头等大事。项目聘用专业安保公司密切关注工区附近安保形势，雇佣 3 条安保船，日夜为船队巡航。人员严格旅程管理，制定行程保密措施，保证了作业安全。

项目中首次应用了便携集装箱式后甲板节点自动收放系统，为快速运输和组装作业起到了重要作用。

CHEVRON 尼日利亚 OBN 项目的成功运作，向业界展示了东方物探在复杂海况条件下，运作 OBN 项目的技术实力，为持续拓展西非海洋业务，奠定了坚实的基础。

>> 案例

率先将 OBN 技术引入国内
——旅大 OBN 项目

在积极开拓海外 OBN 市场的同时，东方物探坚定履行为国找油找气政治责任，于 2019 年首次将 OBN 采集技术引入国内，成功运作了旅大 OBN 项目。

作为国内首个 OBN 项目，旅大项目自筹备之初就受到了各方的高度关注。东方物探调动全球设备资源、集结各方业务精英、应用最先进的采集配套技术，实现项目作业全面机械化，项目管理全面国际化。

仅用两个半月的时间，旅大项目实现了 2 条节点船远程动迁和设施改造，实现了节点从三个国家分别转运并安装完成，完成了震源船国内模块安装任务，对比国际相同类型的项目，这样的启动速度实属罕见。

旅大项目是东方物探在渤海实施勘探以来最远的工区，离岸近 100 千米。

和以往的近岸项目相比，旅大项目在安全管理、生产组织上面临着更大的挑战。

东方物探以潮水变化为关键节点，制定了合理应对海工分时交叉作业的实施方案，克服反季节施工、恶劣天气、渔业开海期等不良条件，成为国内OBN项目运作经典案例。

通过旅大项目，东方物探制定了国内首个OBN国家油气行业标准，开启了中国海域OBN采集的先河。2020—2021年，东方物探又相继在南海北部湾和东海平湖实施了OBN采集，实现了在国内OBN市场的战略展开。

随着海洋节点战略全面落地，东方物探海洋业务完成了从"拓荒"到"领航"的蜕变，行业领先地位更加稳固，为BP、SHELL、TOTAL、CHEVRON等国际高端石油公司运作了一批OBN标杆项目，海底节点市场份额占据全球半壁江山，在全球树立了中国石油海洋物探的品牌形象。

第三章
弯道超车，走进世界舞台中央

从走出去到走上去，东方物探国际业务实现了跨越式发展，这种跨越是伴随着"寒冬"，在化危为机中完成的。

2008年全球金融危机、2012年行业大低谷、2018年以来国际油价断崖式下跌和新冠肺炎疫情影响，都给东方物探国际业务发展带来了极大的风险和冲击。

面对危机和挑战，东方物探依托集团公司坚强后盾，以越是艰险越向前的奋进姿态，拥抱压力、创新发展，大力实施"两先两化"战略，持续突破体制机制藩篱，加快关键核心技术攻关，全面推进治理体系和治理能力现代化，在"大战""大考"中经受住了考验，一次又一次闯过"至暗时刻"，一次又一次把"危局"变成"新局"。

在海外发展过程中，东方物探始终将政治文化优势作为最大优势，把打造文化软实力作为推动海外业务高质量发展的重要组成部分，通过实施卓有成效的跨文化管理，推动多元文化不断交汇融合，释放出强大合力。

东方物探积极践行国家"一带一路"倡议，坚持共建共享共赢，深入参与全球行业管理，积极参与当地治理，在竞争激烈的全球物探行业树起了BGP品牌，在全球经济一体化浪潮中树立了负责任大国企业形象。

第一节　越是艰险越向前，三次弯道超车实现跨越发展

一、逆势而进——冲破金融危机的阴霾

金融危机的阴霾已经消逝多年，当人们透过历史的镜子回望那段磨砺与荣耀交织、艰苦与成就交融的岁月，依然能够清晰地看到，危机中的东方物探在搏击风浪中快速成长，犹如风雪中傲然绽放的红梅，闪耀在广阔的世界之原。

2008年8月，国际金融危机全面爆发。由于行业供求关系的变化，多家跨国石油公司持续缩减勘探投资，全球地球物理市场随之发生了巨大变化，在保持了将近4年的高速增长后出现了大幅萎缩；全球物探队伍数量总体过剩，25%处于待工状态，市场竞争更加激烈；国际物探公司更加关注维持现金流，维持企业生存，部分中小物探公司走向破产或寻求并购，整个行业发展陷入低谷。正在成长期的东方物探国际业务面临着巨大的生存发展压力。

"当危机到来时，它已经是发展的条件而非制约因素。能够化危为机的企业，正是源于对于危机的正确认识。"

在竞争对手裁员降薪渡难关、保生存的时候，东方物探提出"危中寻机、困中求进，充分发挥现有优势，坚决抢抓发展机遇"的总体思路，掀起了新一轮的海外创业热潮。"

东方物探与国际先进公司进行对标，认真分析国际业务发展过程中的经验和差距，找出了短板：业务和市场结构不够合理，陆上业务比重偏大，高端市场比例较低，70%的市场处于较高以上风险地区，抵御风险能力较弱。

东方物探提出，国际业务发展重心必须从量的扩张转变为质的提升，迅速瞄准国际高端市场和新兴业务，将发展战略调整为"一体化、集约化、国际化、数字化"，推动商业模式从作业公司向一体化技术服务转变，发展模式由"自我积累"向"自我积累+并购发展"转变，国际化人才队伍由"自我培养"向"自我培养+积极引进"转变。

东方物探海外业务迅速释放出强劲发展动能，中东地区"桥头堡"辐射带

动作用快速显现,连续中标沙特阿拉伯多个勘探项目;中亚规模生产基地稳步建成;首次进入埃塞俄比亚、巴西、卡塔尔、柬埔寨、马来西亚和赤道几内亚市场;深海业务与过渡带业务开始并行发展。

在全球物探行业整体低迷的情况下,东方物探国际业务业绩一路飘红,全球竞争力和影响力提升到新的高度,为未来更大的发展奠定了坚实基础。

二、二次创业——在行业大低谷期完成跨越赶超

逆水行舟,不进则退。在行业大低谷的阴云笼罩下,东方物探将目光投向更远的未来,高高扬起前行的风帆,以天接云海、击水五洲的气魄,将危机变为浴火涅槃的蜕变摇篮,一路冲滩入海、劈波斩浪,闯出了广阔的天地。

从2012年开始,随着国际油价持续大跌,国际石油公司对上游投资持续缩减,石油物探业务量锐减,市场供大于求。为了降低供应商成本,油公司大幅压低物探市场服务价格,使物探行业的利润空间被进一步压缩,加速步入寒冬期。

这次低油价的巨大冲击,使国际大物探公司大幅裁员降薪、裁撤合并机构、强化资产减值、推进债务重组、削减地震队和勘探船舶数量;中小物探公司低价竞争更加激烈。

与2008年国际金融危机相比,东方物探国际业务发展面临着更为复杂的形势和更为严峻的挑战。

面对行业大低谷,东方物探做出"国际业务处于重要战略机遇期"的总体判断,推动发展方式从注重规模速度向更加注重质量效益发展转型,从依靠投资拉动向依靠业务结构调整、创新驱动转型,拉开了国际业务二次创业的帷幕。

"东方物探之所以能够从容应对发展中的危机与挑战,在于能够在关键节点做出正确的战略决策。"

2016年,按照集团公司"资源、市场、国际化、创新"四大战略思想,结合国际业务新发展阶段实际,东方物探决定将发展战略优化升级为"创新优先、成本领先"和"综合一体化、全面国际化"的"两先两化"战略。

"两先两化"战略对全面国际化赋予了更深的内涵,更加注重"创新"、更加关注"成本",调整后的战略突出了创新驱动的时代特点、市场竞争的客观需求,对国际化发展提出了更加全面、更高标准的要求,引领东方物探国际业务在行业大变革、大调整的关键历史节点实现了弯道超车。

这一时期,东方物探国际市场实现逆市上扬,成功运用"两宽一高"、可控震源高效采集、数字化地震队等技术利器,打造了阿曼PDO、KOC、沙特阿拉伯S77、沙特阿拉伯S78等世界级的样板工程,高端市场份额占比突破50%,陆上业务全球第一地位更加巩固。

这一时期,东方物探海洋业务驶入"快速航道",在全球率先实施OBN战略转型,超前研发OBN四大核心技术装备,通过技术创新大幅降低作业成本,抢占了发展先机。

这一时期,是东方物探国际业务发展的"分水岭":面对低油价冲击,东方物探大力实施"两先两化"战略,最大限度提升利润空间、增强竞争优势,率先走出行业低谷,一跃成为全球最大的地球物理承包商。

三、奔向一流——翻开国际业务高质量发展新篇章

东方物探执行董事、党委书记苟量在探寻和梳理高质量发展轨迹和经验时曾这样说道:

"企业是有生命的,

当高远的理想、坚韧的信念和理性的思考相融合,

当每一个个体把奉献和担当作为一种荣耀而神往,

当血脉偾张的激情充盈为每个人昂扬向上的力量,

我们有理由相信,这个生命将因胸怀远大梦想而璀璨卓越,将因意志与信念的坚定而无往不胜!"

东方物探国际业务之所以一路化危为机、跨越发展,正是源于抱有知难不畏难的昂扬斗志和永不服输永争一流的坚强意志,在逆境中志存高远,在困局中坚韧不拔,于纷乱中清醒自信,于艰难时开拓创新,布大局、谋良策,以超

常规思维和革命性举措，在危机中寻求机遇，在变革中寻求突破，汇聚了率先打造"世界一流企业"的磅礴力量。

2018年至今，世界格局发生深刻变化，新冠肺炎疫情大流行影响广泛深远，对全球产业链、供应链、贸易链造成巨大破坏，经济全球化遭遇逆流，对中长期石油需求构成重压，清洁能源转型加速演进成为全球大势，油服行业在这场最冷寒冬中，遭受业务量锐减与服务成本压榨的双重打击。

"逆境，唯顽强者逆流而上。"

国际业务能够顶压前行、加速奔向世界一流，东方物探靠的是坚定的战略自信和越是艰险越向前的创业精神。

面对困境，东方物探遵循"四个坚持"兴企方略和"四化"治企准则，坚定不移贯彻落实集团公司党组提出的"志存高远，率先打造世界一流"目标要求，制定了率先打造世界一流《行动方案》和《实施方案》，建设世界一流企业的路径由"三步走"变为"两步走"：到2023年，基本建成世界一流，到2028年，全面建成世界一流。"两步走"规划主动应对形势变化，坚持目标导向、问题导向和结果导向，全面对标世界一流地球物理技术服务公司评价指标体系，在推动高质量发展中开创了战略引领新局面。

东方物探沿着战略规划的发展路径，持续发力，久久为功，不断加快"世界一流企业"建设步伐。

紧跟市场需求，聚焦物探核心软件、核心装备和关键技术三大战略领域，加快推进技术成果转化和应用，实现关键核心装备、软件及配套技术自立自强，有力提升了核心竞争力和品牌影响力。

创新集成完全依靠自主装备、软件的"两宽一高"地震勘探技术系列；超高效混叠地震勘探技术推动可控震源高效地震勘探技术快速发展，形成日效5万炮的野外作业管理能力；海洋勘探OBN业务打造了导航、质控、节点仪器和收放系统四大利器，赢得超过全球总量50%的市场份额。

以开放视野整合智力资源，推动国家油气地球物理勘探创新技术中心建设，建立科技创新战略联盟和创新联合体，构建了物探技术创新生态，行业技术引领力进一步增强。

大力实施"中东、环里海、拉美"三大市场策略，形成了以中东为核心，辐射全球的市场格局；加快进入墨西哥湾、巴西深水市场，不断拓展亚太、非洲等传统市场，陆上勘探市场份额连续17年稳居行业首位。

配合集团公司在乍得、尼日尔、中东等油气合作区取得了一系列重要发现和突破，为海外油气权益产量保持1亿吨以上提供了有力技术支撑。

全球物探市场占有率超过40%，海外建成七大生产基地，高端客户市场占比达70%；销售收入连续6年位居全球首位，成为全球唯一效益正增长的物探公司；陆上勘探实力稳居全球第一，海洋业务OBN战略全面落地，成为行业内最具竞争力的主要服务商。

面对前进道路上的"拦路虎"和事业发展中的"黑天鹅"，东方物探能够化危为机、弯道超车，依靠的是始终坚持党的领导、加强党的建设所赋予的强大力量；依靠的是中国特色现代国有企业制度的强大优势；依靠的是集团公司这一坚强后盾，是集团公司海外发展这一强大支撑；依靠的是石油精神和大庆精神铁人精神培育的队伍优势，是东方物探在每一次挑战中成长，在每一次危机中壮大，走进世界物探舞台中央的根本保证。

第二节 紧跟时代步伐，"一带一路"沿线树丰碑

作为跨国经营的国有企业，东方物探始终将高质量参与"一带一路"建设作为肩负的使命和重大责任，在"一带一路"建设中坚决贯彻党中央要求，用心践行新发展理念和丝路精神，用心研究了解沿线国家的政策、战略规划和民生需求，用行动落实"共商共建共享"原则。紧跟国家"一带一路"倡议步伐，按照"世界眼光、一流标准、石油特色、高点定位"要求，以高新技术为引领，以行业领先的HSE管理为保障，做到他人难以做到之事，做好他人难以做好之事，

成功运作了阿曼PDO、科西、阿联酋ADNOC等一个又一个"安全、高效、高技术、高标准、高质量"精品工程，在"一带一路"上打造一个又一个中国名片。

> **案例**

创新驱动，引领潮流
——阿曼PDO项目

阿曼PDO，是世界著名的高端石油公司，拥有项目启动高标准、生产运行高效率、人员素质高要求、队伍管理高难度的"四高"标准，是全球陆地物探作业标准最高的公司之一。东方物探2004年开始执行阿曼PDO项目合同。17年来，该项目打造出全球生产规模最大陆上地震队，生产日效、安全生产保持全球陆上物探队最高纪录。累计完成二维和三维项目共计41个，创造了连续16年3200万安全生产人工时无LTI的世界纪录，累计安全驾驶里程达6089万千米的物探行业世界纪录，成为中国石油海外作业队伍安全管理典范。

精细化管理，科学规范组织。东方物探在阿曼的发展，经历了3个阶段。2004—2008年为学习阶段，采用滑动扫描技术，每天工作10—12小时"阳光作业"；2009—2017年为快速发展阶段，采用同步滑动扫描技术，低频激发，开始执行24小时作业；2018—2020年为引领阶段，采用低频高效混采技术。采集设备数量从刚刚进入PDO市场时的5000多道增加到6万道，震源数量从11台增加到21台，队伍人数从不到200人增加到600多人。随着技术的不断进步和队伍规模的不断扩大，项目从HSE管理、设备管理、技术管理、人员管理、后勤管理等多维度夯实精细化管理，创新管理手段，创建了一系列严密、操作性强、针对性强、有特色的管理制度和作业程序，确保了安全高效生产。

创新驱动，高技术引领。阿曼PDO项目始终以客户需求为核心，从可控震源滑动扫描、DS3采集到超大道数超高效混叠采集，不断率先实现可控震源高效采集技术的升级换代，多次刷新行业日效记录。同时，项目在高效采集方法、近地表研究、非地震项目、前沿采集装备等多方位开展科研项目和试验，很多方法很快应用于公司其他国家和地区。同时也大力推动东方物探自主研发技术和软件应用，数字化地震队、GeoEast、KLSeis Ⅱ和推土机导航仪多项技术和产品等获得甲方高度认可。

阿曼 PDO 项目的成功运行不仅得到甲方的认可和高度评价，也多次得到阿曼政府的褒奖，先后被阿曼总工会授予最佳企业奖，被地方政府授予优秀环境保护奖。17 年如一日不断自主创新，项目成为东方物探国际业务的标杆工程，和甲方共同实现了风雨同舟、互利共赢的合作目标。

> **案例**

自主设备，全产业链条
——科西项目

科威特作为中东地区重要的物探市场之一，多年来一直被西方大物探公司长期垄断，同时也是东方物探国际业务重点开发的目标市场。

2017 年 12 月，东方物探在科威特市场以全部采用具有自主知识产权的 G3i HD 型地震采集仪器、SL-11 全数字地震检波器、INOVA AHV380 型可控震源、GeoEast 地震数据处理系统、克浪和绿山等地震采集设计软件成功中标"科威特西陆上三维勘探项目"，充分体现了公司国际业务一体化和全产业链条的独有竞争优势。科西项目的成功中标，迫使竞争对手不得不彻底退出科威特勘探市场。

上下同心，多方联动促启动。科西项目施工期从 2017 年 12 月 7 日到 2020 年 5 月 8 日，历时 884 天，东方物探从公司到国际勘探事业部，从科威特项目部到 9931 队，所有项目人员坚定秉承了 BGP 人勇于担当的先锋精神，在异域他国再次谱写了一曲曲艰苦奋斗、锐意进取、攻坚克难的新篇章。

项目启动后，公司总经理亲任"科西项目支持小组"组长，强力推动，统一协调，7 个月时间内顺利完成 23.4 万道采集设备的生产、发运、清关、组装、检测和调试，顺利完成项目设备和人员动迁。

并肩共进，抗洪救灾保生产。2018 年 11 月，科威特遭遇百年一遇的暴风雨，项目被迫停止生产。科威特项目部第一时间成立"党员突击队"，不等不靠，带领全体中外籍员工齐上阵，立即投入检波器等设备的抢修工作，并于 2018 年 12 月 16 日顺利恢复生产。

群策群力，创新创效创新高。推行"队经理轮值制度"，健全提高了队伍管理水平和生产组织能力；采用排列集中供电模式，完美解决阴雨天气排列供电问题，并实现降本增效；使用排列挖沟机，提高了大小线埋置的质量和效率。

严防死守，战疫情保生产。项目运作后期，新冠肺炎疫情突袭，科威特项目部在努力做好中外籍雇员的心理疏导的同时，完善新冠肺炎疫情防控措施，从"管好人、看好门、盯好车"三方面入手，保证了生产和队伍的稳定，实现了全体中外籍员工新冠肺炎疫情零感染。

科西项目生产和 HSE 业绩突出。2020 年 3 月 7 日创该参数下科威特地震勘探史上最高日效。至项目结束，实现累计 539 万安全人工时，连续安全生产达 658 天，实现了全体中外籍员工新冠肺炎疫情零感染。科威特项目部获得"中央企业先进集体称号"。

>> 案例

创新管理，超值服务
——阿联酋 ADNOC 陆上项目

2018 年 7 月 18 日，东方物探与阿联酋 ADNOC 签订 16 亿美元世界物探史上最大合同。在项目执行过程中，阿联酋项目部根据项目内外部的环境，结合项目运作中面对的实际问题，确立了"目标明、责任清、沟通好、执行强、敢担当"的十五字指导方针，以项目运作为核心，"属地管理、岗位责任制、RWP"三步工作法为抓手，自上而下塑造适合项目发展、具有阿联酋特色的质量、安全、文化、管理体系。

东方物探充分发挥国际业务一体化全产业链优势，人才、设备全球调遣，采用东方物探自主先进科技，为甲方提供超值精准服务。采用世界最先进地震采集系统、最优采集施工设计、最精细施工方案、在这片世界上最复杂、最具挑战的工区纵横驰骋,用最大的努力、最诚挚的行动为甲方提供最细微精益的服务。

勇担责任,为甲方提供超值服务。阿联酋项目部时刻不忘"精品工程"和"排头兵"责任,急甲方之所急,以高速反应,高新技术,高效实施,全方位满足甲方需求,为甲方提供超值服务,充分体现"一带一路"互利共赢的理念。两支陆上队凝聚来自20多个国家的2000多名中外籍员工,已完成12个区块的生产任务。为支持甲方个别区块加急勘探的需求,8615队仅用17天就完成了Mirfa项目施工任务;临时组建8601队,在不影响其他两支陆上地震队施工的前提下,斋月期间仅用20天完成Al Shuwaib项目,陆上最高日效超过2万炮。

安全绿色勘探,树立优质口碑。面对新冠肺炎疫情和油价的双重打击,阿联酋项目部超前谋划,以人为本,严字当头,科学防疫,坚决打赢新冠肺炎疫情防控阻击战和效益实现保卫战,实现"双胜利"。

阿联酋项目部连续获得来自甲方高层的赞誉,在历次阿联酋ADNOC高层现场访问、审计、考察中均得到了对于质量、安全、环保以及社会责任方面的积极、正面评价,两支地震队于2021年8月先后取得1000万和800万安全人工时无LTI的成绩。在当地市场和各社区树立了绿色勘探、安全勘探、高效勘探的市场口碑,极大支撑了极困难时期公司国际业务的可持续发展。

双方高层互致感谢信。2020年岁末,阿联酋ADNOC上游董事会执行总裁亚瑟·萨义德致信东方物探,对阿联酋项目部各方面的优异表现表示认可和感谢,对双方持续合作和项目承诺充满信心。

> 案例

规范管理,高质高效
——沙特阿拉伯S77项目

2015年,东方物探中标沙特阿美公司S77五年期三维高效地震采集项目,为公司在中东地区高端市场站稳脚跟,持续建设中东规模化生产基地发挥了承上启下的衔接作用。2020年，项目圆满结束，共计完成甲方布置的3个采集区域共计21个采集区块的施工任务，实现1446.5万安全人工时，安全驾驶旅程1910万千米。

上下齐心，组织有力，项目如期开工。东方物探高度重视，立即将S77项目列为"天字号工程"，成立项目支持小组，倾全公司之力，确保项目顺利推进。面对沙漠地区大规模三维高效采集项目和首次应用全新一代508XT采集仪器的挑战，沙特阿拉伯项目部和8628队始终秉承"高标准、严要求走出第一步；讲计划、重执行走好下一步；重细节、抓管理、走稳每一步"的指导思想，解决了队伍规模庞大、技术全新、员工来源复杂等一系列问题，最终满足了甲方所有的标准和要求，实现了如期开工。

群策群力，提质降本增效。面对沙特阿拉伯境内最为复杂的高差达150米的大沙无人区，8628队全体员工群策群力，通过转变室内炮点设计理念、拓宽推土机通道设计、更新炮点偏移规则、提前踏勘再次优化、最终通过论证获得批复等措施，保障了野外可控震源安全平稳生产，每天推土机实际投入数量比计划降低了30%，有效贯彻了项目提质降本增效的管理理念。

周密组织，完成长途搬迁。2019年12月，根据甲方总体规划，S77项目需转移至沙特阿拉伯中东部极端天气频发、地形复杂、后勤补给极为困难的KIDAN SW大沙漠新工区。8628队通过缜密计划、精心组织，仅用158个小时就完成了超大规模队伍400多千米的沙漠长途安全、高效搬迁，比甲方建议的方案提前3天顺利完成。

质量立身，突破多项技术发展。S77项目技术团队攻关《S77项目质控方法研究及软件开发》科研立项，实现508XT系统现场实时监控、海量SEGD3.0数据高效转储及质控、可控震源有线一致性方法探索等技术突破，先后有十多篇论文参加国内外技术交流、展会并在有关期刊发布，并成功申报多项软件注册权及专利，完善了公司两项技术标准。

严格规范，多项成果写进甲方标准。S77项目以先进的技术运用、合理的组织管理、优异的 HSSE 业绩、满意的产品质量赢得了甲方认可。在长达 5 年的施工过程中，S77 项目推出的各项特色管理制度、做法、文档不断被甲方收集、整理，并被推介到甲方公司内部和其他承包商学习借鉴，形成新的管理规范和标准，充分彰显了东方物探运作高端市场项目的能力和实力，推动着东方物探国际业务在高质量发展之路上砥砺前行。

> **案例**

独有技术，首战告捷

——印度尼西亚 Kalyka 井地联采项目

印度尼西亚 Kalyka 可控震源 + 井炮 +VSP 联采项目是东方物探首次在海外实施的井地联采项目，项目甲方为 Pertamina 公司，由印度尼西亚项目部 9721（震源、井炮）队和 2522（VSP 井中地震）队共同实施。

项目作业区块位于印度尼西亚油气工业最活跃的南苏门答腊省，是印度尼西亚国油所属重点油气区，勘探历史久远。最早的油井可以追溯到 20 世纪 50 年代，产量下滑，老油区增储上产迫在眉睫。东方物探印度尼西亚项目部紧盯甲方这一需求，以技术能力解决甲方实际存在的问题为导向，技术团队凭借扎实丰厚的井中地震知识，先后推演了各种数据处理算法，逐步形成了一套完整的井中地震数据处理解释技术序列，大大地提升了油田直接勘探开发的成功率。因此，甲方将此项目交由东方物探运作。这是近年来东方物探采用新兴方法在海外市场中标的最大的 VSP 项目，实现了第一个可控震源 + 井炮 +VSP 联采项目在印度尼西亚的捆绑式销售，开始尝试一种新的一体化运作模式。

打破魔咒，首战告捷，助力老油区"增储上产"。项目于 2018 年 11 月份启动，两支队伍精心计划、周密组织、科学施工，克服了南苏门答腊岛热带雨林雨季作业暴雨频繁、复杂的社区工农关系、外部环境和自然灾害等不可抗力因素、地形复杂队伍管理、生产协调等难题，同心同德，灵活沟通，无缝衔接，协同作战，实现第一次在印度尼西亚震源作业、第一次地面队和井下 VSP 队伍配合协调作业。项目历时77天，比甲方预计时间提前一个半月完工，安全、优质、高效地完成了项目作业任务，顺利通过甲方验收。打破了南苏门答腊省干不成地震项目的历史，实现了效率、安全、质量、声誉的"四丰收"，标志着东方物探以新方法为老油区进行"增储上产"二次勘探、进而拓展市场空间的这一组织模式的首战告捷。

案例

联姻合作，优势互补
——尼日利亚 OPL813A 项目

尼日利亚项目部 OPL813A 三维地震采集项目由 8636B 队和尼日利亚当地物探公司 IDSL 共同运作。东方物探提供技术、管理和部分关键设备，IDSL 提供负责野外施工现场具体实施。

工区位于尼日利亚高原州东南部和贡贝州交界处，靠近国家公园森林区域，多条河流蜿蜒穿过工区，丛林沿河分布，地形复杂多变。工区社区关系复杂，地方武装组织混乱，安保形势十分严峻。在安保形势严峻、新冠肺炎疫情爆发、油气行业持续低迷、甲方中途降价、雨季施工等重重困难面前，8636B 队勇担责任、直面挑战，始终脚踏实地抓好安全生产，严格管控"安全、安保、防疫、生产"四大关，不断完善远程监控手段，并做好后方支援，为赢得"安全、提质、降本、增效"的局面打下坚实基础。

创新安保管理，现场零中方人员作业。鉴于尼日利亚新冠肺炎疫情和安保形势的严峻性，为确保中方人员生命安全，东方物探充分利用和 IDSL 合作方的本土化优势以及 20 多年来培养出来的经验丰富、管理能力强的当地雇员，实施施工现场零中方人员管理模式。中方管理人员利用网络、电话等各种形式进行指导。2020 年 7 月 4 日项目测量开工后，8636B 队为保障安全生产、加强远程质量监控，在主营地建立卫星网络，通过社交软件工作群，实现信息实时共享，并加强与合作方、驻队甲监、队 HSE 部门的沟通交流。项目运作平稳顺利，同时培养了一大批忠诚于公司的当地雇员。

灵活组织，应对雨季施工困难。面对本年度雨季时间长，施工期间工区内沟壑纵横、遍地积水，排列被淹没，道路被冲毁，车辆和可控震源极易误车等诸多不利因素，8636B队不断加强野外踏勘力度，提前确认行车路线，调整施工顺序，提高施工效率，保障生产安全。对震源无法到达的困难区域采取井炮作业，并采取各种措施提高钻井施工效率。

营造安全文化，提高安全保障。在HSSE管理方面，着重加强培训检查和安全意识宣贯，营造安全氛围，创建安全文化，提高员工上报安全隐患积极性，并加强整改力度；在旅程管理上，通过IVMS车辆实时监控系统进行车辆旅程管理；加强DDC循环培训，大大提高了司机安全意识，极大程度避免了交通事故的发生。通过有效的管控，严格执行安全全员责任的要求，在不断恶化的新冠肺炎疫情和严峻的安保形势面前，严格执行国际勘探事业部新冠肺炎疫情防控政策和项目部防疫规定，通过与合作方、甲方密切合作，建立应急预案，强抓风险点管控，明确"员工个人是自身健康的第一责任人"，严格实行封闭管理和网格化管控。

高质量项目运作获得甲方"典范"评价。OPL813A项目安全作业230天，取得了零感染、零疫情，车辆安全行驶780100千米，安全运作115万工时无LTI的优异成绩，实现了"低成本高效率、安全生产、无事故"的项目运作目标管理成果。项目的高质量运作得到了甲方的高度肯定。甲方经理评价："很难置信你们能在这样艰苦的条件下完成了项目，你们了不起，你们让我看到了什么是合作的石油物探精神，这是尼中合作石油勘探的典范。感谢你们！"

通过与IDSL的合作，在国家"一带一路"倡议下，东方物探以和平合作、开放包容、互学互鉴的精神，实现了风险共担、互利共赢的合作目标。

东方物探"一带一路"精品工程的创建，在巩固自身全球物探市场优势地位和战略布局、促进自身科技进步和提高项目运作水平的同时，为甲方解决了勘探难题和"增储上产"的迫切需求；通过与当地分包商合作，带动了作业国相关产业的发展增长，每年雇佣上万名外籍雇员，提供了大量就业机会，培养了大批生产、技术、管理等各方面人才，促进了作业国的经济建设。

长期以来，东方物探在"一带一路"沿线60余个国家中的40个从事过经营活动，积极探索如何运用丰富的国际业务经验，支持建设"一带一路"倡议的实施，担当好国有企业的角色和使命。

第三节 共建共享共赢，世界舞台创品牌

一、实施跨文化管理，打造合金文化

"平等、尊重、沟通、和谐"的人文理念，被明确写入东方物探先锋文化体系中。在全面国际化发展实践中，公司坚持把打造文化软实力、强化文化融合作为重要举措，无论在哪个国家和探区，都始终坚持"以人为本"管理理念，吸收借鉴项目所在国和合作方文化精华，丰富海外特色内涵，培育中西融合的海外管理文化，将企业文化软实力转化为企业核心竞争力。

随着东方物探海外业务的不断发展，公司外籍雇员队伍规模也逐年壮大。员工来自世界各地，宗教信仰、风俗习惯、文化背景各不相同。东方物探采用多种方式、主动加强与外籍员工的文化沟通，加深理解，加快外籍员工对中国企业文化的认识、认知和认同，以开放包容的心态尊重本土文化，减少文化冲突。

充分尊重所在国宗教文化信仰，是培育中外员工文化认同的前提。在中东地区，公司尊重伊斯兰教国家雇员的宗教信仰，在每阶段的施工计划中，都为信教雇员留出祈祷时间，并在营地专门开辟场地、铺设礼拜用地毯。

阿曼项目部还专门投资为伊斯兰教雇员建立了宽敞舒适的清真寺，在每天外籍雇员的早茶时间，队上免费为他们提供糖、牛奶和鱼罐头。在尼日尔，公司每次在建立营地时，都要设立专门的礼拜区。当地雇员阿里说："地震队领导尊重我们的宗教信仰，我们在斋月不能在白天吃饭，为保证我们的体力，领导

会缩短工作时间,提前结束工作。"

中方员工也充分尊重当地风俗习惯,自觉不吃忌讳食品,不喝带酒精的饮料。每到伊斯兰教开斋节和宰牲节两个重要节日,中方人员都会带上礼品向伊斯兰教雇员表示祝贺,为他们准备节日福利。

"用优良的营地环境留住人,用和谐的工作环境培养人"的理念,让中外雇员倍感温暖,团结、融合了广大外籍雇员。施工中,巴方雇员都喜欢自己的传统服装,传统服装比较宽松,在当地炎热的气候环境下穿着舒服透气。为此,公司专门按照巴方传统的服饰制定了工作用的"巴服"。在放线班、后勤等一些安全许可的岗位,他们穿着巴服轻松愉快地工作,而且,不少中方人员也穿这种巴方的服饰,一起工作生活,拉近了彼此的距离,更显得亲近与和谐。

巴基斯坦放线班班长塔莱克的母亲重病在床,而塔莱克由于工作忙,不能回去探望。队领导得知消息后,立刻与队医来到塔莱克家中探望并为塔莱克的母亲看病。塔莱克激动地说:"BGP太好了,我愿意一辈子都在BGP工作。"

东方物探的做法处处彰显对外籍员工的平等、尊重和关爱关怀。对外籍员工的问卷调查中显示,93%的BGP外籍雇员感到自己的宗教和风俗习惯在东方物探得到了尊重;96%的人对于在工作和生活条件表示满意;90%的人为自己在东方物探工作而感到自豪。

"中高级管理人才国际化,操作骨干本土化"是东方物探"本土化"建设的核心思想。公司致力于完善全球化选人用人机制和方式,加大全球化人力资源开发力度与资源共享,为海外业务的快速、规模、有效、可持续发展提供强有力的人力资源保障。制定完善了《外籍雇员管理指导方案》《本地化人力资源政策》《外籍雇员流动支持管理办法》等一系列制度文件。

同时在海外6个国家建立了外籍雇员培训中心,培训外籍骨干雇员3000余人,200多名外籍雇员实现了跨国工作。东方物探还建立了外籍雇员"星级员工"评比制度,将优秀雇员纳入公司表彰序列,邀请五星级员工来中国总部受表彰,接受培训,参与座谈,听取他们对公司业务发展的意见和建议。星级员工阿萨德说："东方物探不光给了我饭碗，还给了我很多信任和希望，东方物探是我的第一个选择，也将是我唯一的选择。"

在一系列政策资源的实施保障下，公司海外"操作骨干本土化"得到有力实施，人员本土化率达到90%以上，尼日利亚、巴基斯坦等国家部分作业区域员工本土化率达到100%。

公司在阿曼已连续运作17年，在8622队，阿曼籍雇员从副队长到班组长、从管理岗位到技术岗位比比皆是。项目珍惜人才，不分国籍大胆使用人才，唯才是举，价值激励，尊重沟通，情感共融，形成了互相理解、互相包容的良好氛围，从而使整个项目运作更加流畅、高效，工作流程更加有序，不但增强了队伍的战斗力、凝聚力和团队绩效，也在赢得各方满意度的同时提升了队伍的知名度和国际形象。8622队旅程管理经理阿卜杜勒说："我们就像是一只手掌上的5根指头。在阿曼，不管你是阿曼人、中国人、巴基斯坦人，还是印度人、欧美人，都一视同仁。"

二、大爱无疆，彰显负责任大国企业形象

在多年的海外跨国经营中，东方物探始终坚持合作共赢的理念，大力践行以和平合作、开放包容、互学互鉴、互利共赢为核心的丝路精神，积极推动一带一路沿线作业国家经济发展，履行社会责任，为当地社会提供最好的技术和服务，创造了良好的社会经济价值，促进驻在国家和地区的社会繁荣，树立了中国企业的良好形象。

在各海外国家从事生产经营活动同时，项目人员都会主动联系拜访当地政府和社区，加强与社区居民的沟通交流，增进认识理解，协助其建设民生项目，参与文化、卫生、体育等基础设施建设，努力改善当地居民生活条件。

在西非尼日尔、乍得等国家，针对当地社区民众生活水平低下，缺少基本医疗保障等困难，项目人员定期组织队医为社区居民提供医疗义诊服务，5年间接诊救治当地居民400余人次，解除了很多居民的病痛折磨。

尼日尔项目作业区周边沙漠的一个村庄由于一年没有下雨，水窖里储水都用完了，当地百姓苦不堪言。项目部了解情况后立刻通过物探技术为村民找水打井，并派遣车辆为村民送水，解决了居民吃水难问题，得到了当地政府和百姓的感谢和支持。

在积极建设民生项目同时，也力所能及地参与和支持所在国公益和慈善事业。墨西哥项目部为了救助当地流浪及生活困难儿童，组织中外籍员工，连续两年参加当地基金会慈善足球联赛。通过比赛，不仅为社区特殊教育学校的残障及困难学生募集善款，也让更多的孩子享受到更加健康、快乐的生活，得到了当地员工和社区的高度称赞。

巴基斯坦2006年发生大地震后，东方物探第一时间把帐篷、药品、食品运到灾区，并组织员工捐款。一天时间，捐款就达100万卢比，约合1.6万美元。时任巴基斯坦政府总理的阿齐兹专门接见了公司员工，他说："你们在灾区像志愿者一样给予的帮助和支持，使我们感激不尽，愿中巴两国友谊长存。"

大量社会公益性投入，改善了资源国人民生活，密切了公司与政府和群众的关系和友谊，获得各界高度评价。公司影响力越来越大，知名度、美誉度越来越高，营造了业务和谐发展的优良环境。

公司在驻在国广泛开展业务合作，促进带动了当地勘探、钻井等石油相关产业的发展，大力推进本土化用工政策，积极为所在国创造和提供就业机会，为所在国培养和输送管理和技术人才。

在阿曼，东方物探为来自中国、阿曼等十几个国家的1000多名雇员带来更多职业发展机会，并有5000多阿曼本土人员间接受惠，为中阿经济共同繁荣做出了贡献。

在土库曼斯坦，东方物探每年为当地居民提供500～1000个就业机会，并培养了一批懂生产、懂技术、懂管理、懂安全的业务人才，并帮助许多人实现了到中国留学的梦想。

在伊拉克，东方物探为伊拉克政府成功运作了战后第一个地震勘探项目——伊拉克绿洲项目，坚定了政府战后重建的信心，为饱受战争创伤的伊拉克当地居民提供了就业机会，为恢复伊拉克石油工业做出了贡献。

在埃及，东方物探成功运作了埃及历史上第一个在大面积盐沼地区实施的三维项目。为埃及西部沙漠勘探开发攻克了最后的难点，激发和带动了埃及西部沙漠地区勘探热潮。

东方物探积极开展文化交流与合作，讲好中国故事，传播中国声音，提升企业品牌形象和国际影响。

公司一名在尼日利亚工作了 12 年的项目经理主动融入当地社区，与当地人交朋友，推进民心相通，赢得了当地政府和社区人民的信任与尊重，被加冕为尼日利亚阿穆马拉部落酋长，成为第一个成为酋长的中国石油人。

伊拉克北项目部邀请 20 多名库尔德斯坦大学石油工程专业学生到队开展参观实习，传播公司企业文化和全球作业故事，促进了文化交流，使参观学生对地震勘探有了更深认识，并对东方物探产生浓厚兴趣和深刻印象。

2017 年 11 月，摩洛哥最具影响力的《摩洛哥观点报》(《L'Opinion》) 上刊发了题为《Un Différent BGP》(不一样的 BGP) 的新闻报道，介绍了东方物探作为中国国有企业和中国石油勘探先行者，高度尊重、融合当地文化，积极履行社会责任，造福当地民众的事迹，得到了摩洛哥政府、各媒体及社区民众的高度关注与良好反响。该报道被国务院国资委新闻中心评为"2018 国有企业海外传播好新闻奖"。

阿曼项目部由于优良的社企表现，荣获了由阿曼最具权威杂志《WORKER》颁发的首届阿曼苏丹国当地贡献及工会建设突出贡献奖，该奖项由阿曼皇室组织评选，由阿曼国王卡布斯授权颁发，是公司海外获得的优秀社企表现最高奖项。

第五篇 人才强企，厚植高质量发展优势

登高望远，才能看到更美的风景，
不拒细流，方可汇成浩瀚的汪洋，
舞台成就梦想，
旗帜指引方向，
在平凡中铸就非凡，
在荣光中创造荣光。

第五篇

习近平总书记强调，人才是第一资源，是富国之本、兴邦大计。

石油地球物理勘探，在异常艰苦的自然环境中，依靠先进科学技术寻找地下油气资源，属于知识技术密集型行业，因而人才就尤为关键和重要。长期以来，东方物探面向国家能源安全需求和找油找气主战场，把人才强企摆在突出的战略地位，全面推进人才队伍建设，持续深化"三项制度"改革，健全完善"生聚理用"人才发展机制，形成了更加积极、更加开放、更具吸引力的人才政策环境和制度优势，人才工作取得丰硕成果，建设锻造了政治坚强、本领高强、意志顽强的干部队伍，科技领军人才队伍不断壮大，技能人才和国际化人才队伍建设成效显著，营造了创新性良好人才生态环境，形成了企业依靠人才持续发展、人才依靠企业快速成长的生动局面，有力地推进了企业高质量发展。东方物探先后被国务院国资委授予"深化人才发展体制机制改革示范企业"，被科技部授予"国家引才引智示范基地"。

进入新时代，东方物探深入贯彻落实习近平总书记关于组织人事和人才工作的指示批示精神，坚持党管人才原则，牢固树立"以人民为中心"的思想，以人的全面发展、提升人才价值为目标，激发人才活力，提升人才效能，以人才优势构筑竞争优势和发展优势，开启了人才强企、人才兴企的崭新篇章。

第一章
构筑高地，建设"三支人才"队伍

东方物探认真贯彻落实党中央决策部署和集团公司党组安排，紧跟集团公司人才强企工程战略部署，以全球化视野和开放的政策机制，树立全新的人才发展观，大力建设"三支人才"队伍，着力构建世界一流创新型企业物探人才新高地，以强劲的人才实力和优势，引领和推进企业在迈向世界一流征程中阔步前行，行稳致远。

第一节 坚持党管干部党管人才，深入推进人才强企工程

当今时代，企业竞争实质上是人才的竞争。东方物探党委始终坚持"没有人才一切归零"的理念，在公司发展的任何历史时期，都坚持把干部人才建设摆在突出位置，尊重人才、爱护人才、成就人才，用全球视野、战略眼光审时度势，谋篇布局人才引进、培养、使用发展蓝图。特别是近年来，公司围绕推动高质量发展和率先打造世界一流企业目标，坚持党的领导、加强党的建设，坚持问题导向、系统思维和开放思想，全面推进实施人才强企工程，创新人才体制机制，统筹国内和国际、科研与生产等各方面人才，深化管理、技术和技能"三支人才"队伍建设，为建设基业长青的世界一流地球物理技术服务公司提供坚实的人才支撑。

一、坚定政治方向，树牢人才强企战略思想

战略事关一个企业的生存和发展，加强企业人才工作和实施"人才强企"战略，是做强做优做大国有企业、提升企业竞争力的重要举措。

在锚定建设世界一流地球物理技术服务公司的发展进程中，东方物探党委深入贯彻习近平新时代中国特色社会主义思想，深刻领悟总书记关于干部人才工作的重要论述，以新时代人才强国战略指导公司人才工作，全面贯彻新时代党的组织路线，始终坚持党管干部、党管人才原则，贯彻落实集团公司党组决策部署，树牢"创新是第一动力、人才是第一资源""奋斗成就价值、企业造就人才"的理念，深入推进人才强企工程，健全干部"选育管用"机制，创新人才"生聚理用"发展机制，坚持重基层、重实践、重业绩、重担当的人才导向，不拘一格引进人才、培养人才、使用人才、成就人才，积极构建"企业依靠人才发展、人才与企业共同成长"的发展格局，打造政治坚强、本领高强、意志顽强的领导干部队伍，建设管理、技术和技能"高精尖缺"人才队伍，推动履行找油找气责任使命，保障国家能源安全。

二、全面科学谋划，深化人才强企顶层设计

面对百年未有之大变局和能源行业转型升级，不论内外部形势如何变化，企业面临的挑战如何严峻复杂，人才队伍建设始终是推进企业高质量发展的基础性、战略性、决定性因素。东方物探党委始终把人才强企作为长期战略，高站位谋划，立足当下兼顾长远，专门成立了以党委书记为组长、党委班子成员组成的人才工作领导小组，强化对人才工作的指导和领导。

1. 坚持把党的政治建设摆在首位

公司各级党委自觉把旗帜鲜明讲政治全面融入人才工作，在选聘培养干部人才中，坚持以政治标准、德才兼备和爱国爱企作为重要条件，确保各类人才在政治上站得稳、靠得住、信得过。注重强化干部人才政治学习，提升政治能力，广大干部人才树牢"四个意识"、坚定"四个自信"、做到"两个维护"。

2. 坚持战略性前瞻性研究

公司系统谋划中长期人才发展规划，专题召开以率先打造世界一流为主题的战略研讨会，提出以"一流人才"建设为主要内容的"六个一流"关键指标，专门召开以人才强企为主题的领导干部大会，对人才工作做出系统性、制度性安排，完善制度机制和管理办法，大力推动管理、技术和技能人才队伍建设体制机制改革，及时破解人才发展制度性障碍，以创新思维为人才发展"破冰"。

3. 坚持人才强企技术立企

作为全球最大、综合实力排名第一的地球物理技术服务公司，东方物探始终把人才资源作为企业创新活动中最为活跃、最为积极的因素，把技术创新当作企业生存与发展的源泉。通过高素质专业化人才的智慧贡献，打造形成具有自主知识产权的物探核心软件、核心装备、核心技术三大勘探利器系列，提升公司核心竞争力、品牌影响力和行业话语权，推进高水平科技自立自强，把东方物探建设成为世界一流创新型企业的物探人才新高地。

4. 坚持聚天下英才而用之

瞄准率先打造世界一流，坚持用国际化思维、全球化眼光推进人才强企工程，深入实施人才优先发展战略，弘扬"以奋斗者为本"的理念，遵循市场经济规律和人才成长规律，不唯地域引进人才、不求所有开发人才、不拘一格用好人才，积极探索建立有利于人才价值创造的体制机制，营造适合人才发展的工作环境和人文氛围。坚持念好高层次人才"引、留、用、创"四字经，用行动诠释"生聚理用"科学内涵，持续打造品德高尚、技术精湛，具有国际知名度和行业影响力的物探技术专家团队。大力推进领军人才培养工程，全方位设计国际化人才培训培养体系，建设具有跨国公司、跨文化经营管理能力和国际竞争力的人才梯队。积极搭建平台、扩宽渠道、按需引进、才尽其用，大力推进员工本土化和国际化，打造了全球最具竞争力的地球物理技术服务公司。

三、系统推进实施，构筑世界一流物探人才新高地

推动企业高质量发展，既离不开懂经营、善管理的经营管理人才，也离不

开肯钻研、勇创新的专业技术人才，更离不开能吃苦耐劳、技艺精湛的技能操作人才。东方物探创新"生聚理用"人才发展机制，突出政治标准，提升能力素质，优化队伍结构，健全体制机制，持续强化管理、技术和技能"三支人才"队伍培训培养，努力打造一支适应公司国际化发展需要的干部人才队伍，为率先打造世界一流提供人才保证。

1. 大力建设"三强"干部队伍

认真贯彻习近平总书记关于好干部"五条标准"和国有企业领导人员"二十字要求"，坚持把打造政治坚强、本领高强、意志顽强的"三强"干部队伍作为重要标准，抓选配、重培养、强锻炼，干部队伍的政治判断力、政治领悟力、政治执行力，系统思维、统筹驾驭、狠抓落实的能力以及勇于变革、永葆激情、廉洁从业的能力不断提升，健全完善选人用人机制，加大培养交流力度，强化从严监督管理，一批优秀领导人员和年轻干部得到提拔重用，建成一支由 294 名二级正副职、1939 名三级正副职干部组成的干部队伍，各层级领导班子整体功能进一步增强，展现了党员干部新时代新担当新作为。

2. 大力打造领军人才队伍

注重在创新中发现人才、在创新中培育人才、在创新中凝聚人才、在创新中成就人才，为人才创造价值搭建更广阔的平台，充分激发高层次人才爱国奋斗、干事创业激情。深入推进人才工程示范引领，持续完善人才成长通道及配套政策，一批高层次领军人才迅速成长，树牢"不求所有，但求所用"理念，依靠独特的国有企业制度优势，放眼全球吸引人才，不唯地域、国籍和肤色识才引才用才，落实高层次人才引进"引、留、用、创"要求，面向全球先后引进一大批急需的"高精尖缺"人才，率先建立专家、科技带头人等专业技术序列，形成了以 1 名院士、5 名院士工作站院士、22 名海外高层次人才、13 名首席技术专家和 73 名高级技术专家、258 名一级工程师领衔的 6700 多人组成的技术人才队伍，7 人被列为石油科学家人选、34 人被列为科技英才培养计划，为公司打造了具有一定规模质量和活力动力的科技人才队伍。

3. 大力培育技能专家人才队伍

弘扬"工匠精神",坚持创新创效导向,围绕生产难点、技术瓶颈问题进行攻关,大力开展各层级技能人才培训和创新大赛,积极创建一线技能人才创新工作室,推动高技能人才增强"匠心",在企业建设中建功立业。打造了一支由2名石油名匠、4名集团公司技能专家、23名公司技能专家、23名首席技师、221名高级技师和558名技师组成的技能人才队伍。公司建成集团公司级技能专家工作室3个、公司级技能专家工作室4个,创新工作室48个,为各类人才营造了"人尽其才、人事相宜"的良好发展环境。

4. 大力建设国际化人才队伍

牢固树立"人才引领发展战略地位"思想,突出人才国际化步伐,紧紧抓住国家引才重大机遇,面向全球引进海外高层次人才加盟,大力营造"政治上充分信任、思想上主动引导、工作上创造条件、生活上关心照顾"的氛围,激发海外人才创新创造活力,推进公司自主核心技术突破速度加快,行业竞争力和品牌影响力显著提升。主动适应国际业务发展需要,大力推进员工本土化和国际化,依托巴基斯坦、沙特阿拉伯、苏丹等6个当地雇员培训中心加强海外员工培训培养,把大庆精神铁人精神发扬在海外,建成了一支2400余人中方员工、15000人外籍雇员组成的国际业务团队,海外项目员工本土化率达到90%以上,为提升BGP国际地位和业界影响力,助推公司成为地球物理服务承包商全球知名品牌,形成了公司独特的竞争优势。

四、突出质量成效,彰显人才队伍价值创造

优秀的人才是实现企业战略目标的基础,也是企业持续发展的强大动力。东方物探深化人事、劳动、分配等"三项制度"改革,创新实施岗位分级分类管理,多措并举严控用工总量,健全考核激励保障措施,不断完善差异化绩效考核机制,为推动人才引进和创新管理搭建了新的广阔平台,人才价值得到充分彰显,以强大人才优势支撑引领世界一流地球物理技术服务公司建设。

1. 推进企业迈向高质量发展之路

按照集团公司统一部署，全面完成了物探专业化重组，实现了物探"大团圆"；坚持刀刃向内深化改革，大力推进内部组织机构整合，完成机构分级分类改革，健全完善市场化机制，实施任期制和契约化管理，积极推进企业治理体系和治理能力现代化，企业发展的动力活力显著增强。坚持先行先试、管理模式再造和业绩导向，全面完成专业技术岗位序列改革，打通干部人才序列转换通道，专业技术人员真正实现技管分离，激发专业技术人才创新创效活力。面对持续低油价和新冠肺炎疫情严峻挑战，公司在行业低谷期，销售收入连续6年位居全球首位，经营业绩创历史最好水平，公司国际竞争力、品牌影响力、行业地位大幅提升，参与全球物探行业规则制定，连续评为集团公司A级企业和一级一类企业。

2. 引领科技自立自强和世界一流企业建设

正是广大科技人才围绕油气田勘探难题，瞄准物探技术前沿，矢志创新、接续奋斗，才突破了西方国家的技术封锁，打造形成了具有自主知识产权的物探核心软件、核心装备、核心技术三大勘探利器系列，以GeoEast为代表的13大核心物探软件、以eSeis节点、EV56高精度可控震源等为代表的12大物探核心装备、以"两宽一高"地震勘探等为代表的12大一体化配套与特色技术，为公司高质量发展注入了强大动力。公司整体技术水平达到国际先进，核心竞争力、品牌影响力和行业话语权进一步提升，为公司率先打造世界一流创造了条件，全面助力油气田公司增储上产，公司在集团公司国内外重大油气发现参与率始终保持100%，OBN海洋勘探排名全球第一，国际高端物探市场占比达80%以上，2020年东方物探位列中国能源企业创新能力百强榜单第三位，连续18年全球陆上勘探排名第一、连续6年全球物探行业综合实力第一，全面开启率先建成世界一流地球物理技术服务公司新征程。

第二节　创新体制机制，激发人才最大效能

习近平总书记强调，人才资源是第一资源，也是创新活动中最为活跃、最为积极的因素。没有人才优势，就不可能有创新优势、科技优势、产业优势。

东方物探积极推进体制机制改革和政策创新，牢固树立科学人才观，引进高端人才、挖掘本土人才、培养现有人才，积极创新人才工作机制，大力实施人才强企工程，逐步建设了一支结构合理、素质优良的人才队伍，为公司高质量发展提供人才保障。

一、坚持党管人才，深化人才工作运行体系

始终把加强制度机制建设作为深入实施"人才强企"战略的基本前提和根本保障，坚持党管人才原则，创新人才工作机制，编制公司人才发展规划，制定出台人才工作的一系列文件，进一步完善人才工作政策体系。形成了统分结合、上下联动、协调高效、整体推进的人才工作良好氛围。加强青年科技英才培养，大力开展"揭榜挂帅"，采取项目聘用、兼职、合作等柔性引才，借助北京、成都和休斯敦等研发中心的区位优势，增强对高层次人才的吸引力，打造全球物探高端人才的聚集地。

二、突出"三项制度"改革，创新人才体制机制

坚持把深化改革作为关键一招，大力推进"三项制度"改革，全面完成组织机构分级分类管理，"十三五"以来累计减少二三级机构291个、减幅23.6%；成立地震仪器研发中心、油气风险合作项目部，整合井中业务资源，有力支撑了技术创新和业务发展。完善薪酬分配激励政策，强化效率效益分配导向，建立提质增效考核机制，薪酬分配加大向科研、关键业务、基层一线倾斜力度，公司全员劳动生产率提高了8.7%，各级各类人才创新创效积极性得到有效发挥。

三、优化组织模式，提升生产管理效率

按照集团公司企业机构改革指导意见，在优职能、控机构、减编制、压层级等方面集中施策，优化公司机关和各单位机构设置，扎实开展两级机关"三定"工作，推行"大部制""大岗位"改革。"十三五"期间，通过撤销机构、压缩层级、降低规格、内部机构整合等方式，先后撤销境外6个地区经理部和"国管国"的管理层级，撤销3个公司直属机构，降低6家二级单位下设机构规格。全面推行组织机构分级分类动态管理，取消机构行政级别，机构、编制、职数均得到有效控制。

四、推进薪酬考核分配，突显激励约束作用

形成市场化、差异化的分配机制，构建丰富多元的激励体系，树立价值导向的考核分配理念，建立配套的考核分配政策。在薪酬分配中，坚持以价值创造为导向的薪酬分配市场化改革方向，完善与单位经济效益和劳动生产率强相关、强挂钩的工资总额决定机制。持续规范薪酬分配秩序，理顺分配关系，持续搞活奖金内部分配，通过调整提高地区津贴、一线上岗津贴标准，不断加大向科研和野外一线骨干倾斜力度。"十三五"期间，公司员工收入随效益稳步增长，人工成本得到有效控制，员工薪酬福利水平稳中有升。

五、立足全球化发展，壮大国际化干部队伍

东方物探作为国际化大公司，树立大视野，高瞻远瞩，统揽全局，在海外业务起步阶段，抽调年轻干部集中脱产培训，公司年轻干部国际化水平大幅提升。开展裂变式、订单式培养，与中国石油大学（北京）、西安石油大学等高校联合举办国际化人才培养班，113名联合培养生被直接引进到公司海外项目，大大缩短了国际化年轻干部培养周期。引进50余名海外高层次人才，推动公司业务重大突破。海外高层次人才加盟公司后，攻克了沙特阿拉伯过渡带节点资料处理解释的世界级难题，为公司中标2.35亿美元的沙特阿拉伯S78项目发挥了重要作用。在海外尤其是"一带一路"沿线国家培育了大批技术管理人才，带动沿线20多个国家9万多人就业，促进了油气勘探、经济繁荣和社会发展，

树立了良好的国际形象。

东方物探一系列人才体制机制的创新，营造了人岗相适、人尽其才的良好环境，干部队伍能力素质不断提升，"三支人才"队伍素质全面加强，有力激发了全体干部员工干事创业的动力和创新创造的活力，形成了"千里马"竞相奔腾的局面。

>> 案例

"四个坚持"推进专业技术岗位序列改革

2018年6月，东方物探圆满完成10名首席技术专家首次选聘工作，东方物探专业技术岗位序列改革迈开了坚实的步伐。

按照集团公司要求，东方物探率先在集团公司生产工程技术岗位开展专业技术岗位序列改革试点，探索方式方法，创新体制机制，致力于构建公开、平等、竞争、择优为导向的科技人才岗位选聘体系。

东方物探科学运筹，稳步推进，成立了专业技术岗位序列改革工作领导小组，按科研、生产技术岗位整体推进的思路，全面安排部署启动改革工作。专业岗位序列改革旨在建立符合层级专业技术工作特性和专业技术人员特点的考核评价体系，将考核结果作为专业技术人员岗位变动和薪酬调整的依据，实现岗位能上能下、薪酬能增能减的动态管理。

坚持有破有立思维，确保充满活力。 东方物探在继承和保持以往专业技术人才队伍建设成功做法的基础上，大刀阔斧推进专业技术岗位序列改革，不断激发科技人员的创新创造活力，加快高素质人才队伍建设。

东方物探成立由党委直接负责的改革领导小组，全面负责改革方案制定，统筹协调解决影响改革过程中的制度性问题，确保改革有序推进。东方物探制定管理、技术、技能人员的岗位转换机制，明确在满足岗位任职条件前提下，不同岗位人员可以在各岗位序列间进行转换，鼓励专业技术人员根据自身特点选择职业发展通道。在首次改革过程中，公司有22名处级和329名科级干部主动放弃行政职务选择了专业技术岗位，全身心投入科研工作中。同时增设破格选聘窗口，对特别优秀的青年技术骨干设置破格选聘绿色通道，有6人被破格聘任到高级技术专家岗位，66人被破格聘任到一级工程师岗位。

坚持"过硬"标准，确保德才兼备。 坚持政治过硬，突出技术人员政治素质，加强对专业技术人才，特别是首席技术专家、高级技术专家岗位人选职业道德评价，切实把对党忠诚、对企业忠诚和品行高尚作为岗位选聘前提条件。坚持技术过硬，对每个岗位进行认真细致的岗位描述，明确选聘基本条件、岗位职责和岗位目标，切实把专家岗位从荣誉称号回归到岗位本身。坚持能力过硬，把职称和工作经历作为参评的基本条件，把个人能力和工作业绩作为核心要素，淡化论文分值，增加"行业影响力""市场培育""靠前技术支持"等关键评价指标，同时强调业绩、成果、论文等的3年时效性，促进专业技术人员的持续创新创效能力，建立了以能力和业绩为核心的评价体系。

坚持公平公正原则，确保人岗匹配。 由于改革政策性强、涉及面广，东方物探坚持公平公正公开开展专业技术岗位考评。突出量化评分，考评坚持定性与定量相结合，以量化评价为主，通过现场答辩、综合评议、量化赋分、差额投票等环节进行考评，保证了考评的客观性。优化考评规则，在首席技术专家岗位人选考评中，邀请全球知名专家、油公司物探专家担任评委，增强了考评的权威性。在高级技术专家考评中，按照专业分三个小组进行考评，对评分结果进行加权平均，确保了考评的公平性。加强过程监督，公司和二级单位纪委对考评进行全过程监督，选聘结果在网上进行公示，群众满意度达到了100%。

聘任并不意味着进入了"保险箱"。东方物探对专业技术人员实行定期考核，将考核"危机感"化为工作"动力源"，真正激发技术人才动能和智慧。考核分为年度绩效考核和任期综合考核，年度考核重点为履职情况、工作业绩等，实行百分制，并公布考核结果。任期考核重点对工作业绩和任期能力进行考核评价。考核结果按照得分高低分为A、B、C、D、E五档，年度考核结果主要作为调整岗位工资档次和兑现绩效的依据，任期考核结果作为岗位续聘、解聘或调整的重要依据。专业技术岗位实行聘任制管理，每任期为3年，各层级岗位任期满，根据考核结果组织新一轮岗位选聘。

坚持能上能下，确保才尽其用。 推进技管分离，按照"技管分离、权责明晰"要求，建立行政负责和专家把关相互协调，生产管理与技术引领有效协同的工作机制，在各个技术领域形成了一支以专家岗位人选为领军人才的高素质专业技术人才队伍。落实福利待遇，建立了专业技术岗位薪酬体系，真正把薪酬待遇向技术骨干岗位倾斜落到了实处。加强聘后考核管理，制定首席技术专家岗位管理实施细则和高级技术专家及以下岗位管理制度意见，保证各级专业技术岗位人员有效开展科研生产工作，充分发挥自身动能与活力。制定实施专业技术岗位考核办法，建立各层级岗位动态管理平台，真正做到了动态管理。

东方物探通过推进专业技术岗位序列改革，实现了管理序列和技术序列的彻底分离，为技术人才的晋升开启了一条全新的通道，有效地激发了技术人员的创新热情和创新活力。

>> 案例

完善绩效考核办法，实现优绩优酬

在知识经济时代，薪酬管理越来越成为人力资源管理的重要部分，它对激励员工、提高企业的竞争力有着极其重要的作用。

东方物探按照集团公司绩效考核要求，始终坚持效率效益导向，坚持工效挂钩和重点激励相结合原则，完善绩效考核办法，改进绩效考核方式，科学设置不同岗位的关键考核指标，强化正向激励导向，在经济效益增长的同时实现职工收入同步增长，在劳动生产率提高的同时实现劳动报酬同步提高，使广大职工进一步焕发劳动热情、释放创造潜能，增强获得感、幸福感。建立领导人员和职工工资发放进度与单位效益、经营指标完成进度挂钩联动等激励机制有效传递生产经营压力，引导各级领导干部和广大员工更加关注效益贡献。

针对员工激励政策，东方物探改进工资分配机制，细分高效、盈利单位与低效、亏损单位，拉大绩效差距。进一步完善员工激励政策，加大收入分配向紧缺人才、野外生产科研一线及靠前服务人员倾斜的力度；建立以创造价值为衡量标准的各类人才评价体系，积极探索对各类人才进行有效激励的途径和方式；加强企业年金制度研究，把员工个人利益与其对企业的贡献度或经济效益紧密联系起来，吸引和留住人才，稳定员工队伍，增强企业的凝聚力和竞争力。设立奖励基金，重点奖励对公司市场开发、科技创新、提质增效做出重要贡献的单位和个人，特别要对主要贡献者进行重奖。

为了充分发挥好激励指挥棒的作用，东方物探在薪酬管理时遵循了两个原则：一是薪酬制度体现"两个倾斜"。向关键岗位、一线艰苦岗位的倾斜力度。对前后方收入分配进行重大调整，合理拉开一线与后勤、机关与基层的分配差距，从而保持了科研岗位的稳定，增强了科研创新的动力；转变了管理人员多、一线基层人员少的局面，实现了人力资源结构的平衡。二是奖励制度侧重"四种典型"。加大对典型榜样的选树范围和奖励力度，提升引领示范的作用。侧重对"四种典型"表彰，注重在基层、一线艰苦岗位、生产保障、服务岗位选树典型，对始终默默耕耘在艰苦岗位上的、有重大创新性贡献的员工给予重奖，并为青年员工设立专奖，推动员工由单纯的薪酬满足向自我价值实现满足转变，更好地激发员工的创造力和执行力。

通过重构配套的薪酬分配体系，广大干部员工的积极性、创造性不断被激发，形成了"能者上、平者让、庸者下"的正确导向。

>>> **案例**

推行任期制和契约化管理，提升企业治理水平

习近平总书记指出，国有企业是中国特色社会主义的重要物质基础和政治基础，是党和国家最可信赖的依靠力量。作为市场主体的国有企业，必须加快治理体系和治理能力现代化建设，建立科学系统的国有企业治理结构，更好地

履行国有企业社会责任。

东方物探积极贯彻落实国家关于深化国有企业改革的决策部署，按照集团公司推行任期制和契约化管理要求，2021年8月公司专门制定下发了《任期制和契约化管理实施方案》和《任期制和契约化管理实施办法》，拉开了推行任期制和契约化管理的序幕。

实行契约化管理，就是通过规范契约，履行契约，建立覆盖中层领导人员、突出经营业绩、突出刚性奖惩的"新型经营责任制"，引导领导人员树立责任意识、效益意识，积极应对各种风险挑战，努力实现更高质量、更有效率、更加公平、更可持续、更为安全的发展。

"任期目标如何确定？""岗位聘任协议和工作业绩责任书怎么签订？"面对干部职工的困惑，公司专门组织召开任期制和契约化管理专题推进会，促进各级领导干部深入学习国资委以及集团公司关于任期制和契约化管理的有关政策精神与部署要求，廓清干部职工思想上的疑惑。

"多劳多得，优绩优酬。"这是实行契约化管理改革最鲜明、最直接的体现。广大干部没有了思想上的包袱，政策推行就顺风顺水。按照集团公司制定的"路线图"，东方物探结合公司实际制定"施工图"，按照"权责对等、市场导向、客观公正、统筹配套、务实高效"的原则，在所属二级单位分两批推行契约化管理。

按照公司任期制和契约化管理实施方案，中油奥博（成都）科技有限公司（简称"中油奥博"）作为第一批五家单位之一，经理层成员率先完成了《任期岗位聘任协议和经营业绩责任书》的签订工作。

签下了责任书，就是立下了军令状。"任期制契约化管理实施是机制改革的第一步，更是吹响了光纤智能油藏地球物理业务发展的冲锋号。"新的起点充满新的希望，中油奥博公司总经理表示，中油奥博将以更加开放的思维、更加高昂的斗志矢志创新、勇于突破，打造核心装备，创新光纤工艺，构建全产业链技术竞争优势，加快推动光纤智能油藏地球物理技术发展，全力打造井中地震业务增长极。

展望未来，中油奥博将瞄准"五个撬动"的目标，实现更加快速、更高质量的发展。

以契约化改革撬动中油奥博整体市场化改革。按照"重大科技成果规模化转化创效示范"综合改革实施方案总体安排，加快积极推进中油奥博全面市场化改革，优化细化改革方案，加快推进改革步伐，平稳有序推进混合所有制改革，真正把中油奥博打造成为与市场全面接轨的创新型企业。

以契约化改革撬动智能光纤油藏技术加快创新。始终把技术作为创新之魂，进一步发挥校企"产学研"优势，做好技术研发规划，加大攻关力度，加快补齐光纤地震、微地震数据高精度成像、光纤三分量数据采集等核心技术短板，持续完善光纤智能油藏特色配套技术系列，形成全产业链竞争优势，提升高新技术企业核心竞争力。

以契约化改革撬动智能光纤油藏业务跨越发展。按照东方物探率先打造世界一流的总体部署，做大做强光纤传感技术产业，加快推动光纤智能传感技术在管道、储气库安全运维工程及智慧油气田、CCUS监测等新业务领域的应用，全力打造示范工程，扩大服务领域，壮大市场规模，加快成为支撑公司高质量发展的重要增长极。

以契约化改革撬动中国特色现代企业制度建设。全面落实两个"一以贯之"要求，推进党的领导与企业治理深度融合，坚持党管干部原则与董事会选聘经营管理人员有机统一，明确党委会、董事会、监事会、经理层权责界限，形成定位清晰、权责对等、运转协调、有效制衡的公司治理机制。

以契约化改革撬动公司整体体制机制创新。推进中油奥博市场化改革不仅是中油奥博的重要任务，也是东方物探上下共同的责任，东方物探将加大政策、资金、资源支持力度，加强工作对接和指导，及时解决改革过程中出现的问题；认真总结中油奥博改革试点经验，积极在公司内推广应用，推动公司整体改革进程。

第三节　锻造"三支人才"队伍，提升企业竞争优势

千秋基业，人才为本。

党的十九大报告指出，"人才是实现民族振兴、赢得国际竞争主动的战略资源。"对于所处新时代新形势下的企业而言，只有真正盘活人才这个第一资源，才能全面激发企业转型发展的活力和动力，才能在日益激烈的竞争中赢得先机、赢得未来。

东方物探高度重视人才队伍建设，全面推进"三支人才"队伍建设，将加强人才队伍建设作为兴企强企的重要举措全力抓紧抓好。坚持面向全球引才引智，先后引进急需的高端人才36名；建立东方物探院士工作站，引进5名院士开展前沿技术研究；创新博士后工作站科研管理机制，吸引33名博士进站工作。突出中青年骨干培养，先后选派37名中青年技术专家赴国际知名院校访学，举办青年创新论坛和创新创意大赛，设立中青年创新基金，通过压担子、搭台子、架梯子，2名青年技术专家入选中国科协"青年人才托举"工程项目。坚持目标导向，突出创新创效，围绕基层生产一线难点、技术瓶颈问题开展攻关，大力开展各层级技能人才培训和创新大赛，积极创建一线技能人才创新工作室，推动高技能人才增强"匠心"，在企业建设中建功立业。完善薪酬激励机制，通过建立覆盖全体在岗职工的"三支人才"队伍发展"绿色通道"，拓展人才晋升空间，优化人才队伍结构，实现了个人与企业的共同发展。

一、政治引领，建设忠诚担当的高素质干部队伍

习近平总书记指出，实现党的十八大确定的各项目标任务，进行具有许多新的历史特点的伟大斗争，关键在党，关键在人。关键在党，就要确保党在发展中国特色社会主义历史进程中始终成为坚强领导核心。关键在人，就要建设一支宏大的高素质干部队伍。

始终把党的政治建设摆在首位，坚持把学习贯彻习近平新时代中国特色社

会主义思想作为首要政治任务,带领党委班子成员、党员干部"第一时间"跟进学习习近平总书记最新重要讲话和指示批示精神,用党的创新理论武装头脑、指导实践、推动工作,进一步增强"四个意识"、坚定"四个自信"、做到"两个维护";带头提高政治站位,善于用政治眼光观察和分析生产经营问题,不断提高党员干部政治判断力、政治领悟力、政治执行力;认真落实党委议事规则和"三重一大"决策实施细则,严格执行民主集中制,落实党的集中统一领导和分工负责相结合的制度,健全决策机制、完善决策流程;切实履行党员领导干部"一岗双责",在做好职责内业务工作的同时,也承担了分管部门、单位党建工作的重要领导责任。

不断优化领导班子配备,坚持党管干部原则,坚持新时期"信念坚定、为民服务、勤政务实、敢于担当、清正廉洁"20字好干部标准,坚持德才兼备、以德为先,不拘一格选人用人,深化干部人事制度改革,强化干部管理监督,激发干部队伍生机活力,为高质量发展提供坚强保障。注重选拔政治上强、能够驾驭全局、善于抓班子带队伍、民主作风好、敢于担当、领导经验丰富、廉洁自律的优秀干部担任党政正职;坚持老中青相结合的梯次配备,用好各年龄段干部,加大年轻干部培养使用,大力推进年龄结构优化;根据领导班子的业务领域、职责任务,按照专业配套、优势互补、搭配合理的原则选优配强领导班子,进一步改善领导班子专业结构;持续采取交叉任职、轮岗交流等措施,激发领导班子和基层干部队伍的活力。

持续提升领导干部能力素质,连续26年组织中层及以上党员领导干部进党校轮训,强化干部党性教育,学习党的路线方针政策和最新理论成果,增强干部运用习近平新时代中国特色社会主义思想武装头脑、指导工作的能力;瞄准"率先打造世界一流"目标要求,与世界一流企业人才队伍建设标准对标对表,每年举办公司高层领导能力提升专题讲座和中层干部领导力提升培训,学习先进管理理念,更新知识体系,增强"八项本领"、提高"七种能力",进一步提高领导干部适应公司高质量发展要求的能力;落实"管工作必须管党建"要求,加强党务知识培训，提升领导干部抓党建工作能力，努力打造一支政治强、素质高、作风硬的干部队伍。连续举办3期国际化青年干部培训班和3期青年后备干部培训班，培养造就一批具有国际化视野、堪当重任的优秀年轻干部。

加强干部选聘和管理，改进竞争性选拔方式，合理确定竞争性选拔范围，不硬性规定竞争性选拔的频次和比例。改进测试测评方法，突出岗位特点，树立实干导向，注重能力素质和一贯表现。加强组织把关，规定报名参加公开选拔的应当经所在单位同意。严格考察把关，真正把德才表现好、群众口碑好的干部选拔出来。改进绩效考核工作。健全科学的考核评价体系，从"德、能、学、勤、绩、廉"六个方面进行综合考评，针对不同区域、不同部门、不同类型的特点实行差异化考核。优化干部成长路径。在实践中，东方物探坚持从发展需要出发选拔干部，注重在基层一线和艰苦地区培养和考验干部，实行必要台阶和递进式的培养锻炼，既积极培养选拔优秀年轻干部，又注重使用其他年龄段的干部，促进了干部资源的优化配置。

党的十八大以来，东方物探坚持全面从严加强干部管理，坚持每年召开党的建设、党风廉政建设和反腐败工作会议，部署全面从严治党年度工作，每季度召开党的建设工作领导小组会议、每月召开党委会议、每周召开领导办公会议机制，建立信息化督查督办平台，确保党委各项部署落实落地。压紧压实"两个责任"，制定落实全面从严治党责任清单，逐级签订《党风廉政建设责任书》，把党建责任考核占综合业绩考核的权重由5%提高到18%，坚持开展二级单位党委书记向公司党委进行现场述职，推动全面从严治党责任落到实处。

二、突出重点，高层次技术专家队伍建设成效显著

创新发展离不开人才，尤其离不开高层次技术专家的领军与示范作用。

"打造世界一流，要求我们必须建设一支具有全球视野、技术精湛、忠诚企业的高素质人才队伍。"东方物探执行董事、党委书记苟量在《在率先打造世界一流征程中坚定前行》报告中指出了高层次技术专家队伍在公司率先打造世界一流中的重要作用。

2019年12月，在东方物探年度物探地质技术成果交流会上，东方物探特聘专家、首席技术专家及科技骨干先后发布44篇专题技术报告，这些报告是东方物探全体科技人员智慧的结晶，集中展示了东方物探高层次技术专家队伍的综合实力。

东方物探党委把高层次技术专家队伍建设作为人才队伍建设的重中之重，建立了党委主要领导联系技术专家的工作机制，着力打造具有全球视野、技术精湛、忠诚企业的技术专家队伍；根据全球物探技术发展趋势和公司业务发展需要，配套制定高层次技术专家培养计划，建设形成了以业务为主导、涵盖4个物探核心技术领域14个专业的技术专家队伍；建立完善技术专家靠前服务体系，落实高层次技术专家探区负责制，把靠前技术创新、解决勘探生产难题作为考核指标，促进了创新成果加快应用。

东方物探着力打造布局合理、梯次有序的技术专家队伍，注重在三个层面创新高层次人才培养。突出领军型人才培养。东方物探成立以首席技术专家为主导、高级技术专家为支撑的十大科技创新团队，推动东方物探在"两宽一高"、高精度可控震源、横波源矢量勘探等国际前沿技术取得重要突破。突出中青年骨干培养。东方物探先后选派37名中青年技术专家赴国际知名院校访学，举办青年创新论坛和创新创意大赛，设立中青年创新基金，让青年骨干领衔重大项目攻关，着力提升青年技术专家科技创新能力。突出物探名匠培养。东方物探每年举办职工职业技能大赛和基层创新成果推广应用会，由技能专家领衔建立的32个职工创新工作室，每年完成各类创新成果近百项，促进了勘探项目提速提效。

自成立以来，东方物探始终以全球眼光、国际思维来审视物探创新规律，积极抢占全球技术创新制高点。通过市场化机制、资本运作、产学研合作等多种举措持续加大引进高层次技术人才力度，先后引进22名公司急需的海外高层次人才、专家，推动东方物探在成像、建模、多波等技术领域加快突破，装备研发多项技术处于国际领先水平。

习近平总书记强调,全部科技史都证明,谁拥有了一流创新人才、拥有了一流科学家,谁就能在科技创新中占据优势。创新之道,唯在得人。东方物探牢固确立人才引领发展的战略地位,全面聚集人才,着力夯实创新发展人才基础,朝着"率先打造世界一流"的目标坚定迈进。

三、岗位历练,激发专业技能人才创新活力

习近平总书记强调,人人皆可成才,不仅要重视"塔尖"领军人才的培养,也要重视"塔基"一线人才的锻造。

2021年7月,在集团公司领导干部工作会议上,戴厚良董事长就人才强企作出专门部署,想干事的给机会,能干事的给舞台,干成事的给激励。

东方物探高度重视人才"蹲苗""育苗",结合技能人才队伍结构及特点,对症下药,因材施教,大力加强专业技能人才培养,建设了一支素质过硬、业务精良、梯次合理、新老衔接、充分满足国际化竞争需要的专业技能人才队伍。

作为集团公司实施专业技术岗位序列改革试点单位,东方物探努力提高政治站位,强化总体部署,2019年全面完成专业技术岗位序列改革任务,建立完善"三支人才"队伍岗位序列转换通道,大力推行双向流动机制,通过深入推行岗位体系重塑、组织机构优化、科研架构转化等管理模式再造,实施二级工程师及以下岗位动态管理机制,有效激发了广大专业技术人员创新创效活力,加快专业技术人员成长成才。

2021年5月,集团公司技能专家杨新勇带领"杨新勇创新工作室"创新团队,完成了CQZ-20A2型气动钻机的研制,填补了轻量化气动钻机岩石施工区域的空白,带来勘探技术方法的大变革,实现了鄂尔多斯盆地黄土塬勘探世界级钻井难题的历史性突破。东方物探以创新创效为支撑,通过广泛开展技术比武、技能竞赛、岗位练兵、师带徒、优秀班组长选树等竞赛、交流活动,有效带动了广大员工学习技术、提高技能、创新创造、岗位建功。每年举办员工职业技能大赛和基层创新成果推广应用会,由技能专家领衔的48个员工创新工作室,培养技术骨干力量300余名,每年完成各类创新成果近百项,促进了生产提速提效，推进了企业高质量发展。

河北省国资委青年岗位能手、东方物探新兴物探开发处一级工程师杜金玲深有感触，"专业技术序列岗位改革让技术人员有了更广阔的上升通道，解放了科技生产力，可以集中科研骨干人员的精力智慧攻坚科研难题，解决制约企业生产发展的瓶颈问题，激活了广大青年技术人员的创业热情与创新动能。"

东方物探鼓励操作人才把生产一线当作成长的阵地，积极到生产一线的火热实践中磨砺成长、实现价值。新兴物探处地震勘探工李超，高职毕业后扎根一线，把本职岗位当成最重要的人生舞台，在艰苦实践中钻研技术、苦练技能，参加集团公司技能大赛以 98.88 的高分夺得个人赛金牌，成为专业技能人员学习的榜样。

"十三五"期间，东方物探加大培训资源建设，建立起具有物探特色、覆盖主体专业和关键岗位的培训基地体系，总计培训各类人员 20.4 万人次，基层一线员工培训率达到 100%，特殊岗位操作人员持证上岗率达到 100%，专业技能人才队伍政治素质和业务素质得到新提升。

齐力筑梦新时代，先锋执锐谱新篇。新时代的物探专业技能人才队伍，立足岗位作贡献，用行动践行着东方物探"率先打造世界一流"的诺言，攻坚克难，一路前行！

第二章
生聚理用，打通人才成长快车道

习近平总书记在中央人才工作会议上强调，人才是衡量一个国家综合国力的重要指标。我们必须要下大气力全方位培养、引进、用好人才。在东方物探发展的各个时期，始终把人才队伍建设摆在优先位置，为打造世界一流提供了强大的人才保障。

东方物探在履行为国找油找气责任使命中充分认识到，正是拥有一支能征善战、作风优良、素质过硬、技术领先的国际化人才队伍，才使得企业在激烈的竞争中脱颖而出。只有在企业的发展中尊重人、培养人、成就人，企业才能实现接续发展，才能迸发出强大的活力。

东方物探深入贯彻习近平总书记和党中央关于加强人才工作的重要部署精神，牢固树立"人才是第一资源"的理念，深入推进人才强企工程，从人才的培养、引进、管理等重点方面着眼，大力践行"生聚理用"的人才理念，生才有道、聚才有力、理才有方、用才有效，形成了人人渴望成才、人人努力成才、人人皆可成才、人人尽展其才的良好局面。

第一节　生才有道——培育人才成长沃土

在率先打造世界一流进程中，东方物探为人才成长营造良好环境，健全完善有利于人才成长的培养机制，立足自身加强"高精尖缺"人才培养，扩基数、拓路径、强投入，让人才根系更加发达，形成万类霜天竞自由的良好局面。

一、突出政治能力培养，扎稳人才成长根基

树高千尺，要靠深深扎根；人才培养，必须首要突出政治能力，只有保证思想不偏，才能保证成长的方向不偏。东方物探在人才培养中坚持突出重点，加强培训引导，健全机制，强化日常训练，结合实际，巩固培养效果，有效提升了人才队伍的政治能力和政治素养。

突出重点开展教育培训。把习近平新时代中国特色社会主义思想摆在教育培训最突出的位置，作为党委理论学习中心组学习的核心内容，每次必学；作为各类人才进党校教育培训的主要课程，每班必讲；作为党员日常学习的中心内容，每回必读。特别是对于领导干部这个关键少数，重点加强教育培训，引导大家从历史和现实相贯通、国际和国内相关联、理论和实际相结合的宽广视角，深刻把握理论精髓和重要意义，深刻把握科学体系和丰富内涵，深刻把握贯穿其中的马克思主义立场、观点和方法，不断提高马克思主义水平和政治理论素养，不断提高运用政治眼光观察和分析生产经营问题的能力。

在抓住重点的同时，注重拓宽教育培训覆盖，采取专家解读、领导领学、专题培训、巡回宣讲、集中研讨多种有效活泼的形式，提升学习教育的高度、深度和广度。建立"第一时间"学习机制，第一时间收集汇总习近平总书记最新重要讲话精神和中央重要会议、文件精神，及时进行传达学习，不断提高运用科学理论指导实践、推动工作的能力。2019年以来，又先后建立了落实机制和"第一议题"制度，学习内容和学习要求层层传达落实到各基层党支部，确保广大干部员工持续强化政治意识、增强政治能力，在思想上、行动上始终与中央保持高度一致。

开展培训教育基础上，东方物探更加注重把政治能力培养和实践锻炼提升结合起来，从制度层面对如何抓学习、促落实做出详细的安排，确保理论学习与实践锻炼相结合，综合运用多种方式方法，促进学习教育和实践锻炼制度化、常态化。每年围绕中央和上级的最新部署，确定一系列主题，在公司范围内组织开展调查研究、岗位讲述等活动，引导大家把党的创新理论与履行找油找气

使命，破解生产经营、改革创新、项目运作、提质增效等重点、难点问题结合起来，用理论指导岗位工作，在岗位工作的实践中提升政治能力。

二、突出专业素质培养，助推人才加速成长

在管理人才方面，更加突出国际化人才培养。建立国际化人才的培训体系、课程标准，突出外语能力和综合管理能力训练，将走出去培训和引进来培训相结合，打造高素质国际化的管理人才队伍。近几年，先后选派了近300名国家经理和境外业务骨干，赴国外著名培训机构和大学，进行项目管理、国际商务等培训。连续举办3期"国际化青年干部培训班"，选拔85名优秀青年干部到美国、加拿大、新加坡等地的知名院校进行为期一年的脱产学习，公司领导登台授课，小班教学全程外教监督，对每名学员实习情况进行跟踪评估，学习结束后，让这些青年人才参与到国际项目运作中去，成为公司海外项目运作的骨干力量。先后培养储备高层次优秀人才800多人，国际化人才队伍更加符合打造世界一流需求。

在技术人才方面，更加突出行业领军型人才培养。采取技术专家承担国家和集团重大科研专项、参加高级别国际会议、到海外知名大学访学、兼任高校导师等方式，为技术人才成长为行业的领军人才搭台子、铺路子、架梯子。同时，发挥技术领军人才的辐射带动作用，由领军人才组建研发团队，采取压担子、师带徒等方式，实现人才"裂变效应"，培养了一批技术人才，为打造一流的技术提供了可靠保障。

在技能专家方面，突出"石油名匠"培养。大力开展"工匠精神耀东方"主题活动，通过广泛开展技术比武、技能竞赛、岗位练兵、师带徒、优秀班组长选树等竞赛、交流活动，有效带动了广大员工学习技术、提高技能、岗位建功。加大员工岗位技能培训力度，充分发挥国内培训机构、海外培训基地作用，举办各类技能培训，着力提高产业工人队伍整体素质。建设由技能专家领衔的创新工作室，给予政策和资金支持，组建技师团队突出基层现场、解决生产经营难题，激活一线职工"双创"活力。

"十三五"以来，东方物探先后举办各类培训项目6784期，培训20.4万余人次，建成一支由30名两级技能专家为引领，29名首席技师为中坚，828名高级技师、技师为主体的操作服务骨干队伍，成为各条战线的能工巧匠，为全面推进高质量发展提供了坚强保障。

东方物探研究院作为处理解释人才培养的责任单位，注重加强国际化人才培养力度，制定阶梯式国际化创新型人才培养计划，从科技人才中优选骨干力量，组织到国内外高校进一步深造，与高校协议培养所需技术人才；充分发挥技术专家和科技带头人培养人才作用，将人才培养与生产实践相结合，更好更快促进人才成长进步；开展国际化人才分层分类培养，将人才根据岗位划分为市场开发、科研生产等类型，并划分科技带头人、项目长、技术骨干等不同层级，针对不同群体分类施策、进行培养，保证了"高精尖缺"人才队伍有序增长。

三、注重基层实践锻炼，促进人才"蹲苗"成长

基层一线是高素质的人才队伍重要的"练兵场"。东方物探制定政策、创新载体，鼓励管理、技术、技能人才到基层建功立业。

健全人才"成长在一线、来源于一线"的工作机制，注重从生产一线培养、历练人才。对于新毕业大学生这些"物探新兵"，研究制定到野外地震队和靠前单位工作政策，在找油找气的最前沿啃"硬骨头"、在艰苦的环境里"蹲苗"助长。对于技术专家和技能专家，积极倡导"脱下西装、换上工装"，深入基层，结合重大生产项目，靠前支持服务，有效解决了勘探生产技术难题，涌现出一批扎根边疆、为油奉献的模范典型。"十三五"期间，22人被纳入集团青年科技英才培养计划，316人成为一线技术技能骨干人才。

注重加强基层骨干的培养。持续开展职业队经理评定，明确评定资格和评定条件，根据经验不同、能力不同、经历不同将职业队经理分为特级、一级、二级、三级四个等级，并在薪酬待遇、培训学习等机会上加大倾斜，培养了一批扎根一线、能力过硬的基层管理人才。近年来，先后组织完成9次职业队经

理评定、6次优秀队经理和班组长选树活动，累计从优秀毕业生中选拔50人担任见习队经理，其中，8人已经培养成为特级队经理。建成了一支由300多名各级队经理组成的职业队经理队伍，为勘探项目高效运作提供了重要保障，也形象展示了东方物探人才培养的崭新风貌。

在广大扎根一线的物探人中，博士夫妻赵博和郑晓丽是典型的代表。2016年浙江大学博士毕业后，赵博放弃在大城市工作的机会，主动投身新疆塔里木盆地找油找气第一线，半年后，在女儿刚满3个月大的时候，妻子郑晓丽也申请进疆工作。在秋里塔格，这个被称为雄鹰和黄羊都到不了的地方，两人投入到项目攻关中，虽然辛苦，但为了找油找气事业，他们毅然选择坚守一线。2019年，夫妻二人在找油找气一线科研攻关的事迹被央视广泛报道，引发强烈反响，成为新时代找油人的青春榜样。

第二节　聚才有力——梧桐树下凤凰来

加快建成世界一流地球物理技术服务公司，需要一大批多元化人才投身其中。东方物探始终以海纳百川的胸襟，树立"不求所有，只求所用"的柔性引才理念，充分发挥市场化机制作用和本土化优势，促进各类人才交流互动，吸引各类人才纷至沓来，打造了全球物探人才的聚集高地。

一、运用市场化机制快速引才

近年来，随着物探领域延伸，研究对象日趋复杂，对物探技术发展提出了更高要求，对于技术人才的需求更加迫切。东方物探立足行业发展大势，主动求变、积极应变，针对当前和未来需求迫切的领域加大技术攻关和人才培养。放眼全球，健全完善与市场接轨的引才机制，建立以专家荐才为主，国际合作、国际会议等为辅的"1+N"引才渠道，快速引进关键人才，确保人才引得来、引得准。

把高层次人才引进作为人才强企工程的头等大事，加强顶层设计，从战略和全局的高度谋划引才工作。公司领导全程参与引才全过程，成立由党委书记任组长的公司高层次人才引进工作领导小组，专门成立高层次人才办事机构，深入开展差别化、前瞻性和战略性研究，健全完善高层次人才引进管理办法，为人才引进提供全方位支持保障。

采取市场化、资本运作等方式引进人才，主动融入全球物探技术体系，充分利用公司休斯敦、北京、成都等研发中心优势，遵循国际通行惯例引进海外高层次人才。定期召开国际高端技术研讨会，借助东方物探 IAGC 核心会员，SEG、EAGE 主要会员身份，通过 AAPG 年会等物探技术交流和展览等活动，充分展示发展的平台和机遇，发现和吸引行业高端技术人才加盟。同时，通过成功并购美国 ION 公司陆上业务，引进物探高端装备研发人才资源，包括其震源副总裁为核心的科研团队，提升关键技术能力。近年来，先后成功引进了 20 余名公司急需海外高层次技术研发型人才、30 余名国际化技术管理型人才，进一步抓牢技术发展的主动权，有效支撑了为国找油找气责任落实。

2020 年，东方物探结合业务发展需要，引进 3 名高层次人才，帮助他们解决子女就学等生活问题，解除了他们的后顾之忧，更加坚定了他们投身物探事业的信心和报效祖国的决心。参加工作后，东方物探第一时间为他们配备了研发团队，做好与其他团队的有机协调，定期组织开展技术研讨和交流。截至目前，3 名引进专家均已担纲关键核心技术攻关项目研发，在研发急需高端技术中发挥了重要作用。

二、通过开放合作柔性引才

东方物探在人才引进过程中，坚持"不求所有、但求所用"的理念，"筑巢引凤"与"就地取才"并重，持续壮大人才方阵。

依托院士工作站、博士后工作站等引进人才，充分发挥院士的技术引领作用，瞄准世界一流技术研究，以基础研究、关键共性技术、国际前沿技术和颠覆性技术为突破口，发挥企业与院士各自的优势，创新科研体制机制，加快把科研创新成果转化为现实生产力。成功吸引 5 名院士进站，依托博士后工作站招收34名博士进站工作，多项前沿技术领域加速突破，其中陈颙院士团队在环保气体震源领域取得重大突破、进入产业化应用阶段，为适应安全、环保、高效的勘探新要求发挥了重要作用。

注重加大高层次应届毕业生引进力度。2021年10月，首次开展"优才开放日"活动，分两批重点组织国内高校和毕业生走进公司参观、交流和面试，走进科技工作者工作、生活现场，了解石油勘探、企业发展、石油精神，让青年人才切身感受到东方物探重才、爱才的宽广胸怀和热情。首次活动举办，就有来自各个高校的130多名博士、硕士毕业生参加并进行面试，为开放引才开辟了新的通道。

三、发挥本土化政策优势引才

30年栉风沐雨、砥砺奋进，东方物探紧随集团公司海外油气资源战略走向国际，实现了海外业务由小到大、由弱到强的转变。这发展的背后，不仅有中方海外员工的付出，同样凝聚着外籍员工的努力，外籍员工成为人才引进中不可忽视的群体。东方物探在国际业务运作过程中，积极践行"共商、共建、共享"理念，积极融入资源所在国发展，加快国际业务人力资源的国际化、本土化进程，在推动人才与企业共生共赢方面开展了大量卓有成效的工作。

加大对所在国人才的选拔与引进的力度，许多项目积极与所在国相关大学建立联系，毕业季在大学校园内组织各种宣传活动，吸引人才。为留住当地骨干员工，不少项目采取设立骨干雇员特殊奖、改善食宿条件、改善员工生活环境、加强本土员工绩效考核等措施。通过不懈的努力，东方物探各海外项目员工本土化率超过90%，作业高峰期外籍员工总数超过两万人。

在注重员工队伍本土化建设的同时，东方物探还加大了对当地中高级雇员的培养力度。把人才分为技术型及管理型，有针对性地培养，将东方物探、甲方和当地政府的要求等融合成制度及规范，着力提升雇员能力素质；帮助外籍雇员规划个人愿景，全面推进队伍文化融合，既培养了一大批外籍管理及技术骨干人员，也赢得了甲方及当地政府的认可。

在推进国际化发展进程中，东方物探建立起"星级员工"评选机制，按员工的业绩及对企业的忠诚度进行考核，为外籍雇员建立起成长通道。近年来，每年公司召开国际业务工作会议，都会把年度评选的五星级员工代表邀请到公司参加会议，并进行表彰，对于特别优秀的组织进行参观。当第一次登上中国的长城，星级员工穆罕默德说："我愿意长久为东方物探工作，能干多少年，就干多少年。"

第三节　理才有方——激活人才一池春水

企业造就人才、人才成就企业。只有积极为各类人才搭建干事创业的平台，鼓励人才干事业、支持人才干成事业、帮助人才干好事业，才能为实现企业高质量发展提供坚强人才保证和智力支持。东方物探坚持理才有方，以改革创新为动力，构建激励机制，激发人才活力，推动人才与企业发展相融互促。

一、搭建事业发展平台，激活人才活力

东方物探在推进企业发展中，始终把人的发展，特别是人的全面发展作为重中之重。借助重点项目、重点岗位、重要任务等，为人才搭建好干事创业的平台，鼓励各类人才在公司的广阔舞台上一展身手，全面激发人才活力。

积极搭建人才成长平台。对于管理人才，注重强化实践锻炼，给位子、压担子，有计划、有步骤安排他们到一线艰苦环境和重点单位挂职锻炼，让他们在重点工作中见世面、经风雨、强筋骨，在急难险重任务中提升综合管理能力。对于技术人才和技能人才，以首席技术专家、首席技师等高层次人才为核心组建研发团队，配备科研助手，由高层次人才帮助成长，实现了人才队伍的"裂变效应"和"放大效应"，加快了领军型人才和青年骨干队伍建设。近年来，先后有7人列入石油科学家人选，34人列为科技英才培养计划，激励优秀人才在企业发展中脱颖而出。

积极搭建人才交流平台。对于管理人才，采取交叉任职、轮岗交流等措施，加大在不同岗位的历练和综合素质的提升，充分激发人才队伍的活力。对于技术人才和技能人才，健全靠前服务体系，加强到不同探区、科研单位交流力度，依托科研生产，促进能力提升和创新成果转化应用。

在东方物探海洋物探处，技能人才"三个依托"的成长方式取得了良好效果。依托专家工作室开展技能培训，与三年培训计划、班组长选树等相结合，夯实技能人才理论基础、操作水平。依托大港油田技能鉴定站，每年组织海洋物探处技能鉴定活动，对操作岗工人进行培训和考试，鼓励广大职工通过技能鉴定来提高技术水平和等级。依托项目运作，在急难险重任务中磨炼人才，确保了人才素质的全面培养，为提升员工技能打造了练兵场。

二、营造开放包容环境，激活人才活力

东方物探对各类人才给予高度重视，充分信任和包容，积极营造尊重人才的良好氛围。

积极主动服务人才。主动开辟了引进专家与公司领导沟通"直通车"，每名班子成员都有至少一位联系服务的专家骨干，在日常工作中结对子、交朋友，政治上充分信任、思想上主动引导、工作上创造条件、生活上关心照顾，让高层次人才切身感受到有地位、受尊重，增强他们对企业价值、文化和理念的认同感。

充分信任授权。东方物探坚持用科学的态度看待人才，既严格要求，也放手工作。建立容错纠错和激励担当作为的工作机制，既鼓励创新，又允许失败，让人才在良好的环境中，始终保持乐观向上的创业激情，与时俱进，大胆探索，以良好的精神状态和工作业绩推进企业的发展。

外籍高级雇员 Phil Bigg 有着丰富的 QHSSE 管理经验和广泛的人脉。他来到东方物探后，对公司海洋业务的 QHSSE 管理现状进行摸底，组建了 QHSSE 管理团队，包括负责职业健康、安全、环境、风险、审计、船舶审计、文件控制、

FLAG 平台管理等人员，搭建了既专业又满足国际大公司要求的 QHSSE 团队。他的工作得到了东方物探的充分肯定，在公司的支持下，Phil Bigg 又提出搭建符合海洋业务实际的综合管理体系 BMS，推动在线管理平台应用等建议，有效提升了 QHSSE 管理水平，为海洋业务进入国际大油公司的市场畅通了道路，也在公司发展中实现了自己的价值。

三、建立市场化激励机制，激活人才活力

东方物探积极发挥激励导向和示范作用，配套制定各类人才薪酬分配政策，根据绩效考核结果合理分配收入，人才创新创效积极性得到充分激发。

2018 年，东方物探被中国石油列为在生产工程技术岗位开展建立专业技术岗位序列试点单位。东方物探按照要求，坚持按需设岗、科学配置的原则，建立了 4 大领域 14 个专业 7 个层级的技术岗位序列，并采取公开竞聘、定性与定量相结合的方法，对人员的职业道德、本专业工作业绩、学术带头作用等情况综合摸底，在此基础上全面完成 9000 余名技术人员全员选聘，加强对技术人员的动态管理，充分调动广大专业技术人员创新创造力。

与此同时，东方物探在激励机制上做文章，协调推行"揭榜挂帅"制度，不拘一格使用人才。研究制定为科研单位赋能放权、为各类人才松绑减负政策，对做出突出贡献的人才匹配相应生活、薪酬待遇。对引进人才执行与市场接轨的协议薪酬，实行保底薪酬＋项目分红＋落户安家等一揽子激励政策，以精准激励促进人才价值提升。

2020 年，面对 GeoEast 软件发展急需攻克的众多技术难题，东方物探物探技术研究中心率先开展"揭榜挂帅"工作试点，打破常规科研组织模式，激发科研人员越是艰难越向前的勇气和创新活力。经过一年实践，物探技术研究中心针对生产需要、难点关键技术发布了 5 项"揭榜"攻关任务，7 支团队成功揭榜，"揭榜"技术攻关均取得显著成效，在多个领域取得了新进展，激发了广大科研人员自主创新的热情。

第四节　用才有效——人尽其才汇众智

东方物探始终坚持以充分发挥人才作用为根本，在识人、用人、成就人上下功夫，促进人尽其才、才尽其用，推动人才优势转化为科技优势、市场优势和竞争优势，为加快建成世界一流地球物理技术服务公司汇聚最广泛的智力支撑。

一、明确识人的标准

要用好人才首先必须能够正确地识别人才、认识人才。东方物探注重找准识别考察的重点和方法，多渠道、多层次、多角度深入了解人才情况，既了解工作情况和业绩，又了解政治能力和品德，更了解优点和缺点，精准构建人才信息库。

全面掌握人才的业务能力。通过开展专项调研、座谈交流实际了解对象的工作情况，通过年度考核、民主测评、工作业绩为人才"精准画像"。通过准确全面掌握工作能力，东方物探全方位加强人才识别，从能力素质符不符合工作需要，履职尽责的工作作风是否真正具备，廉洁自律的要求能否严格遵守等方面进行总体评价。通过完善人才信息档案，为用人夯实基础，"十三五"期间建立了184人的中层后备人才库，以及407名年轻骨干的后备人才库。

突出重点识别不同类别人才。坚持不同岗位各有侧重，对于领导干部和管理人才，把政治标准作为第一标准，在选拔任用的前置环节深入考察。对于专业技术人才，重点了解他们的能力、业绩，看他们是否有扎实的专业理论基础，较强的科研开发能力，丰富的专业工作经验。对于技能人才，将熟练掌握专业技术及设备仪器的操作技能作为重点。通过这种方式，既给识别不同类别的人才提供了基本的依据，也为不同类别的岗位明确了提升自我、成长成才的方向。

近年来，一批批人才脱颖而出，他们中，有面对危险逆行出征，返回利比亚动荡地区带领员工安全撤离的张继兴；有投身 GeoEast 软件研发，十几年如一日专心致志作研究的王成祥；有坚持服务一线生产，破解黄土塬勘探难题的杨新勇……他们在日复一日的平凡工作中、或是在急难险重任务中为企业的发展做出了贡献，也得到了企业倾情的回馈，在更加宽广的舞台上继续贡献着自己的智慧和力量。

二、创新用人的机制

合理有效地使用人才，才能真正发挥人才的作用。东方物探着力在创新人才使用的机制上下功夫，切实发挥人才作用，充分激发人才活力。

创新人才作用的发挥机制。充分发挥高层次人才引领作用，主动借鉴国际先进科研管理理念，为高层次技术人才设立专项工作基金，让他们担纲关键和前沿技术研发，赋予科研自主权，开辟科研立项"绿色通道"，推动物探技术创新进入"快车道"。

充分发挥人才的市场带动作用。东方物探对于引进的原国际知名物探公司CEO Atle 等5名海外高管，充分授权、大胆使用，支持他们重塑了公司海洋勘探技术和作业标准，发挥他们在市场开发等方面的优势资源，推动公司全球OBN市场占有率达到50%，真正实现了引进一名关键人才，打开一片蓝海市场，发展一项崭新业务。

推进市场化选聘机制改革。2021年，东方物探落实改革三年行动计划，积极探索领导人员任期制和契约化管理试点工作，与所属企业的经理层成员签订了任期制契约化管理协议，进一步推动了市场化选人用人机制的构建，探索了市场化薪酬激励机制，为充分释放人才活力进行了有益尝试。

三、强化成就人的力度

企业渴求人才，更要成就人才。在加快建成世界一流企业的进程中，东方物探持续强化人才使用管理，落实激励措施办法，以实实在在的举措努力建设世界一流的人才发展环境，面向全球物探行业传递出尊重人才、成就人才的铿锵宣言。

调整优化奖励政策和分配机制。东方物探加强特别奖励和专项奖励力度，坚持差异化、可量化，对在油气勘探重大发现、技术创新和技术发明、市场开发、安全环保、改革创新等方面做出突出贡献的个人给予专项奖励，同时还分为常设奖励和临时性奖励，确保为企业发展做出贡献的人才有所收获。对于"高精尖缺"人才加强激励力度，推行"一人一策"的清单式管理办法，实施与市场价位相匹配的协议工资，合理拉开了分配差距，充分调动了人才的积极性、主动性和创造性。

为人才在更高平台上展示、提升自我创造机会。选派人员参加SEG、EAGE等行业顶级会议，举办国际物探技术研讨会，充分发挥各类省部级协会平台作用，让各类人才在更大舞台发声、获得关注，增强他们的自信心和自豪感。

同时，加大先进典型的宣传推广力度。坚持典型引路，通过多种形式和载体宣传各类人才的典型事迹，发挥榜样的辐射作用。组织大讲堂、演讲诵读比赛、事迹报告会等，激励广大干部员工学习先进典型，向榜样看齐，形成了争当人才、争创一流的良好氛围，凝聚起加快建成世界一流的强大动力。

第三章
薪火相传，汲取楷模榜样力量

石油物探是一个艰苦的行业，也是一个先锋闪耀的行业。

石油物探是一个崇高的行业，也是一个楷模辈出的行业。

从20世纪50年代艰难创业，到21世纪进入新时代，一代又一代东方物探人在为国找油找气的宏图伟业中披荆斩棘、负重奋进，在打造世界一流的时代洪流中劈波斩浪、扬帆远航。他们常年扎根物探生产科研一线，把自己的命运和企业的命运紧紧系在一起，把企业的需求作为自己奋斗的方向和成长成才的沃土，爱岗敬业，艰苦拼搏，勇于创新，甘于奉献。他们当中，有一步步从技师到高级技师再到石油工匠的操作工人，形成了10000多人的操作人才队伍；有殚精竭虑、潜心研究、知识报国的科技专家，形成了9000多人的专家团队；有逐鹿国际市场、搏击世界舞台的海外将士，形成了17000余人中外籍员工组成的海外作业团队。他们是东方物探走向世界一流的核心力量，是企业长足发展的坚实脊梁，是新时代物探人担当奋进的精神坐标。

习近平总书记指出，崇尚英雄才会产生英雄，争做英雄才能英雄辈出。

时代需要英雄，企业需要楷模。东方物探大力践行"爱岗敬业、争创一流、艰苦奋斗、勇于创新、淡泊名利、甘于奉献"的劳模精神，充分发挥先进模范的精神引领、典型示范作用，激励广大员工崇尚楷模、见贤思齐、担当作为、岗位建功。

这里展示的是东方物探先进模范队伍中的几朵绚丽浪花，展现他们的生动事迹与突出业绩，折射他们的优秀品质与精神风貌，激励广大员工比学赶超，与先进共勉，与榜样同行，汇聚起迈向世界一流的磅礴力量。

管理楷模

张继兴：逆行重返利比亚

【人物档案】

张继兴，男，汉族，1964年出生，共产党员，1987年7月参加工作，现任东方物探物资供应中心党委书记。张继兴具有多年的海外从业经验。2011年，张继兴任利比亚经理部总经理，利比亚战乱，张继兴放弃休假，逆行出征，返回利比亚，把滞留在利比亚的163名兄弟一个不少地带了回来，彰显了优秀共产党员的责任担当。

张继兴从事野外勘探三十多年，摸爬滚打磨炼了他不怕困难的意志和做事就做到最好的性格。由于成绩突出，张继兴先后多次获得"海外优秀员工""先进个人""优秀共产党员""海外大庆建设先进个人"等荣誉称号。

2002年，张继兴从国内转战国外，来到利比亚项目经理部，在异国他乡挑战陌生的勘探领域。

当时的利比亚项目经理部面临着严峻的经营形式，物探市场持续萎缩，各物探公司竞争异常激烈。如何稳住北非规模生产基地的地位，利比亚市场是关键，经理部面临着巨大的经营压力。张继兴及时调整工作思路和部署，带领利比亚项目全体员工，齐心协力，项目安全平稳运作，努力实现了全年收入上亿元，遏制了亏损的局面。在所有已完成的项目资料成功交付率100%，获得了甲方较高的评价，全年业务水平仍然保持了稳定健康发展的好势头，优异的施工质量，为BGP继续赢得了声誉。

在海外勘探，不仅要克服陌生艰苦的自然条件，还要经受突如其来的战火硝烟的考验。

2011年，"茉莉花革命"的火焰烧向了北非各国和部分中东国家，利比亚也未能幸免。

面对利比亚出现的混乱局面，中共中央国务院决定从利比亚撤侨的行动，集团公司领导也要求在利比亚工作的全体中方人员尽快撤离并派人到突尼斯现场指挥，尽最大力量为国家的撤离行动分忧。正在国内的张继兴毅然放弃休假，火速飞往利比亚，在他心中有一个信念，那就是，要把163名兄弟一个不少地带回来！

到达项目经理部，张继兴顾不上休息，就开始与各方协商撤离的具体事宜，经多方协调，首批撤离的40名中方人员安全到达的黎波里机场，还有54名中方员工滞留在千里之外的奥巴里。张继兴坚持让先期到达的所有员工先走，自己留下来："我是总经理，我要等到最后一名兄弟。"他留下来，一边继续联系飞机公司，一边安慰奥巴里54名员工，经过不懈努力，张继兴率领最后55名中方员工飞往突尼斯。至此，东方物探163名员工全部撤出利比亚。

作为一名基层干部，张继兴时时处处告诫自己，今天能走上领导工作岗位，是组织上给予的信任，是群众赋予的权利。他扎实的工作作风和不断进取的精神感染了身边的许多人，使利比亚项目经理部成为一支特别能战斗的坚强团队，为公司国际业务树立了一面不断前进、永不止步的旗帜。

他所在的利比亚项目经理部多次获得公司海外优秀项目经理部和先进集体荣誉称号；他所在利比亚项目经理部党支部多次获得公司红旗党支部和"五好"党支部荣誉称号；他所在的北非地区经理部多次获得公司优秀"四好"领导班子荣誉称号。

张建军：海外勘探的"特级工匠"

【人物档案】

张建军，男，中共党员，现任国际勘探事业部沙特阿拉伯项目部8628队特级队经理。自1991年参加工作以来，他始终严于律己，爱岗敬业，具有强烈的事业心和责任心，保持着过硬的政治素质和工作作风。个人多次获得河北省优秀企业基层管理者、公司优秀党员、先进工作者等荣誉。

视企业效益为第一使命，这是张建军在海外多年野外工作中一直坚守的信条。

张建军自 1998 年加入国际业务以来，先后转战苏丹、墨西哥、尼日利亚、沙特阿拉伯。无论是战火纷飞、恶疾肆虐，还是莽莽森林、烈日荒漠，他始终勤勤恳恳、兢兢业业，攻坚克难。尤其是 2005 年加入到沙特阿拉伯项目后，他带队顺利启动并平稳运作 S51、S63、S70、S77 等多个重大项目，累计创造产值 4 亿多美元，为公司国际业务的成长和发展做出了自己的贡献。

2020 年以来，面对新冠肺炎疫情和行业严冬影响，张建军率领 S77 项目全体中外员工，按照公司和国际部、沙特阿拉伯项目部的安排部署，打响新冠肺炎疫情防控阻击战，在作业生产、区块无缝衔接转换、队伍长距离搬迁、人员遣散等各项工作中加强精细管理，细化过程控制，实现了新冠肺炎疫情零输入、零感染，保持了项目的安全高效运转。

面对施工生产中遇到的各种难题，张建军勤于动脑，善于攻坚。张建军说，"一花独放不是春，百花齐放春满园，张建军创新工作室虽是我个人名字，实则是咱们团队。我一人力量有限，但一个团队力量无穷。只要大家集思广益、群策群力，就没有啃不下的硬骨头。"在平时工作当中，他以"凡事有记录、凡事有计划、凡事有执行、凡事有检查、凡事有改进"的工作态度，影响着其他同事，使得全队上下在设备改革、技术突破方面创新氛围浓厚。

"张建军创新工作室"以"人人是创新之源，时时是创新之机，处处是创新之地"为理念，坚持发挥技术和品牌带动整体的思路，始终坚持以生产实际需求为基本，将以前由问题驱动式的被动创新，转变为全面的主动创新，以实现效益的最大化，工作室创立以来，各班组先后创造了多项成果，《移动式高压气站挖线装置研制》《提高维修丰田皮卡变速箱的效率》《沙漠区埋线器的研制》《平底式轮辋轮胎安装工具的研制》等多个小改小革获得集团公司、公司质量科技成果奖励。

张建军在22年的海外工作中，始终把抓好组织建设、带好队伍作为第一责任。在S77项目开工初期，8628队领导班子就以"高标准、严要求走出第一步；讲计划、重执行走好下一步；重细节、抓管理走稳每一步"的项目管理理念开展工作。项目甲方向来都是高标准、严要求，当时面对庞大规模、全新技术、雇员国籍复杂等一系列问题，队领导班子坚持安全优先、用户至上、找准需求、勇于实践、人文关怀等工作原则，项目生产迅速提升，实现了高效采集和对甲方的承诺。张建军坚持亲力亲为，以身作则。

如今，张建军又回到沙特阿拉伯。他带领全队干部员工紧锣密鼓投入到新中标的S85项目的开工准备工作中。面对新的挑战，他说，"人生就是要不停地接受挑战、战胜挑战，并且乐在其中。"这次队伍中来了很多年轻人，他言传身教，一点点将他们带入新角色中。他说，"在他们身上，我看到了以前的自己，也看到了现在的我。"

科技精英

詹仕凡：无限创意闪烁科技之光

【人物档案】

詹仕凡，男，汉族，1962年出生，中共党员，教授级高级工程师，1983年7月参加工作，现任公司首席技术专家。先后荣获国家能源部劳动模范、河北省"五一奖章"、集团公司先进科技工作者、中国石油集团工程系统十大杰出科技贡献者、全国劳动模范等荣誉称号。

30多年来，詹仕凡始终致力于地震勘探技术的原始创新、技术进步和产业化落地工作。2008年以来，先后组织和承担了国家"十一五""十二五""十三五"重大油气专项"高精度地球物理技术研究与应用"研究课题，为行业技术进步和我国能源勘探开发事业做出了贡献。他创建成立"詹仕凡创意工作室"，带领团队，从事地震勘探方法研究及软件开发工作，在地震勘探理论、技术和工程化实践方面取得了丰硕的学术研究成果和油气勘探重大发现成果。个人共获得授权发明专利25件，软件著作权16件，合作出版专著1部，公开发表文章及国际论文50余篇；作为第一起草人制定国家标准2项，行业标准1项。

2020年7月的一天，58岁的詹仕凡驻足在他创立的"詹仕凡创意工作室"，感叹时光流逝太快。作为一名为石油物探技术发展打拼了38个年头的物探技术专家，临近退休时，他心里在认真筹划的，是人工智能等前沿物探技术加快研发的时间表。

1983年，詹仕凡大学毕业后，被分配到原物探局地调一处237地震队任解释员，一步一个脚印，从方法研究所解释组长、主任工程师到东疆前指总工程师、地调一处总工程师，在找油找气最前沿摸爬滚打了15年。

在詹仕凡看来，要快速发展物探技术就需要建立创新研究机构，对物探技术难题进行集智攻关。他建议成立软件工作室，带领技术骨干艰苦钻研，不仅促进了技术进步，而且一年创效60万，这支骨干队伍后来成为公司KLseis采集软件研发的主要力量之一。1998年4月，他被任命为原物探局副总工程师，成为企业物探技术发展的领军人物。

詹仕凡按照公司科技创新总体部署，把打造物探技术利器作为自己的神圣使命和责任。他带领团队赴内蒙古苏里格进行多波采集处理解释配套攻关，成功实施我国首次数字三分量三维地震勘探，通过攻关在国内率先形成了多波采集、处理、解释能力，天然气富集区预测取得较好效果，符合率由常规地震勘探的72%提高到84%。该技术推广应用到四川、青海、大庆、塔里木等盆地，在中浅层成像、气云区成像及天然气富集区预测方面取得良好的效果。

詹仕凡首次提出的基于数据驱动的采集技术设计方法，实现了采集技术设计从参数驱动、模型驱动发展到数据驱动的跨越。他大力协调推进国产KZ28、KZ34重型可控震源国内首次生产、滑动扫描高效采集国内首次试验及国产ES109大型数字遥测仪器首次生产试验等重大现场试验，采集作业效率提高20倍以上，大面积替代了传统的炸药激发，该技术在全国范围内推广，为实现提速提效、安全环保、绿色勘探提供了样板。

为实现精准勘探，詹仕凡首次提出储层预测、油气识别新方法规划，并带领团队潜心攻关，使之成为国产 GeoEast 软件国际领先的特色模块，使小断层断距识别精度由 10~15 米提高到 3~5 米，储层预测成功率由 60% 提高到 80%。

近年来，伴随公司宽方位、宽频、高密度采集、处理配套技术的应用，地震资料解释数据量剧增，国内外解释系统无法解释超量数据，他带领研发团队大胆创新，突破了准确识别油气目标难题，形成了高密度宽方位地震数据解释技术，并在全球率先推出五维地震数据解释软件，实现了地震解释技术从叠后到叠前、三维到五维的跨越，油气勘探成功率提高 15%~40%。

2017 年，他又开始人工智能研究，与西安交通大学联合攻关，着力推进地震勘探数字化转型。目前，他主导研发的多个智能化解释软件模块已经在塔里木油田处理解释会战及其他油田勘探开发中发挥重要作用，并见到显著成效。

多年来，詹仕凡始终致力于地震勘探技术的原始创新、技术进步和产业化落地工作，先后参与了"七五""八五"国家重点攻关课题，组织和参与了国家重大专项"高精度地球物理勘探技术研究与应用"研究课题，他提出的现代属性分析、碳酸盐岩储层雕刻、五维解释、多频解释方法具有国际领先水平，成为"两宽一高"地震勘探技术重要组成部分，推动了全球陆上地震勘探技术的发展，被评为 2015—2016 年度中国石油石化科技创新十大进展。他参与及主导研发的科技创新成果多项荣获国家、中国石油一、二、三等奖，获得授权发明专利 25 件，软件著作权 16 件，先后被评为东方地球物理公司杰出成就奖、中国石油工程板块十大杰出科技贡献者、河北省"五一奖章"、国务院政府津贴、全国能源工业劳动模范称号。

王成祥：铸造物探中国芯

【人物档案】

王成祥，男，1970 年出生，中共党员，教授级高级工程师。2002 年从中国科学院系统与数学研究院博士后出站后，在东方地球物理公司从事石油物探地震成像技术的方法研究和软件开发，目前为东方物探高级技术专家，物探技术研究中心处理技术研发部主任，同时承担着集团公司弹性波地震成像新技术战略研究项目。

他先后承担国家重大科技专项课题 2 个、集团公司课题 5 个，国内外发表论文 20 余篇，获国家专利 10 余项。获得国家科技进步二等奖 1 次，省部级科技奖 4 次，同时也是中国地球物理学会"傅承义青年科技奖"和能源科技教育基金"孙越崎青年科技奖"获得者。先后获得全国劳动模范、中央企业劳动模范并在人民大会堂受到习近平、张德江等党和国家领导人的接见。

自从进入石油行业以来，王成祥就把自己要干一番事业的理想深深扎根在了物探技术的土壤之中，立志要攀登创新物探技术方法的高峰。

为了打破国外石油公司技术封锁，东方物探启动了超大型软件——"GeoEast 地震资料处理解释一体化系统"研发项目，王成祥披挂上阵，担任了地震成像技术的项目长。

针对石油勘探中地震成像数学公式繁杂、地震数据量庞大、计算量庞大、需要计算机机群并行计算等一系列难题，王成祥带领由数学、物探、计算机等不同学科成员组成的项目组查阅了国内外几乎所有可以找到的文献资料，开展了数不清的数学公式推导、成像技术开发、大量的方案论证和计算机程序试验，终于形成了工业上基本可用的 GeoEast 积分法地震成像技术，实现了技术的国产化。

GeoEastV1.2 版本推出后，大量实际资料测试表明，叠前偏移处理效果和国外同类知名软件相当，运行效率比国外软件提高了 30% 左右，特别是断电重启动功能的加入，为大规模三维地震数据叠前时间偏移处理提供了有力保证。GeoEast 软件有力推动了国产地震勘探软件的成熟发展，成为中国石油自主技术创新的典范。

王成祥全身心地投入到国家重大科技专项《大型油气田及煤层气开发》项目子课题《高精度地球物理勘探技术研究与应用》的研究。作为副项目长，他承担了 7 个公司项目，全力组织研究了三维叠前深度偏移的效率和复杂地表高陡构造的成像问题。目前，GeoEast三维积分法叠前深度偏移的效果已经同步于国际同类知名软件，部分模块效率远高于国际同类软件。

针对油气勘探中复杂区地震资料的地震成像难题，王成祥带领课题组，先后攻克了起伏地表偏移、弯线偏移、海量数据存取、快速预处理等八大技术难题，形成了具有自主知识产权的、可工业化应用的GeoEast地震成像技术。其中，课题组自主创新的六项国家专利填补了国内空白，成像效果与国外同类软件一致，运行效率高于国外软件20倍；其中积分法GPU叠前时间偏移地震成像技术为世界首创。

2014年，GeoEast地震成像技术进入测试和试生产阶段，却遇到了石油地震勘探中高密度海量数据的爆发式增长、用户抱怨使用不够方便、电力故障任务中断如何处理、用户计算机类型不一、磁盘容量不够等一系列始料未及的问题，王成祥带领课题组通过反复研究和试验，先后解决用户提出的问题800多个，试验的数据面积达60000多平方千米，终于使得GeoEast地震成像技术的易用性、方便性、友好性和高密度数据处理的能力大幅度增强，得到了用户的一致好评，达到了国际同类技术的先进水平。

三年来，基于该项地震成像技术的GeoEast系统，在山地、沙漠、黄土塬、戈壁、火山岩、碳酸盐岩等复杂区得到了广泛的生产应用，并取得巨大成功，有力支撑了石油勘探事业，为中国石油新增油气储量30亿吨、海外新增油气储量3亿吨发挥了重要作用。

创新无止境。近年来，王成祥先后承担或参加了"地球物理油气勘探软件系统"国家重大科技专项课题和多个集团公司科研项目。他参与的《一种起伏地表地震数据处理的叠前深度偏移方法》等6项技术获国家专利局专利授权；《基于起伏地表的波动方程叠前深度偏移》等28篇学术论文、报告和著作在国内外发表；他参与的"超大型复杂油气地质目标地震资料处理解释系统及重大成效"课题，被国务院授予国家科学技术进步二等奖。他负责的多个项目获集团公司和东方物探技术创新一等奖，在地球物理行业产生了广泛而深远的影响。

> **东方工匠**

杨新勇：气动钻机破解黄土塬勘探难题

【人物档案】

杨新勇，男，1969 年出生，中共党员，大专学历，集团公司技能专家、公司汽车维修专业技能专家、东方先锋榜样，"杨新勇创新工作室"负责人。多年来，杨新勇扎根物探生产一线，勇于技术革新，荣获国家实用新型专利 3 项，参与完成技术革新 40 余项，在各类专业期刊发表论文 30 余篇，为企业创造效益数百万元。被授予河北省"能工巧匠"、宁夏回族自治区"创双优"百名能手、集团公司"建设西部大庆先进个人"等多项荣誉。

在广阔的鄂尔多斯盆地，全世界独一无二的黄土高原横亘其中，沟、卯、坡、塬、梁错综复杂，带来了诸多世界级勘探难题。三维勘探时代，过去的人工洛阳铲钻工资源不足，已不能满足大资源配置、规模化的项目运作方式，黄土塬山地勘探提速提效迫在眉睫。

作为集团公司维修专家的杨新勇和他的创新团队，决定啃下这块"硬骨头"，破解黄土塬钻井难题。

2018 年 8 月，杨新勇和同事陈鹏提出了研制轻便钻机的构想和思路。"具体研发方案怎么设计？"对于两位都是从事汽车修理专业的专家来说，车辆的各种故障在他们手里都能迎刃而解，可对于气动钻机的设计研制是个大难题，他们没有学习过专业机械设计，对于地理、地层结构特点更是知之甚少，在这样的条件下，他们利用空闲时间和休息日学习设计知识，在办公室一待就是一整天，多些时候中午饭都是在办公室凑合着吃。钻机主要数据确定的那段时间，他们总是忘记下班时间，一次他俩在办公室为了一个传动速比的确定查阅大量资料，等计算结束已经是第二天凌晨 1 点多。

两个月后，由杨新勇、陈鹏、党小富三位同志组成的研发小组开始了对轻便钻机的前期研制工作。在没有任何机具和钻机设计经验的情况下，他们自费购买微型汽油机、麻花钻杆进行摸索性试验。为了能够找到设计灵感，每次试验陈鹏都亲自动手操作钻机。轻便钻机的自重和额定输出扭矩是两个比较重要的技术参数，为了确定这两个设计参数，陈鹏和杨新勇计算、查阅资料验证可行性方案常常至深夜。为了找到耐压、质量轻的输气管线，陈鹏和杨新勇三天行程四千多千米，终于在外省找到了符合设计要求的输气管线加工厂，连夜加工一批输气管线，解决了轻便钻机输气管线这一重要附件。一次次的试验，一次次的失败，每次试验都会出现不同设计问题和缺陷。陈鹏和杨新勇没有气馁，面对困难，陈鹏和杨新勇迎难而上，一个个难题最终在他们面前迎刃而解。

2019年1月，杨新勇和团队伙伴把"家"搬到了庆城北作业现场。图纸改了一稿又一稿，模型改了一遍又一遍。因加工能力问题，新设计钻具在宁夏一个机械厂展开加工试制工作，从工地上刚回来的杨新勇，顾不得回家便又一头扎进了机械厂里。一厘米一厘米精益求精，一个卡扣一个螺帽的反复琢磨，"精诚所至，金石为开"，第一台黄土塬气动钻机HTZ-20A型终于成功问世。

寒冬时节的黄土高坡时时卷起漫天飞舞的黄沙，站在生产现场上，听着耳边气动钻机轰鸣，看着以前用双手、汗水一寸寸缓慢推进的钻杆在空压机的带动下一米米高速钻进，杨新勇想起了去美国观摩时看到的美国工人工作的钻井画面，心里的自豪感油然而生：中国工人从来都不比谁差，今天我们迈出了一小步，明天，我们就能走出第二步、第三步，终有一天，我们要赶超世界！

气动钻机的问世及不断更新，解决过去黄土塬钻井"干不了、干不完"的难题。缩短了项目周期，加快了勘探节奏，实现黄土塬三维年完成能力由1000平方千米到3000平方千米的跨越。气动钻机的成功研发，不仅终结了黄土塬勘探钻井洛阳铲的历史，实现了鄂尔多斯盆地黄土塬勘探世界级钻井难题的历史性突破，而且会带来勘探技术方法的大变革，为提升勘探生产效率和勘探质量发挥重大作用。

"敢为人先，勇于担当。扎根生产一线，切实解决问题，把黄土塬机械化钻机研发做优做强，历经艰难，百折不挠。"黄土高坡雄浑辽阔，杨新勇、陈鹏两位专家又一次踏上了气动钻机可行性试验的征途。

赵帅：用心做工，精心为匠

【人物档案】

赵帅，男，1964年出生，1980年参加工作，可控震源高级技师，公司技能专家。现为装备服务处震源服务中心"赵帅创新工作室"负责人。先后荣获公司"技术能手"、河北省第二届百名"能工巧匠"、企业"优秀共产党员先锋岗"、河北省"最美河北·最美工匠"等称号。带领创新团队先后申请并获得国家专利7项，QC成果16项，技术改进40多项，参与解决企业级技术难题9项。

赵帅自18岁起从事与可控震源相关的工作，就与可控震源结下了不解之缘。

凡事爱琢磨的赵帅，工作中一路钻研一路实践，筹备创建了"赵帅创新工作室"，立足于小改小革，有效解决了许多制约设备保障效率和成本的问题。可控震源伺服阀调校装置的研制、可控震源现场保障设备的研制等多个创新成果，都被公司或同行作为典范进行学习。

2014年2月，尼日尔8636项目在施工中突然出现了较为罕见的个别可控震源畸变超标现象，生产进度达不到设计要求，项目领导很是着急。接到求助信息后，震源服务中心反复权衡并安排赵帅进行技术支持。他到达项目后，对设备的各项施工参数、系统压力、压重、储能器压力、设备配重及双泵合流后压力、施工地表地段查看和监视记录等进行逐一确认。在经过多项排查后，根据多年施工经验判断，可能与地质构造和地表条件有一定关系，针对这种情况，他大胆将系统高压压力在原基础上再升高200磅力/平方英寸，用于消除较差地表条件下对设备能量激发的影响。经过实验验证该方法非常有效，生产进度也很快达到开工前设计的进度，为该项目按期完成施工任务打下坚实的基础。

同年8月，应国际勘探事业部要求，赵帅再次前往尼日尔项目做技术支持工作。

由于尼日尔项目工作量加大，项目在原有5台震源基础上又从其他国家调来6台较老型号震源，在位于撒哈拉沙漠腹地施工。由于当时正值夏季，中午环境温度最高可达50摄氏度左右，造成震源发动机和液压系统温度超出设备允许的工作范围。震源不得不轮换停机休息，生产日效有所降低。针对这种现象，赵帅根据该型号震源的结构特点，设计并制造出一套解决降低震源工作温度的辅助设施，促使项目生产效率大幅提高，累计创造经济效益100多万美元，项目提前20多天完成。2015年4月，阿曼项目施工时，一台设备的发动机从机油尺处向外喷机油，造成该车无法施工停于工地，这给项目进度带来一定影响。当地机械师到达现场，给出的答案是需要大修；厂家售后服务来到现场，给出的答案依然是需要大修。大修发动机，维修费用就需要十几万，而且至少需要半个月时间，怠工产生的损失将会高达几百万美金。项目组向震源服务中心寻求技术支持，赵帅被委以重任立即赶赴一线。他到达项目后直奔设备故障现场，用了半个小时就将故障诊断排除，保障了项目正常生产，并为项目节约十几万的维修费用。

伺服阀就像可控震源的"心脏"，一旦出问题会直接导致"振动器"这个"震源心脏"总成件工作紊乱，甚至停止工作，在震源勘探工作中这种现象经常出现。伺服阀是进口部件，由于技术制约，一旦出现故障就要返厂维修，维修一个伺服阀，一般故障至少花费上万元，维修周期长、成本高。赵帅经过成千上万次的实验，成功研发出"可控震源伺服阀调校装置"，打破了这项技术壁垒，维修成本甚至降低到了几百元，公司每年节省的震源伺服阀维修费用，就能达到数百万元！

砥砺三十载，痴心筑一梦。36年，在平凡岗位上，赵帅用坚守书写了一段非凡的壮丽诗篇，用执着凿出了更宽大的心胸和更广阔的舞台。赵帅说，在为可控震源专业创新发展的道路上，他还要一直走下去，和可控震源的这份情，终将成为他一生的牵挂。

王梦晨：装配女巧匠

【人物档案】

王梦晨，女，1975年出生，1995年参加工作，现任西安物探装备分公司检波器装配车间机芯装配组组长。2018年西安市在各行各业中评选出百名"西安工匠"，王梦晨便是其一。2015年荣获西安市"劳动模范"称号；2017年荣获陕西省"劳动模范"称号。

地震检波器是用于接收地下岩层信号波的关键设备，检波器机芯则是检波器的"心脏"，王梦晨的工作就是生产装配机芯。参加工作二十多年，她一直从事这项工作，也深深喜欢上这一岗位。

梦想激发动力。日常工作中，她对自己严格要求，每一步操作都达到精益求精。在参加集团公司检波器制造工职业技能大赛中，她摘得理论考试、技能操作双桂冠，29岁就被集团公司破格评定为技师，是公司迄今为止唯一的检波器制造专业工人技师。

翻开车间每个人每年的生产记录，王梦晨完成的工作在数量和质量上都走在班组的前列，劳动竞赛和技术比武，她的成绩也是数一数二。生产中她发现主导产品SN7C超级检波器虽然量产了十多年，但机芯装配效率和质量还有提升空间。她悉心揣摩、反复试验，终于总结出了关键诀窍，解决了不同重量的线圈如何选配弹簧片，实现了线圈系统的幅度和频率实现一次装配合格。这个诀窍不仅对常规机芯的装配有效，对以后开发出的不同型号检波器的装配同样起到了指导作用。

焊接是机芯装配的一个难点，以前学徒光是焊接就需要学三个月，技术要求非常高，王梦晨从有关学术期刊上学习了一种简单易行的焊接方法，在和技术人员反复试验后，发现这种方法完全适合机芯线头的焊接，这一生产工艺的突破，打破了传统的机芯焊接方式，使车间机芯装配班产一下子提高了133%，机芯焊接班产提高了140%。

2016年，西安物探装备分公司接到一份SN5-5Hz检波器订单。每当车间主任通知加班时，她总是率先站起来："主任，我能来！"在王梦晨的影响下，大家相互鼓劲，一起加班加点。在装配过程中，由于种种原因造成装配合格率受到影响，数量上不去，返修量也多。技术人员急，她作为组长更急。半成品一致性不稳定，装配规律不容易摸索，机芯拆了装、装了拆，大家感到身心疲惫，于是每天在分弹簧片时，她总是先让其他人选择中值的片子，自己用两头散差大的片子。白天生产任务繁忙，她就主动加班加点与技术人员一起摸索装配规律。在那一段时间，空荡荡的车间里，她的工位上总是亮着灯。这灯光不仅带领大家走出了当下的困境，也像星星之火点燃着一个企业的自信心。

2017年年底，公司中标科威特西超大三维全数字地震勘探项目，西安物探装备分公司承担了24万只SL11数字检波器的生产任务。这是检波器史上一项新突破，国际上也没有任何企业承接过这样大批量的数字检波器生产任务。检波器装配车间成为了生产"主力军"，而王梦晨班组则承担着终端板预焊接这一关键核心任务。在时间紧、任务重、技术难度高的强大压力下，王梦晨又一次挺身而出！配合技术人员摸索焊接工艺，揣摩焊接方法，一位技术人员曾戏称"这不是在搞生产，而是在搞艺术"。最终，在王梦晨的组织安排下，SL11的焊接工艺得以落实，并在全组中进行推广。

"一枝独秀不是春，百花齐放春满园"，作为技师，她毫无保留地将技术传授给新员工。新员工到岗，车间领导总会让王梦晨带上学徒，"带徒弟就要传授真经"。认真负责的王梦晨有自己的一套方法，她把检波器机芯装配的各个工序细化成若干步骤，手把手教徒弟一步步学习，直到熟练掌握技巧。她还刻意营造出竞争氛围，让徒弟自觉加压，相互比学赶超。在她的悉心调教下，6名学徒工很快脱颖而出，成长为车间生产骨干，在车间劳动竞赛、技能比武中名列前茅。王梦晨工作20多年来，带过的徒弟多达12人，都成长为车间生产的中坚力量，有的被抽调参与西安物探装备分公司技术革新，有的被评为先进工作者。作为师父，王梦晨暗暗享受着桃李芬芳的喜悦。

王梦晨，一名普通的检波器装配女工，她在深爱的岗位上一干就是20多年，她为自己是一名新时代的石油工人而骄傲，她用自己的无悔青春在"我为祖国献石油"的华丽乐章中奏响了精彩的音符。

青年榜样

孙鹏远：大鹏展翅科研路

【人物档案】

孙鹏远，男，汉族，1975年出生，中共党员，高级工程师，公司高级技术专家，SEG、EAGE会员。现任物探技术研究中心处理技术研发部副主任。2004年毕业于吉林大学地球探测与信息技术专业，获得博士学位。一直致力于地震勘探资料处理方法研究和软件开发工作，先后承担或参加国家、集团及公司技术开发项目15项，在国内外各类期刊及会议上发表专业论文40余篇，获国家发明专利19件，登记软件著作权10件。他组织研发的GeoEast-MC多波资料处理软件达到了国际领先水平，为东方物探及中国石油的技术创新起到了积极的推动作用。先后获得河北省国资委新长征突击手、优秀共产党员，公司先进工作者称号。

孙鹏远博士毕业加入东方物探时，正赶上东方物探研发GeoEast V1.0的浪潮，刚毕业的孙鹏远很快被研发的工作氛围与身边人的工作热情所感染，经常跟着师父一起加班加点。每天加班后，他都会将一摞国外专利和专业技术文章为内容的外文文献带着回家，睡前便看上一两个小时，觉得有新思路或者有启发的地方就立即记录下来。经过长期积累，他的专业文献查找能力、阅读能力都提高了不少，研发思路也更开阔了。

他工作中总是精力充沛、激情饱满，被同事戏称为"24小时on call"。科研开发经常需要前往生产一线进行实地调研和考察。有一年出差，在青海调研返回格尔木的途中，他利用6个小时的车程，对横波源定向分析产生机理开展讨论并敲定方案；"十三五"国家重大专项及集团软件重大专项的立项，为了重大项目的顶层设计，他熬夜写材料；当海外用户在生产中遇到问题，前方项目周期又特别紧，耽误一天可能就是近百万美元的损失，他和同事们彻夜查找软件问题。

2007年，公司启动了高精度成像和多波地震等高端处理技术的研发。由于多波地震是复杂油气藏勘探的重要手段，长期以来一直被国外垄断和封锁，国内几乎没有实质性的技术突破。

孙鹏远心里暗暗给自己鼓劲：一定要啃下这块硬骨头，为国人争气！他主动请缨，成立党员攻关组，全面负责多波处理技术的研发工作。无数个日日夜夜的奋战、研讨、计算、论证，研发团队终于成功攻克了高分辨率多参数速度分析及多波资料高精度匹配等技术难题，并在后续两年内带领团队在转换波综合静校正、多波成像参数分析及建场、深度偏移等技术领域取得了一批具有完全自主知识产权的原创性成果。GeoEast-MC多波处理软件被专家组鉴定为国际领先水平，同时也被列为集团公司32项技术利器之一，彻底打破了长期依赖国外进口的被动局面。

2016年3月，公司为了确保沙特阿拉伯红海S78大型OBN采集项目的顺利开工，需要4个月内完成OBN处理关键技术的攻关任务。面对这个时间紧迫、任务艰巨的挑战，孙鹏远抽调30名骨干成立了"OBN处理技术攻关组"，制定了攻关计划，采用倒推机制将方法研究、软件开发和测试人员有机结合，充分发挥各自优势，方法研究人员完成核心算法的同时，软件开发人员进行原型模块开发，测试人员随时测试发现问题后，方法研究人员立即进行修改，从而提高攻关效率。

由于OBN处理技术是正在发展的国际前沿技术，国内尚属空白，可以说是摸着石头过河。为了理清研发思路，各种技术方案研讨碰撞爆发的争论尤为激烈，团队成员不时会发生争吵和矛盾。

一次，面对"波场延拓压制多次波"问题爆发了项目组成立以来最激烈的争论。会上不同的技术方案与思路，由讨论进而演变成了争论。孙鹏远作为项目负责人，需要在不同环节担任不同角色，发挥"润滑剂"与"粘黏剂"作用，会上对场面进行掌控，会后与人员分别进行沟通谈话，及时消除成员间不必要的隔阂，使团队凝聚在一起，智往一处谋，劲往一处使。

最终，项目团队比原定计划提前 1 个月完成了 11 项关键技术原型模块的研发，实现了 OBN 处理技术从无到有的突破，形成了业界最完整的全流程处理能力和 5 项专有技术，应用效果得到甲方充分认可，为公司后续 OBN 勘探业务发展奠定了坚实的技术基础。

科研无坦途，创新无止境。进入新时代，国家提出大力发展非常规能源勘探的号召，孙鹏远带领团队又开始了煤层气储层地球物理技术研究，提出了煤层厚度和含气性预测新方法，为鄂尔多斯及沁水盆地煤层气综合预测提供了理论支撑，有力地推动了东方物探非常规油气勘探业务的发展。

赵　博　郑晓丽：博士夫妻找油梦

【人物档案】

赵博，男，辽宁省盘锦市人，1987 年出生，中共党员，博士研究生，现任研究院库尔勒分院副院长。2016—2017 年度研究院十佳优秀青年标兵，2019 年集团公司建功立业模范人物，2020 年东方物探"十大先锋青年"，2020 年河北省国资委系统企业优秀共产党员，2020 年第 45 届国际质量管理小组大会 QC 成果铂金奖，2021 年集团公司青年岗位能手。

郑晓丽，女，黑龙江省双鸭山市人，1987 年出生，中共党员，博士研究生，现任研究院二级工程师。2016—2017 年度研究院十佳优秀青年标兵，2017 年研究院优秀党员先锋岗，2019 年集团公司建功立业模范人物。

赵博和爱人郑晓丽是大学同学，2006—2016 年共同就读于浙江大学。两人因为共同的专业和爱好相识，并双双取得构造地质学博士学位。毕业后，他们怀着解决地质难题、为祖国献石油的初衷，选择了远离家乡、条件艰苦的塔里木。他们刻苦钻研、勤奋工作，把所学特长应用到实际工作中，出色完成了承担的各项工作任务，在献身石油事业的同时实现了自身发展。

坐上开往南疆的火车，从乌鲁木齐到吐鲁番，再到马兰，郑晓丽的最终目的地是南疆的库尔勒。沿途除了零星的几个小的车站，放眼望去，茫茫的戈壁滩一眼望不到边际，如果不是耳边一直持续的隆隆车轮声和偶尔看到的油井，郑晓丽怀疑自己是不是就静止在了那里。虽然出发前已经有了足够的心理准备，但真要面对即将到来的新的工作和生活，郑晓丽感到既兴奋又有一丝忐忑。

郑晓丽和爱人赵博共同在浙江大学就读，并双双取得地质博士学位。在许多人眼中，他们是令人羡慕的一对：有着名牌大学的高学历，许多条件优越的城市和单位在等待着他们的选择。而令人意外的是，他们却执意选择了环境艰苦的新疆。"放着出国、留校这样好的机遇不把握，竟然跑到新疆去吃沙子。"身边的一些人对他们的决定很是不解。

"其实在读博期间我们就一直在思考：读了这么多年书，究竟要用来做什么。塔里木作为西气东输的源头，这里有着国内最丰富的油气资源，不仅仅是产量，探明储量也一直处于上升阶段。而且如果像大家开玩笑说的那样，在这里一把铁锹就能挖出油来的话，我们也不会来这儿。这里有困扰了几代石油人的地质难题，这也是最让我着迷的。在这里一个难题的攻克，可能会带来几万或者几百万吨的产能。"在提及选择塔里木的初衷时，赵博这样说。

初到库尔勒分院，赵博和郑晓丽就以自身的博学和严谨的工作展示出了过人的能力。

在资料解释和地质综合研究中，同事们大多基于以往的经验只是知道该怎么做，却不知道为什么要这么做，缺乏相应的理论支撑。这就使得在向油田公司的汇报中经常被对方专家质疑，甚至是质问。郑晓丽看在眼里急在心上，主动发挥自身所学特长，为大家解疑答惑，补充理论依据，使成果汇报论据充分更具说服力。同事们在钦佩之余，也对这位年轻的女博士多了一份亲切和尊重。

而刚入职的赵博在分院举办的"青年科技报告会"上，以自己的一篇博士论文赢得了同事们的一片喝彩。论文以翔实的基础数据资料、扎实的理论依据和独到的地质认识获得了专利。该项研究成果为塔里木盆地东秋构造模式的确定提供了扎实的理论依据，有力推动了东秋构造带的落实，解决了多年来困扰塔里木油气勘探的地质难题。

"搞地质研究一定要有大盆地、大场面的宏观意识和宏观思维,否则一定会是井底之蛙。"赵博的博士后导师、研究院库尔勒分院院长冯许魁对自己的学生充满信心并寄予厚望。立足全盆地研究,结合科研生产,发挥所学特长,冯许魁为赵博设定了三个课题,赵博主动选择了最难的一个。而郑晓丽,分院则为她制定了主要以新认识新思路为主导的塔北深层走滑断裂模式研究方向。

在2016年的塔东南研究中,赵博主要负责构造建模。研究过程中,他结合自身认识,将相邻的柴达木、塔里木两大盆地进行连片,应用地震、非地震、钻井、测井等相关地质资料,通过类比寻找二者之间的共性。最终完成的地质成果剖面,反映出柴达木和塔里木盆地上亿年的演化关系,填补了近三十年两块区域之间的研究空白,由柴达木西缘的勘探指导塔里木东缘的勘探,围绕阿尔金山确定了今后的勘探方向。该项研究成果论文发表后,在国际上得到高度认可。该项研究成果提出了具有独特地质认识的结论,不仅要研究断裂机制,更要在断裂机制研究的基础上指导油气勘探。

阳霞凹陷和克拉苏构造之间的走滑断裂问题一直困扰着塔里木油田,走滑断层在许多地方虽然存在,但在剖面上是看不见的,这就需要一个理论模式的指导,以便建立相应的油气运聚模式,为井位确定提供支持。

为了尽快建立合理的油气运聚模式,赵博通过查阅大量基础资料和文献,结合自身多学科理论认识和实践,最终找到并研究确定了走滑断裂发育机制,宏观地构思了整个塔北西部的构造演化,为该区域的走滑断裂勘探指明了方向。2017年由赵博完成的库车总结汇报中,针对性地提出了下一步的两种勘探思路,解决了长期困扰地质人员的克拉苏—迪北构造带的关系,从地表卫星图片的验证到地震资料二者之间的关系,解决了塔里木地质研究二十多年没有搞清楚的问题。

而此时的郑晓丽,分院为她提出了与赵博有所区别的任务,主要负责塔北深层走滑断裂模式研究。塔北深层走滑断裂一直是地震资料解释中的难点和短板,长期以来,解释人员都是依据前人总结出的模式和经验解释走滑断裂,对断裂形成机制、演化过程并不十分清楚,只是机械式地套用几种模式,因此在资料解释过程中很难说清楚断裂的应力变化、压扭、拉张关系。尽快建立塔北深层走滑断裂模式成为多年来塔北勘探亟待解决的难题。由于在校期间并没有太多接触过走滑断裂，此次的研究任务对于刚入职的郑晓丽来说极具挑战性。

有困难就必须自己想办法去解决，郑晓丽从基础工作入手，查阅了大量的资料和文献，一点一滴汲取消化。研究过程中，郑晓丽发挥自己所学特长，把丰富的理论知识结合塔北地区具体的地震、地质资料进行系统研究，总结形成了该区域的走滑断裂形成机理、组合模式，一举解决了塔北深层走滑断裂解释的瓶颈。在走滑断裂解释理论模式的指导下，宏观构思了整个塔北西部的构造演化，指出了下一步勘探方向。同时所有塔北深层走滑断裂解释项目获得了油田公司的认可，取得了良好的经济效益和技术成果。

赵博和郑晓丽都是地道的东北人，在老家，亲戚朋友总是喜欢凑在一块儿唠家常。上学时每次放假回家，必定是这家喊那家叫的，甚是热闹。自从他们来到几千里之外的库尔勒，与老家近三个小时的时差，有时忙完一天的工作，想给家人打个电话都不方便：太晚了，算了吧。

"其实最对不起的还是爸妈他们，为了帮我俩带孩子，妈妈也来到了库尔勒，留下爸爸一个人在老家自己照顾自己，而且他们年龄也都大了，孩子我抱一天胳膊都抬不起来，更何况是她。"郑晓丽咬着嘴唇说道。

研究院与其他单位相比最大的特点就是经常需要加班。这也是靠前技术支持单位的特殊性造成的，要随时随地为油田解决勘探难题。

2016年刚来库尔勒时，赵博和郑晓丽的孩子只有三个月大，正值哺乳期。为了不影响工作，郑晓丽每天都是早上上班前把奶吸出来放冰箱，中间孩子饿的时候就拿出来热一热喂她吃，这样就节省了回家给孩子喂奶的往返时间。

谈到库尔勒分院和个人的发展，两个人的回答如出一辙："我们一直没有改变当初来到这里的初衷，努力工作，解决更多的问题，找到更多的油气；而且我们也希望能在这里干出名堂，用自己的成长经历吸引更多高层次的人才来大显身手、挑战自我。"

外籍明星

【人物档案】

Wahid,男,巴基斯坦籍,阿曼项目部,五星级雇员,在 BGP 工作 19 年,放线班长。

【明星感言】

> During The week with B4P very happy. The B4P Thinking About us and hopful Then long Time worry with B4P 2000 To till working with same company. The long time working anytime no feel problem with crew mangment and Head office oma Also very big support crew mangmen and Head office.

译文:在 BGP 工作期间非常开心。BGP 为我们着想,帮助我们。从 2000 年到现在,一直在 BGP 工作,没有换过公司。在 BGP 这么长时间的工作期间,任何时候都没有感觉到小队和阿曼项目部办公室的问题。也得到了小队和项目部管理层的巨大支持。

【人物档案】

Talib Abdullah Rashid Al Kalbani,男,阿曼籍,阿曼项目部,五星级雇员,在 BGP 工作 14 年,震源监督。

【明星感言】

译文：我叫塔利班，2004 年开始在 BGP8622 队工作，直到现在仍然在 BGP，工作已有 14 年，我在队上的第一份工作是放线班监督，然后转岗为震源监督，在此期间得到了公司的肯定和认可，陆续获得了许多优秀员工证书，同时我渴望得到更多的进步。

8622 队员工来自不同的国家，但是我们是一个优秀的团队，我很高兴在 BGP8622 队工作，因为在这里我认识了很多中国朋友，我们就像一个大家庭，在一起工作，是一个很好的团队，我希望我们能够获得下一个合同，这样我们就可以继续在一起工作，同时通过工作我可以让我的家庭过上更好的生活，我的大部分时间都是在队上度过，通过工作我实现了许多愿望，谢谢公司、项目部和队上对我的支持和帮助，同时我希望有机会去中国参观 BGP。

【人物档案】

Mohammed AL Asmi，男，阿曼籍，阿曼项目部，五星级雇员，人事经理。

【明星感言】

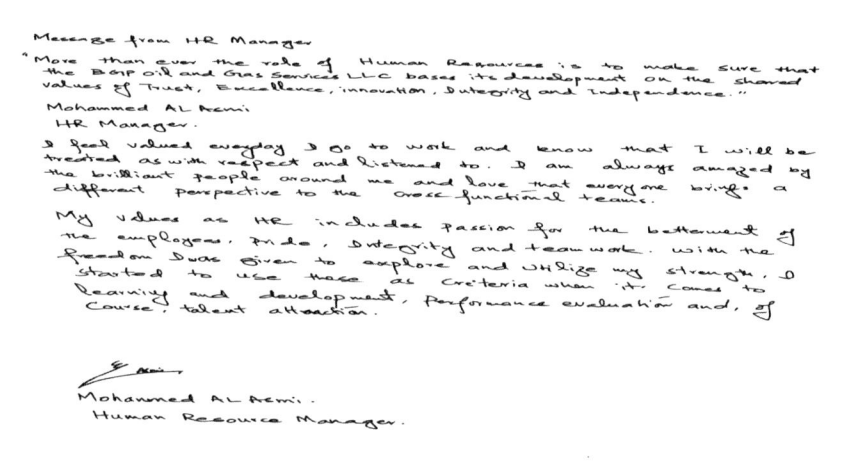

> Message from HR Manager
>
> "More than ever the role of Human Resources is to make sure that the BGP Oil and Gas Services LLC bases its development on the shared values of Trust, Excellence, Innovation, Integrity and Independence."
>
> Mohammed AL Asmi
> HR Manager.
>
> I feel valued everyday I go to work and know that I will be treated as with respect and listened to. I am always amazed by the brilliant people around me and love that everyone brings a different perspective to the cross functional teams.
>
> My values as HR includes passion for the betterment of the employees, Pride, Integrity and teamwork. With the freedom I was given to explore and utilize my strength, I started to use these as criteria when it comes to learning and development, Performance evaluation and, of course, talent attraction.
>
> Mohammed AL Asmi.
> Human Resource Manager.

译文：人力资源经理致辞

"比以往任何时候都更重要的是确保 BGP 阿曼的发展建立在信任、卓越、创新、廉正和独立的共同价值观之上。"

人力资源经理 Mohammed ALAsmi

我觉得自己每天上班都很受重视，我知道我会受到尊重和倾听。我总是对身边优秀的人感到惊讶，我喜欢每个人都以不同的视角给跨职能的团队带来发展。我作为人力资源经理的价值在于包括改善员工对团队合作的热情和骄傲。公司赋予我自由探索和发挥优势的权利，我便利用这些作为我学习发展、评价考核、吸引人才的标准。

【人物档案】

Орынбай Гүлайым Петрқызы，女，哈萨克斯坦籍，哈萨克斯坦项目部，五星级雇员，行政经理。

【明星感言】

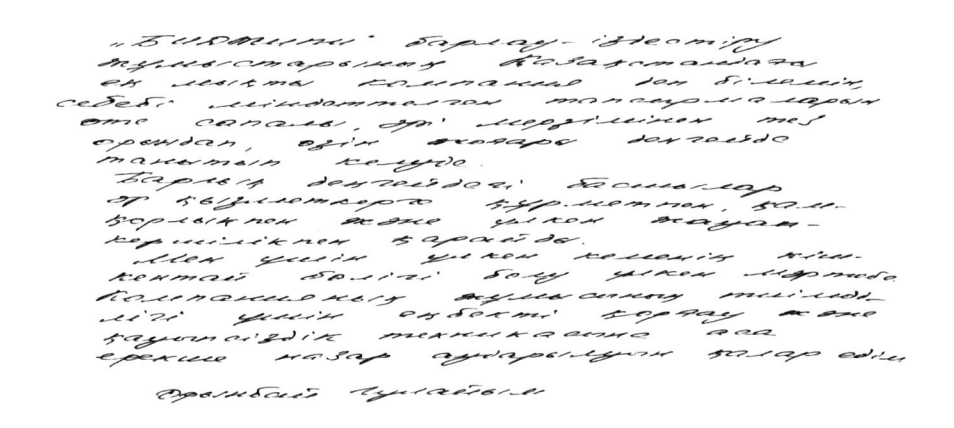

译文：BGP是哈萨克斯坦最大的最有实力的陆上勘探公司，总能保质保量的按时甚至是提前完成自己的工作任务，展现给哈萨克斯坦的是一个高水平高层次的团队。各个层次的领导和管理者都能很好地尊重、理解每一个员工。

对于我来说能作为这样一个公司的员工我感到很自豪，就像是万吨巨轮上的一个小零件。在以后的工作中我将更加努力，投入更多的精力到安全、环保和员工健康上。

【人物档案】

GORAN SDIQ MUHAMAD，男，伊拉克籍，伊北项目部，五星级雇员，在BGP工作5年，设备管理助手。

【明星感言】

It's been more than five years that I am working with BGP Company. After graduation in university, I have been interviewed two times in this company then they hired me. I have been involving in four projects, and I am still working for BGP. During my career at BGP Company, I have been working as HR Assistant, and Equipment manager Assistant doing the followings; implement company driving and workshop management and policy, with planning and organizing training for all drivers, mechanics, and fuelmen. Besides, I was given three weeks training in 2017 to know about party manager roles, and I presented three presentations in Survey, Cable, and HSE Fields.

I have been working with more than eight supervisors without facing any problems during my job. They were very helpful for me, and made my experience better and better. That time I didn't have any experiences, but now I have so many experiences in seismic crew, HSE field, HR field, and management process, etc.

I would like to thank BGP Company for everything. I really love this company. I always feel comfortable here, and it is my second home. I wish I will be working with BGP as many times as I can in any project.

译文：我已经在 BGP 工作超过 5 个年头了。大学毕业之后，我在公司面试了两次，然后被录取了。至今我已参加过四个地震勘探项目。目前在 9932 队 KAR 三维项目工作。在为公司服务过程中，我从事人事助手和设备管理助手等工作，协助对公司车辆驾驶和设备工作间进行管理，对所有司机、机械师和油料工进行培训。另外，2017 年接受了为期三周的生产队长岗位培训，培训期间我准备了测量、放线和 HSE 等三个方面的汇报材料。

目前为止，在队上班组中，我已跟八名以上的中方监督在一起共事过，在一起非常融洽，没有发生任何不愉快。各位中方监督给我很大帮助，使我的工作能力不断提高。刚参加工作时，我没有任何工作经验，但是现在我对地震队中的 HSE 管理、人事、设备以及生产管理等方面都具有非常丰富的经验。

我非常感谢 BGP 给我提供的一切，我真的非常热爱公司。我在这里工作觉得非常舒服，公司就是我的第二个家。根据我的工作技能和能力，我愿意为 BGP 在任何地方任何项目从事任何岗位。公司教会了我许多关于安全、生命、环保、健康等方面的知识。公司教会了我如何与不同文化、不同语言、不同国籍、不同种族和宗教信仰的人们友好相处。在项目运作和安全方面，BGP 是一个高标准和严要求的公司。我甚至感觉不到我是在为一家外国公司工作,我感觉自己就是公司的主人。我心底最大的愿望是BGP在我的国家长久运作,永续发展。

【人物档案】

Azhardi,男,印度尼西亚籍,印度尼西亚项目部,五星级雇员,在BGP工作10年,Part Chief。

【明星感言】

Azhardi

My Brief history

I was born near the end of the 1970's in small village Sumatera Island, Indonesia. I was graduated from the University of Riau in Indonesia at age 26. that was also when I did my first works in oil field as junior geophysicist at Western Geophysical in central Sumatera.

Twelve years later, I join with BGP Indonesia as seismologist and spent more than ten years till this day. I starting from low level as junior employee, at the end I can reach crew mangement level with patient and hard working.

Thank you to my line management and BGP Indonesia

My own opinion about BGP

As long as my career with BGP Indonesia, I feel very happy with the BGP system, that really emphasizes brotherhood and kinship. A lot of joys and sorrow that I have had more than ten years with BGP made me become more mature and wise. the friendship that I had with BGP Indonesia will be memorized untill end of my life. One thing that I can say: I love and happy to be part of BGP Indonesia family.

Yours respectfully,

12-Sept.-2018

AZHARDI

译文:在为BGP工作的职业生涯中,BGP突出的真正实行的"同事一家人、互相亲如兄弟"的人性化管理模式一直让我感到很幸福。在过去的10年多里,所经历的所有的喜乐忧愁使我逐渐变得成熟睿智。我与BGP之间建立的深厚友谊将永远铭记我心,终我一生。可以肯定地说,我很高兴成为BGP印度尼西亚大家庭的一员,我很爱这个家!

【人物档案】

Gun GunGunawan，男，印度尼西亚籍，印度尼西亚项目部，五星级雇员，队长。

【明星感言】

> Unfortunatelly I would say Thank you very much to the company already give me Five Star award. hopefully with this award. I can improve my contribution to PT. BGP Indonesia as a proffesional employee.
>
> In the beginning, I would to say thank you for the opportunity from the company there is I can develop and elaborate my career also skill and communication system. This company give me wide of career step and same chance to the Indonesian people to give the best effort for the company improvement.
>
> I am very happy can collaborate with any work culture within chinese and Indonesian people also full of respect even we have different culture. This company given me chance to learn new knowledge and organization system that make my career path develop than before. I also got more attentn from the company, this realize from the feed back communication and respect each other. Also when we together in the crew, we help and support each other and often we discuss and suggest each other related with the potential problem in the crew, and this situation make everybody comfort to give genuine idea with the same goals.
>
> Still many knowledge and management system need to learn by me and I wish the company growth and keep become a leading seismic survey company in the world.
>
> Last but not least my family would say thank you so much due the company made our life better than before, so that make us comfort life.
>
> Cheers,
> gu. gu. g. thieman

译文：作为BGP Indonesia专业员工，我非常幸运获得公司的奖励。在这里我感谢公司，接下来我会更加努力地工作，争取对公司做出更大的贡献。

首先，我要感谢公司给我的机会，让我快速地发展和成长，并且使我的能力不断地提高。作为印度尼西亚人，我会尽最大的努力为公司的建设添砖砌瓦。

我很高兴参与中国人和印度尼西亚人的工作合作，即使我们有不同的文化，也会充满敬意。BGP让我学习到了新的知识和技能，使我的职业发展道路比以往更加清晰。

此外，当我们在公司一起工作时，我们互相帮助和支持，共同解决面对的问题和困难。互相尊重和理解，使我们当地的员工都有了主人翁精神。

当然现在我的知识还不够，我会继续努力学习，提高自己。我希望和公司一起成长，愿BGP继续保持世界领先的物探公司。最后我的家人也非常感谢BGP，因为BGP让我们的生活比以前更好，让我们过上舒适的生活。

【人物档案】

Massey，男，印度尼西亚籍，印度尼西亚项目部，五星级雇员，在BGP工作5年，Part Chief。

【明星感言】

> Biography Massey Abadillah, M.Si, PT BGP Indonesia Party Chief
> year 2013 - present.
>
> A Brief story.
> Massey Abadillah, M.Si (40) is a Jakarta-born man January 03, 1978 is one of the PT BGP Indonesia Party Chiefs who served for 5 years. For five years at PT BGP Indonesia I have worked on several project, namely 3D Brantion & Morayam (Pertamina EP, 2013), 3D birdo & Furude (Genting Oil, 2013-14), 2D Gelatic (Limkon Genting Oil, 2014), 2D Kapalaindo (pertamina, 2016), 3D Penji (Pertamina EP, 2017). All work is done well for cooperation in the field, hard work and focus to remain consistent.
>
> My feeling working in BGP.
> After five years working at PT BGP Indonesia, my career and working experience increased dramatically and was able to make new innovations or my ideas. Very pleased with the development of PT BGP Indonesia, which is very petrifying in how of career and awards that have been given. Thank you very much for the opportunity that has been given to me and say hope that PT BGP Indonesia continues to develop and can provide the best for Indonesian people.
>
> prabumulih, 19 September 2018.
> Massey Abadillah, M.Si

译文：5年的BGP工作经历，使我积累了丰富的工作经验，拥有了显著的改革创新能力并能有很多好的想法。非常高兴BGP在印度尼西亚的不断发展壮大，这给予了我极大的回馈，使我更加坚定自我职业规划。非常感谢BGP给我提供的机会，衷心希望BGP在印度尼西亚持续发展壮大并能给印度尼西亚人提供更多更好的发展机会！

第六篇 开启未来，奋进世界一流新征程

肩负使命，忠诚担当，
坚定信念，追逐梦想，
志存高远，擘画蓝图，
拥抱伟大时代、奔向世界一流，
做党和国家最可信赖的找油找气先锋。

第六篇

培育具有全球竞争力的世界一流企业是新时代党中央对国有企业改革发展做出的重大战略部署。国有企业必须坚决扛起建设世界一流企业的政治责任，始终牢记国有资产是全体人民的共同财富，坚决夯实中国特色社会主义的重要物质基础和政治基础；坚定不移做强做优做大国有企业，培育具有全球竞争力的世界一流企业。

习近平总书记到胜利油田考察调研时强调，解决油气核心需求是我们面临的重要任务，要加大勘探开发力度，夯实国内产量基础，提高自我保障能力；要集中资源攻克关键核心技术，加快清洁高效开发利用，提升能源供给质量、利用效率和减碳水平。习近平总书记指出，石油战线始终是共和国改革发展的一面旗帜，要继续举好这面旗帜，在确保国家能源安全、保障经济社会发展上再立新功、再创佳绩。

面对新形势新任务新要求，作为集团公司找油找气主力军，东方物探始终心怀"国之大者"，坚决履行为国家找油找气、服务保障国家能源安全的神圣使命，按照集团公司党组提出的"志存高远，率先打造世界一流"的新定位新要求，先后制定《率先打造世界一流企业实施方案》《对标世界一流管理提升行动计划》，深入研讨创新业绩、技术、服务、人才、管理、文化"六个世界一流"的目标思路、战略路径、指标体系及创新举措，向着建设"绝对忠诚的一流企业、充满活力的一流企业、竞争领先的一流企业、造福人民的一流企业、强根固魂的一流企业"目标矢志前行。

第一章
继往开来，勇担"打造一流"的时代使命

站在中国特色社会主义进入新时代的历史方位，贯彻中央对国有企业"一个依靠力量、五个重要力量"的定位，必须全面理解和准确把握建设具有全球竞争力的世界一流企业的新内涵新要求，必须坚决落实国务院国资委和集团公司一系列决策部署，必须志存高远、接续奋斗，以全球视野和战略眼光，高质量推进世界一流地球物理技术服务公司建设，这是东方物探肩负的时代使命，也是化解风险挑战，提升整体竞争力和关键核心能力的根本方法。

第一节 扛起政治责任——坚决落实党中央重大战略部署

党的十九大明确提出，要深化国有企业改革，发展混合所有制经济，培育具有全球竞争力的世界一流企业。这是站在新的历史方位，以习近平同志为核心的党中央对国有企业改革发展做出的重大战略部署。国有企业是推进国家现代化、保障人民共同利益的重要力量，是党和国家事业发展的重要物质基础和政治基础。建设具有全球竞争力的世界一流企业，是新时代国有企业肩负的历史使命。

习近平总书记指出，推进国有企业改革，要有利于国有资本保值增值，有利于提高国有经济竞争力，有利于放大国有资本功能。当前，全面深化改革处

于向纵深推进的关键时期，加快建设具有全球竞争力的世界一流企业，对国有企业深化改革提出了新要求、新目标。只有坚持深化改革，不断完善现代企业制度，使企业真正成为独立的市场主体，才能不断提高国际竞争力，在全球市场竞争中发展壮大。

习近平总书记指出，推动高质量发展是当前和今后一个时期确定发展思路、制定经济政策、实施宏观调控的根本要求。国有企业特别是中央企业是推动高质量发展、建设现代化经济体系的骨干力量。加快建设具有全球竞争力的世界一流企业，不仅有利于增强国有经济的活力、控制力、影响力和抗风险能力，而且能够更好地发挥国有大型企业在贯彻新发展理念、推进供给侧结构性改革中的示范作用，在推动质量变革、效率变革、动力变革中的带动作用。

国有企业作为国民经济的重要支柱，不仅要积极参与国内经济竞争，更要深入参与全球竞争，在经济全球化浪潮搏击中强筋壮骨，不断提升综合实力和市场竞争力。只有加快建设具有全球竞争力的世界一流企业，才能有效参与全球经济治理，提升中国企业在世界经济舞台的话语权和影响力，在经济全球化进程中维护和实现国家根本利益。

作为集团公司找油找气的主力军，东方物探必须进一步解放思想、积极探索、大胆实践、先行先试，坚决扛起建设世界一流企业的重大政治责任，永远做党和国家最可信赖的找油找气先锋。

第二节　深刻把握内涵——国务院国资委对世界一流企业创建的目标要求

一、世界一流中央企业内涵

为贯彻落实党的十九大提出的"推动国有资本做强做优做大""培育具有全球竞争力的世界一流企业"重要部署，国务院国资委设立了"具有全球竞争力的世界一流企业评价指标体系问题研究"课题，借鉴国内外一流企业的理论研究和实践经验,提出世界一流中央企业的内涵是:能够比肩或者超越国际先进同行,引领全球行业和科技发展,具有优秀的业绩表现,拥有很高的社会认可度和国际影响力,模范履行政治责任和社会责任的中央企业。

二、世界一流中央企业核心特征

国务院国资委对世界一流中央企业的核心特征概括为:资本回报"一流",具有卓越的盈利能力,持续实现价值创造。规模实力"一流",具有较大体量规模,综合实力领先。发展潜力"一流",具有强大的自主创新能力和国际经营能力,推动企业可持续发展。行业引领"一流",具有领先的市场地位,掌控核心资源,引领行业发展。经营管理"一流",具有先进的现代企业管理体系,模范履行政治责任和社会责任。

三、世界一流企业创建目标要求

国务院国资委将"世界一流企业"概括为"三个领军、三个领先、三个典范"。

"三个领军":在国际资源配置中占主导地位的领军企业,引领全球行业技术发展的领军企业,在全球产业发展中具有话语权和影响力的领军企业。

"三个领先":效率领先、效益领先和品质领先。

"三个典范":践行绿色发展理念的典范、履行社会责任的典范、全球知名品牌形象的典范。

第三节 明确标杆定位——加快建成世界一流地球物理技术服务公司

国务院国资委落实中央精神,明确了"三个领军""三个领先""三个典范"的世界一流企业创建目标要求,将中国石油列入10家创建世界一流示范企业试点之一。中国石油制定了《创建世界一流示范企业框架方案》,根据各业务领域实际,明确了时间表和路线图,明确要求东方物探"要志存高远,率先打造世界一流",并纳入中国石油"十四五"发展规划纲要,推荐东方物探评选为国务院国资委国有重点企业管理标杆创建行动标杆企业,要求东方物探充分发挥示范带头作用,以点带面推动对标世界一流管理提升行动取得更大成效。

国务院国资委和集团公司的一系列决策部署,既是对东方物探发展成果的充分肯定和高度信任,更是对未来发展的殷切期盼和更高要求,为东方物探打造世界一流提供了重要的政策支撑。在能源转型加速演进大背景下,物探行业发展形势异常严峻,打造基业长青的世界一流地球物理技术服务公司面临更多不确定风险。东方物探必须以世界一流目标愿景统一思想、凝心聚力,在更大范围、更宽领域、更深层次配置资源,优化全球布局结构,打造国际知名品牌,切实提升整体竞争力和关键核心能力,在变局中加快建成基业长青的世界一流地球物理技术服务公司。

一、中国石油——奋力建设具有全球竞争力的世界一流企业

《求是》发表文章,介绍了中国石油建设世界一流企业的目标愿景和实现路径。文章指出,中国石油作为国有重要骨干企业和国内最大的油气生产供应企业,始终不忘"我为祖国献石油"的初心,始终牢记推进我国石油工业发展的使命,努力在建设具有全球竞争力的世界一流企业的伟大进程中走在前列。

按照中央"培育具有全球竞争力的世界一流企业"的要求,中国石油以习近平新时代中国特色社会主义思想和党的十九大精神为指导,确立了建设世界一流综合性国际能源公司的新战略目标:到2020年,世界一流综合性国际能源公司建设迈上新台阶;到2035年,全面建成世界一流综合性国际能源公司;到21世纪中叶,世界一流综合性国际能源公司的地位更加巩固。"世界一流"的目标定位,要求公司主要指标全面达到世界同行业先进水平。实现建设世界一流综合性国际能源公司新目标,需要在党建、机制、创新、开放、人才五个方面不断创新举措、狠抓落实。

党建强企,建设强根固魂的世界一流企业。党的建设是国有企业的"根"和"魂"。国有企业走出去无论走到哪里,这一本质特征都不能改变。中国石油将始终坚持"围绕发展抓党建、抓好党建促发展",把党的政治建设摆在首位,打造绝对忠诚可靠的石油队伍,确保百万石油人坚定不移听党话、跟党走,确保国家油气资源牢牢掌握在党和国家的手中;大力正风肃纪,坚决清除政治雾霾,推动石油优良传统作风回归,进一步营造风清气正的发展环境,以钉钉子精神把作风建设引向深入;着力建立健全巡察体制机制,巩固反腐败压倒性态势,营造良好政治生态。

机制强企,建设制度完善的世界一流企业。制度建设是企业健康发展的重要保障。中国石油将认真落实中央重大改革部署,坚持社会主义市场经济改革方向,坚持"稳"和"准"的原则,坚持问题导向,推动企业制度建设。要牢牢扭住"健全完善现代企业制度、推进公司治理体系和管控能力现代化国际化"的目标,突出重点领域和关键环节改革。要发扬攻坚克难精神,努力在加快建设中国特色现代国有企业制度和完善公司治理、调整优化结构和持续重组、健全市场化经营机制、扩大企业经营自主权、发展混合所有制经济、深化三项制度改革、加快"三供一业"分离移交、推进矿区服务业务市场化社会化等方面不断取得新突破。

创新强企,建设竞争领先的世界一流企业。在国际能源行业竞争日趋激烈和我国经济发展动力转换的形势下,没有创新发展,就难以实现发展质量和效益的根本好转。中国石油将把创新摆在更加突出位置,不断推进理论、制度、管理、文化和商业模式等创新,特别是发挥好科技创新在全面创新中的引领作用,推动物联网、云计算、大数据、人工智能等先进技术的广泛应用。整合数据资源,加快"共享中国石油"建设,实现"一个共享平台、多路共享服务",运用大数据提升生产运行效率和经营管理现代化水平。

开放强企,建设合作共赢的世界一流企业。开放发展是油气行业的客观要求,也是实现可持续发展的必由之路。中国石油将继续发挥自身优势,搭建合作平台,集聚各类资本,放大国有资本功能,努力形成深度融合、互利共赢的发展新格局。深度参与"一带一路"建设,打造"一带一路"油气合作升级版,在稳步扩大合作领域和规模的同时，更加注重效益发展和风险防控；生产经营与资本运营并重，积极探索并购重组、战略协作、金融运作等方式，发挥资本聚集和放大效应。加大合资合作力度，全方位、多层次推进与民营资本、金融资本、社会资本和国际大公司的务实合作。

人才强企，建设人才高地的世界一流企业。中国石油将坚持党管干部、党管人才原则，把人才作为企业最重要的战略资源，树立人才优先发展的理念，健全人才培养选拔使用机制，畅通人才成长渠道，从严从实加强领导班子和队伍建设，着力打造坚强有力的领导班子、高素质的石油企业家群体和人才队伍。加快实施石油科学家培育计划、青年科技英才培养工程和石油名匠培育计划等重点人才工程，特别是高度重视国际化经营管理人才的培养和使用。大力弘扬以"苦干实干""三老四严"为核心的石油精神，筑牢百万石油员工共同思想基础，提振干事创业的精气神，在新时代继续唱响"我为祖国献石油"的主旋律。

二、锚定一流目标，聚焦标杆定位——东方物探"率先打造世界一流"发展战略研讨会

东方物探按照国务院国资委和集团公司决策部署，锚定世界一流目标，专门召开"率先打造世界一流"发展战略研讨会，以"业绩、技术、服务、人才、管理、文化"六个"世界一流"为框架，深入研讨创新"六个世界一流"的目标思路、战略路径、指标体系及创新举措，构建率先打造世界一流的理论依据、运行机理和战略体系。

会议发布了《锚定一流目标 聚焦标杆定位 加快建成世界一流地球物理技术服务公司》的大会主报告。报告从国家开启新发展阶段、国际格局发生深刻变化、能源行业转型加速演进、物探行业形势复杂严峻、东方物探具备坚实发展基础等五个方面深入分析了发展环境，从重构世界一流创建模型和世界一流地球物理技术服务公司的基本内涵、运行机理、评价体系、评价标准等方面系统阐述了世界一流地球物理技术服务公司的内涵机理，从"六个世界一流"的维度进行了全面对标评价分析，提出了进一步强化党建、战略、文化"三个

引领",加快构建科技、服务、管理、人才"四个支撑体系",持续提升客户、员工、社会、股东"四个价值"的思路举措,确保提前两年基本建成世界一流标准的高质量发展标杆企业和全面实现高质量发展的先进企业。

东方物探相关处室和打造"六个世界一流"示范单位做了12篇报告,进一步细化目标,研讨实现目标的途径方法和创新举措。会议还针对光纤智能油藏地球物理、油气风险合作、新能源业务等新兴业务发展交流了3个专题报告。与会代表按照"六个世界一流"分为六个小组,就奋力推进高质量发展、加快世界一流企业建设进行了深入研讨。

东方物探分析了率先打造世界一流面临的内外部形势,充分认识到油气行业"稳"中有"变",油气业务有"保"有"压",内部发展"好"中含"忧",加快建成世界一流地球物理技术服务公司,必须重新看待所处的外部环境,必须重新审视所处的发展方位,必须重新谋划发展战略,摆脱路径依赖,脱离发展舒适区,以新思维开辟新路径,以新理念打开新空间,在国资委和中国石油创建世界一流示范企业的进程中展现东方智慧,提供东方方案,打造东方样板。

第二章
勇当先锋，吹响"打造一流"的时代号角

东方物探聚焦率先建成世界一流地球物理技术服务公司这一宏伟目标，突出步伐加快，体现标杆定位，围绕"一流的业绩、一流的技术、一流的服务、一流的人才、一流的管理、一流的文化"，制定率先打造世界一流行动方案和实施方案，明确了总体工作布局和具体目标举措，向着成为"引领地球物理行业发展的标杆企业，国资委'三个领军、三个领先、三个典范'的示范企业，全面实现高质量发展的先进企业"的目标加速前进。

第一节 明确总体思路——统筹推进"世界一流企业"建设

一、指导思想

以习近平新时代中国特色社会主义思想为指导，遵循国资委"三个领军""三个领先""三个典范"要求，认真贯彻落实集团公司"四个坚持"兴企方略和"四化"治企准则，从价值创造理论出发，主动应对形势变化，坚持目标导向、问题导向和结果导向，深化实施"两先两化"发展战略，突出"步伐加快"，聚焦"标杆定位"，全面对标世界一流地球物理技术服务公司评价指标体系，坚持党建引领，加快构建一流的业绩、一流的技术、一流的服务、一流的人才、一流的管理、一流的文化，持续提升客户、员工、股东、社会"四个价值"，全面增强找油找气服务保障能力，全面打造世界一流品牌，全面提升员

工幸福指数，全面树立良好企业公民形象，确保提前两年建成世界一流标准的高质量发展标杆企业和全面实现高质量发展的先进企业。

二、基本原则

坚持党的领导。始终坚持党的全面领导，把党的领导贯穿率先打造世界一流的全过程、融入公司治理体系，充分发挥党组织把方向、管大局、保落实的领导作用，为率先打造世界一流企业提供坚强政治保证。

坚持目标导向。始终瞄准世界一流目标，以"三个领军""三个领先""三个典范"标准，大力实施"两先两化"发展战略，在业绩、技术、服务、管理、文化、品牌等六个方面达到全球物探行业领先水平；把找油找气作为最大价值体现，做优做强做大主营业务，发挥找油找气主力军作用。

坚持守正创新。始终在发挥现有优势的基础上持续提升创新创效能力，强化不变则衰、不进则退的进取精神，把握好变与不变、立与破的关系，既要固根基、扬优势，又要激活创业创新基因、激发负熵因子，强化科研自主创新，持续打造开放包容、充满活力的管理体系。

坚持价值创造。始终以市场为导向、以效益为中心组织生产经营，坚持技术立企、人才强企，落实"四精"要求，坚决破除重生产轻市场、重规模轻效益的旧观念，强化产学研深度合作，持续提升企业发展质量和创效能力。

坚持依法合规。始终把建设法治企业作为推动高质量发展的重要优势，强化法治观念、合规意识和契约精神，切实通过项目规范运作防范化解重大风险，坚决摒弃人治思维、长官意志和"打擦边球"的侥幸心理，运用法治思维和法治方式深化改革、推动发展、维护稳定、化解矛盾。

三、把握好"五个关系"

把握好当前与长远的关系。建设世界一流企业既是未来的，也是现实的；既是长远的、也是当下的。既要以"六个世界一流"为引领，立足长远谋发展，避免短期行为，多做利长远、打基础的工作；又要立足当前求实效，对照世界一流标准，找差距、补短板，战胜"黑天鹅"，打败"拦路虎"，活在当下，向着既定目标砥砺奋进。

把握好做大与做强的关系。物探是一个技术、资金、劳动密集型行业，没有一定的规模难以形成竞争力，也难以支撑企业可持续发展。但物探也是一个有限市场，不可能无限扩张，要在保持现有体量规模的基础上，把发展重心放在做优做强上，突出技术立企、人才强企，不断增强核心竞争力，积极培育发展新动能，拓展企业发展新边界。

把握好局部和整体的关系。建设世界一流是整体的，而不是局部的，局部发展要服从整体发展，服从大局利益。要站在全局的角度看问题、想办法，统筹协调、上下联动，确保企业利益最大化、发展最优化。

把握好守正与创新的关系。发展实践证明，东方物探创新实施"两先两化"战略，战胜了低油价挑战，引领了企业高质量发展，奠定了"打造一流"的坚实基础，说明发展战略是科学的、完备的、系统的，是符合新发展理念要求和企业发展实际的。东方物探既要保持战略定力，坚定不移实施"两先两化"战略，也要适应时代要求、行业大势，守正创新，持续丰富完善"两先两化"战略内涵，拓展战略实施路径，增强战略引领发展能力。

把握好发展与风险防范的关系。越是发展，东方物探面临的内外部风险就越多、挑战就越大。必须把防风险作为发展的前提，坚持底线思维，强化风险意识，居安思危，未雨绸缪，狠抓责任落实，推进体系提升，加强依法治企，有效防范经营、安全、法律、合规、税收等风险，防止发生系统性、颠覆性风险，确保行稳致远。

第二节　瞄准目标方向——坚持建设世界一流地球物理技术服务公司不动摇

一、聚焦"六个世界一流"

世界一流的业绩：营业收入保持全球首位，市场占有率世界第一；盈利能力保持较好水平，净资产收益率稳步提升，资产运营质量和效率持续改善，成本竞争力不断增强，自由现金流为正；资产负债率保持行业合理水平；全员劳动生产率、人工成本利润率显著改善。

世界一流的技术：核心软件、核心装备、核心技术有形化、系列化、工业化水平不断提高；技术性能国际领先，对业务支撑和行业引领能力显著增强；研发投入强度、专利数量及影响力迈进行业前列，直接参与行业标准制定。

世界一流的服务：坚持以客户为中心，强化市场营销理念，创新服务模式、商业模式，项目创效能力不断加强；项目运行效率国际领先，服务质量和勘探成果得到油公司高度认可，价值创造能力明显增强，集团公司重大油气发现参与率始终保持100%，找油找气主力军作用充分凸显。

世界一流的管理：组织机构精干高效，体制机制健全完善，管理体系科学完备，风险管控能力大幅提升，精益管理深入人心，保持成本领先优势，公司治理体系和治理能力现代化水平不断迈进。

世界一流的文化：石油精神和大庆精神铁人精神不断传承，创新思想和创新意识迸发，物探先锋文化特质鲜明，"三支"人才队伍建设持续加强，领军型人才数量可观，青年人才接替有力，企业凝聚力、号召力、影响力不断增强。

世界一流的品牌：BGP成为全球物探行业标杆，HSE业绩世界先进，国际市场话语权明显提升，市场主导地位和行业影响力显著增强，行业认知度和信任度明显提升，品牌价值更加凸显，公司成为全球优秀企业公民。

二、实施"两步走"规划

按照中国石油董事长戴厚良提出的"志存高远"和"率先打造"的定位要求，东方物探建设世界一流企业的路径由"三步走"变为"两步走"，提前两年实现"基本建成"和"全面建成"世界一流目标。

1. 到2023年，基本建成世界一流

营业收入保持行业第一，净利润持续增长，自由现金流为正。总体技术水平国际领先，关键核心软件、装备和技术实现自主化，"两化"深度融合，跻身创新型企业前列。全产业链优势凸显，业务结构更加合理，项目运作能力全球领先。行业规则和标准制定参与度显著提高，品牌知名度位居前列，HSE 业绩行业领先。员工获得感、幸福感、安全感大幅提升，企业和谐有序充满活力。

2. 到 2028 年，全面建成世界一流

在规模实力、生产效率、创效能力、服务品质等方面处于行业领先，成为在国际资源优化配置中占主导地位、引领全球行业技术发展、在物探产业发展中具有重要话语权和影响力的领军企业，成为积极履行社会责任、拥有全球知名品牌形象的典范企业。

>> 案例

"开创六个新局面"

——东方物探在中国石油高质量发展大讲堂作首场专题报告

在中国石油高质量发展大讲堂首场专题报告会上，东方物探以"志存高远，率先打造世界一流"为题，围绕"开创六个新局面"，报告了企业贯彻新发展理念、推进高质量发展、向着率先打造世界一流地球物理技术服务公司目标坚定前行的生动实践和思路举措。

一是率先打造世界一流，必须坚持目标导向，守正创新，勇于担当，在推动高质量发展中走在前列，奋力开创战略引领新局面。二是率先打造世界一流，必须忠诚责任使命，闻油而起、闻气而动，在推动高质量发展中彰显价值，奋力开创找油找气新局面。三是率先打造世界一流，必须坚持科技先行，瞄准关键、矢志攻关，在推动高质量发展中赢得主动，奋力开创技术立企新局面。四是率先打造世界一流，必须坚持改革创新，打破常规、跳出惯性，在推动高质量发展中激发动能，奋力开创管理变革新局面。五是率先打造世界一流，必须树立国际视野，融入市场、聚焦高端，在推动高质量发展中勇立潮头，奋力开创海外发展新局面。六是率先打造世界一流，必须坚持党的领导，坚定信念、葆有激情，在推动高质量发展中勇往直前，奋力开创党的建设新局面。

大讲堂上，东方物探分别报告了 GeoEast 研发团队攻坚克难，自主研发超

大型地震数据处理解释一体化软件,将技术主动权牢牢掌握在自己手中的故事;在国际市场搏击的过程中,让海外客户逐渐从"信任"转变为"信赖",树立品牌的故事;秋里塔格项目青年技术扎根边疆,攻克世界级勘探难题的故事,以生动实践揭示了高质量发展的深刻内涵。

第三章
潮起东方，抒写"打造一流"的时代画卷

蓝图已经绘就，逐梦唯有笃行。站在新的历史起点上，东方物探志存高远，只争朝夕，围绕"业绩、技术、服务、人才、管理、文化"六个"世界一流"创新实践路径，加快打造基业长青的世界一流地球物理技术服务公司。

一、强化党的建设，引领打造世界一流正确方向

始终把坚持党的领导、加强党的建设作为加快建成世界一流的根本遵循，认真落实全国国有企业党的建设工作会议精神，把政治领导、思想领导、组织领导融入加快建成世界一流全过程，切实发挥把方向、管大局、促落实的领导作用。

抓好政治引领，把加快建成世界一流各项部署统一到中央精神上来。抓实"第一议题"制度和习近平总书记重要指示批示精神落实机制，建立发展战略动态优化调整机制，建立层层督办落实机制。

抓好思想统一，把全体干部员工的思想统一到加快建成世界一流目标上来。开展全面形势任务教育，让加快建成世界一流成为全员共同的价值追求。将"目标"量化为"指标"，层层分解落实到每一个岗位、每一名员工，凝聚起加快建成世界一流的强大合力。

抓好关键少数，把干部队伍打造成加快建成世界一流的中坚力量。打造"三强"干部队伍，着力构建既懂经营又懂党建的"双型"干部培养体系，加大优秀年轻干部选拔培养力度，用好容错纠错机制。

抓好组织融合，加快构建更加完善的中国特色现代企业制度。优化领导体制，更好发挥统一领导作用。推进基层党建"三基本"建设与"三基"工作有机融合，把基层党组织打造成加快建成世界一流的坚强堡垒。

抓好监督保障，为加快建成世界一流营造风清气正环境。健全完善涵盖各治理主体的联合监督工作体系，合力防范企业改革发展中的廉洁风险。探索推行派驻监督机制，建立党委重大决策部署定期督查机制，确保加快建成世界一流各项举措扎实推进。

案例

推进"双向融合"
——东方物探党建工作做法进入中央党校课堂

公司执行董事、党委书记苟量应中共中央党校邀请，为中央企业提高党建工作能力培训班（第3期）讲授"加强组织体系建设，推进党的基层组织与企业管理组织有效融合，全面提升企业治理体系和治理能力现代化水平"课程。就东方物探深入学习贯彻习近平总书记关于新时代国有企业党的建设的重要思想，围绕中国石油安排部署，抓好企业基层党组织与管理组织有效融合，从推进融合的政治要求、现实挑战、逻辑关系、方法路径、思考认识等5个方面，全面介绍了中国石油的经验做法和东方物探的探索实践。

东方物探结合工作实际积极探索实践，形成"六同六力"推进党组织与管理组织有效融合、相互促进的方法途径。

推进两个组织思想同心，提升政治引领力。具体做到"三个全覆盖"，即：推动政治理论学习全覆盖，把思想统一到践行"两个维护"上来；宣贯上级决策部署全覆盖，把思想统一到落实中央精神要求上来；强化责任使命教育全覆盖，把思想统一到服务国家战略上来。

推进两个组织责任同担，提升班子凝聚力。具体做到"三个优化"，即：优化党组织和管理组织配置模式，在推动身份融合上下功夫；优化责权利保障机制,在推动利益融合上下功夫;优化"一岗双责"责任体系,在推动责任融合上下功夫。

推进两个组织目标同向,提升战略驱动力。具体做到"三个统一",即:统一发展愿景,激发共同推进世界一流内生动力;统一战略实施,凝聚共同推动高质量发展强大合力;统一考核评价,激励共同提升组织融合成效。

推进两个组织行动同步,提升队伍执行力。具体做到"三个坚持",即:坚持突出"双型"标准,建设"政治过硬+本领高强"的干部队伍;坚持借鉴管理方法,建设"政治坚定+业务领先"的党员队伍;坚持发挥两个优势,建设"政治可靠+技术精湛"的人才队伍。

推进两个组织工作同频,提升协同保障力。具体做到"三个强化",即:强化制度对接,保证基层党组织与管理组织相融相嵌;强化流程再造,保证基层党组织与管理组织共融共通;强化机制联动,保证基层党组织与管理组织互促互进。

推进两个组织发展同促,提升企业成长力。具体做到"三个着力",即:着力提升经济效益,丰富两个组织共促发展新载体;着力增强竞争实力,形成两个组织共促发展新动能;着力防范化解风险,彰显两个组织共促发展新优势。

东方物探推进两个组织有效融合,做到五个"必须始终坚持":一是必须始终坚持党对国有企业的全面领导,任何时候都不能动摇。二是必须始终坚持以习近平新时代中国特色社会主义思想为指导,任何时候都不能懈怠。三是必须始终坚持"两个一以贯之",任何时候都不能偏离。四是必须始终坚持党管干部、党管人才,任何时候都不能改变。五是必须始终坚持把基层党组织建设成为坚强战斗堡垒,任何时候都不能放松。

二、强化提质增效,加快打造世界一流业绩

坚持成本领先战略,坚决把提质增效作为推进公司高质量发展的长期性战略举措,认真落实"四精"要求,努力保持规模实力、发展能力领先优势,力争盈利能力、营运效率、现金能力达到领先阶段。

加快产业升级,推进业务转型,持续提升规模实力。立足当前,做专做精

物探主业，聚焦重点，加快开拓油气业务市场，着眼长远，积极布局"新能源"市场，循序渐进实施业务转型，为实现基业长青的世界一流企业奠定基础。

加强成本管控，强化资本运营，持续提升盈利能力。加强价值链成本管控，强化资本运营能力，快速整合人才、技术和市场资源，不断提升公司价值创造能力。

完善用工管理，优化资产经营，持续提升运营效率。提升全员劳动生产率指标，创新资产经营模式，提高资产使用效率。

强化风险防控，精益资金管控，持续提升现金能力。健全信用管理体系，建立从商务谈判开始直至货款回收的闭环管理责任机制，加大境内外资金统筹力度，合理使用金融工具，滚动管控提前启动项目现金流。

坚持创新驱动，健全科研机制，持续提升发展能力。坚持科研效益导向，用足用好激励政策，以科技创新催生新发展动能，为加快建成世界一流地球物理技术服务公司保驾护航。

案例

推动项目提质增效提速换挡
——东方物探吹响秋冬季勘探攻关号角

面对新冠肺炎疫情全球蔓延和物探市场持续低迷的严峻挑战，东方物探狠抓项目运作，强化"四精"管理，推动勘探生产取得了新进展新成效，项目管控能力不断增强、技术创新创效取得新进展、项目提质增效取得突出成效、项目风险管控能力实现新提升，基层建设得到新加强。

2021年东方物探采集项目运作交流暨秋冬季生产动员会议上，16家单位围绕项目运作情况和精细管理作了经验交流，展示了项目运作的创新举措和成果。会议分析了秋冬季勘探生产面临的困难挑战，全面动员各单位安全优质高效完成采集任务，全力打好打赢秋冬季勘探生产进攻战。

突出责任落实，全面完成秋冬季勘探生产项目。要层层压实责任，机关相关部门要紧密围绕勘探生产，创新方式方法，积极营造氛围，努力为项目运作保驾护航，各物探处要落实主体责任，周密部署，科学组织，加快进度，优质安全高效完成生产任务；要完善工作机制，建立秋冬季勘探生产协调机制，聚焦重点探区重大项目，聚焦勘探生产难点痛点堵点，及时解决生产中遇到的问题，推进项目提质提速提效；要加强督导考核，相关单位要加强工作督导检查，完善项目考核机制，加大工效挂钩力度。

突出管理创新，有效提升项目提质增效水平。要加强项目全生命周期管理，深入总结国内外项目运作经验，加大经验推广应用，狠抓项目成本管控，抓好项目评价考核，提升项目创效水平；要强化探区一体化管理，充分发挥采集处理解释一体化优势，充分发挥区域一体化优势，完善探区一体化管控机制，执行统一的作业体系、服务价格和工农补偿标准；要强化项目资源保障，加强核心资源集中统一管理，制定核心装备使用计划，严控投资成本，加强物资供应保障，促进资源国际国内有序流动，确保装备使用紧密衔接、环环相扣、高效生产；要加强社会资源的管理，在利用优质社会资源上下功夫，加强对分包商、供应商的综合能力评价，强化对分包商、供应商的管理和激励。

突出创新驱动，充分发挥技术对生产的支撑作用。要加大"两宽一高"升级版等物探新技术、新装备的推广应用，加快智能化地震队建设，加大直升机、无人机等应用型装备在复杂山地等高风险地区支持力度，提高作业效率，确保施工安全；要加强物探采集攻关力度，做好地震项目方案设计，推进经济技术一体化，加强首席和高级技术专家靠前技术支持；要充分发挥基层创新活力，尊重基层首创精神，鼓励广大基层员工打造更多勘探生产技术利器。

突出风险管控，确保秋冬季项目平稳运行。要加强安全风险管控，扎实推进安全生产专项整治三年行动计划，抓好"反违章"专项治理工作，持续加强重点领域、复杂地形和极端天气、重点时段现场管理，加强承包商管理，确保承包商作业安全；要加强新冠肺炎疫情风险防控，及时更新新冠肺炎疫情防控方案，完善常态化新冠肺炎疫情防控机制；要加强海外安保风险防控，持续提升安保应急管理水平,确保人员安全和项目平稳运行。

突出队伍建设,充分激发干事创业激情。领导干部要勇于担当,提升项目管理能力,打造工程项目品牌;要强化基层组织建设,充分发挥党支部战斗堡垒作用,充分发挥党员先锋模范作用,影响和带动职工群众共同做好项目生产;要提升地震队经理和团队综合能力,以项目人才队伍建设为抓手,推动项目管理人才队伍结构调整、能力提升;要切实关心野外员工生活,加强基层员工健康管理,持续改善野外作业环境,丰富野外地震队生活。

三、强化技术立企,加快打造世界一流技术

坚持创新优先战略,把科技创新作为推进公司高质量发展的第一动力,强化创新主体意识,坚持创新驱动发展,采取强有力举措,保持科技战略和研发体系一体化优势,力争研发投入、技术能力达到领先阶段。

加强科技战略部署,强化创新顶层设计。进一步优化研发布局,持续深化科技战略研究,健全首席专家团队。

优化研发组织模式,激发创新动力活力。健全科研项目管理机制,优化技术研发组织,对外加大"三共"合作,对内推进"三共"实施。

调整科研投入结构,加大研发资源投入。争取多方面科研经费投入,加强前沿技术基础研究投入,引进战略领军型人才,推进各项一体化技术发展。

强化科研成果产出,推动成果转化创效。加强关键技术自主研发,打造灵活多样的激励机制,加强成熟装备软件对外销售,加强知识产权梳理,大力推动国家创新中心建设,加速推动公司率先打造世界一流技术。

▶▶ 案例

坚持自立自强,强化创新引领
——东方物探在全国科技工作会议上作典型交流发言

东方物探科技创新工作得到了国家部委、集团公司、油气行业高度关注和认可。仅2019年,国家科技部领导及有关司局负责人先后三次到东方物

探调研，对东方物探大力推进创新驱动发展的成效与主要经验做法给予高度肯定。

在2020年全国科技工作会议上，来自国家部委、地方政府、院所院校、中央企业等12家单位进行了典型经验发言。作为唯一的企业代表，东方物探以《发挥新型举国体制优势，以科技创新引领我国石油物探行业走进世界舞台中央》为主题，在会上作技术创新典型经验发言交流，引起与会领导和代表的强烈反响和高度关注。

东方物探充分发挥国有企业集中力量办大事的优势，创新形成了依托国家科技重大专项，以企业为主体，以市场为导向，产学研深度融合的全球化科技创新体系，在新型举国体制探索中进行了有益实践。东方物探始终坚持自主创新，发挥企业主体作用，实现关键核心技术快速突破。

在核心软件方面，集团公司党组顶层谋划，统筹中国石油科研机构，以东方物探为主体，联合20多家知名高校，组织300多名科研骨干，历时19个月，成功研发出我国首套大型油气勘探软件GeoEast，在行政推动与激励机制"双轮驱动"下，各大油气田实现了安装全覆盖，软件性能在应用中不断优化，全面替代了国外主流软件，打破了西方国家的技术垄断和封锁。

在核心装备上，打造形成以EV56高精度可控震源、G3i超大道数地震仪器等为代表的装备利器，实现了物探核心装备的国产化、自主化；成功研制全球首台大吨位横波可控震源，引领行业进入矢量勘探的新阶段。在油气开发国家科技重大专项支持下，东方物探形成具有自主知识产权的13大核心软件和12大物探核心装备系列，这些软硬件创新成果，成为推动国内油气勘探重大突破和开拓国际市场的尖兵利器，彰显了国有企业在新型举国体制下的强大创新动能。

东方物探始终坚持市场导向，发挥研用一体化优势，服务国家油气资源战略。以市场需求为引领，深化与石油公司"一对一"技术合作，加快研发与应用结合，促进科研成果转化，为油气田增储上产提供了重要技术支撑。

东方物探充分利用"两个市场""两种资源",先后引进36名国际高端人才,打造了由1名院士97名公司专家、9000多名科研骨干组成的中外技术团队;积极构建国际国内统一布局的软硬件研发环境,在"四国五地"建立科研机构,与美国斯坦福大学等36家知名院校和科研机构,与10余家大油公司开展了120余项技术合作,有力推动了多波、偏移成像等前沿技术的快速突破,为抢占技术制高点注入了不竭动力。

四、强化服务保障,加快打造世界一流服务

坚持以客户为导向,持续不断改进服务质量,提升高效、协同、专业的世界一流服务能力,为客户创造最大价值,采取强有力举措,保持全球市场份额、集团公司油气重大发现参与率领先优势,力争新签市场增长率、新业务市场占比指标达到领先阶段。

推进营销升级,构建营销服务体系。创新一体化营销服务体系,重新构架公司营销体系,完善国内外核心业务市场布局,不断做大市场蛋糕。

推进协同一体,提升技术保障能力。整合构建一体化技术支持与服务中心,建立靠前支持服务机制,强化引领性技术研发,有效拓展公司发展空间。

聚焦价值创造,创新多元服务模式。加大一体化服务模式在海外的推广力度,全面提升从勘探到开发的全生命周期服务能力,创新服务模式,增强价值创造能力。

突出高效便捷,增强资源配置能力。建立区域化核心资源管理中心,建立供应链管理机制,增强全球资源配置能力,满足客户需求,提升整体竞争能力。

增强客户感知,提高技术服务质量。建设追求零缺陷的东方物探质量文化,建立全流程闭环质量管理体系,建立服务质量改进机制,不断提升客户满意度。

> **案例**

突出市场战略引领

——东方物探在集团公司市场营销工作会议上作典型发言

面对新冠肺炎疫情和低油价带来的严峻挑战,东方物探认真贯彻落实集团公司党组决策部署,始终坚持"以客户为中心"和"有限市场、无限开发"理念,努力当好国内勘探的先锋队和海外市场的开拓者,在 2020 年集团公司市场营销工作会议上介绍了相关经验。

立足找油找气,筑牢市场根基。把找油找气作为最大价值体现,强化靠前服务、精准服务,突出价值创造,在助力油气勘探大发现、大突破的同时,有力保障了国内市场的稳固和发展。坚持创新驱动,加速市场裂变。遵循市场经济规律,以市场为指挥棒来整合创新资源,强化技术创新、商业模式创新和生产组织创新,持续增强市场竞争力,带动市场规模跨越式增长。强化品牌建设,扩大市场影响。把品牌建设作为市场竞争的关键,通过多种形式积极培育全球知名品牌,东方物探市场影响力和行业话语权大幅提升。

东方物探将始终突出市场战略引领,统筹国内国际两个市场,永葆干事创业的奋斗姿态,加快率先打造世界一流步伐,永远做党和国家最可信赖的找油找气先锋。

五、强化人才强企,加快培育世界一流人才

树立"人力资源是第一资源"理念,认真落实集团公司领导干部会议关于组织人事和人才强企各项部署,坚持"激活组织、赋能人才、创造价值",力争组织活力、培养能力、激励效力、队伍实力各项指标达到领先阶段。

压缩精简机构编制,构建精干高效组织体系。全面从严加强机构编制管控,深化公司两级机关组织体系优化调整,持续精简机构设置。

优化结构提升本领,打造梯次合理干部队伍。优化领导干部年龄结构,改善领导班子专业结构,加强年轻后备干部储备,重视培养复合型人才,实施中

层领导人员任期制和契约化管理，激发干事创业的活力。

加强人才引进培养，打造技术精湛人才队伍。拓宽高端人才引进渠道，发挥优势吸引和留住人才，激发专业技术人员活力，加强科研团队建设，健全高技能人才队伍建设机制。

搞活薪酬分配机制，激发干部人才创新活力。健全薪酬分配制度，强化专项奖励管理，推动长期激励政策落地，健全绩效考核评价机制，促进各类人才提升价值创造能力。

优化岗位配置，持续提升人力资源价值。精准实施人员分流安置举措，加快推进第三方用工管理模式。

案例

构筑高层次人才聚集高地
——东方物探在集团公司 2021 年领导干部会议上作经验交流

集团公司 2021 年领导干部会议，研究部署组织人事工作和人才强企工程，动员各级领导班子和党员干部，推进人才发展迈上新台阶，为奋进高质量发展和建设基业长青的世界一流企业提供坚强的组织和人才保证。

作为 8 家经验交流单位之一，东方物探在大会以《构筑高层次人才聚集高地，加速率先打造世界一流企业步伐》为主题，进行了经验交流。

东方物探之所以能够走进世界物探舞台中央，关键依靠科技创新，根本在于人才驱动。公司立足自身、放眼世界，在"引得来、留得住、用得好"上系统谋划、久久为功，构筑了全球物探人才聚集高地，为率先打造世界一流提供有力的人才支撑。

突出人才核心地位，着力在"引"上求更大突破。技术竞争、市场竞争本质上是人才竞争。东方物探坚持把引才作为重要战略举措。建立以专家荐才为主，国际合作、国际会议等为辅的"1+N"引才渠道。始终把引才作为"一把手"工程，确保人才引得来、引得准。坚持把目光聚焦"柔性引才"，采取联合攻关等灵活方式与高校开展研发合作，联合组建合资公司。发挥院士工作站和博士后工作站作用，推动前沿和基础研究领域的技术突破。

突出人才优先原则，着力在"留"上花更多心思。搭建平台、营造环境、创新机制，推动高层次人才将个人理想融入企业发展。构建事业发展平台留住人才。专门聘任高层次人才担任总经理高级技术顾问和科委会委员，让他们直接参与科研决策、技术把关和团队建设。坚持选派专家参加行业顶级会议，创造机会让专家在国际舞台发声。营造开放包容的环境留住人才。建立引进专家与公司领导沟通"直通车"，树立技术专家地位高于行政干部的导向，切实为高层次人才"解套""松绑"，为他们潜心研究创造良好环境。构建市场化激励机制留住人才。专门设立"人才特区"，对引进人才实行协议工资制，建立考核评价机制，制定相关激励政策。

突出人才价值导向，着力在"用"上创更大实效。努力推动人才优势转化为科技优势、市场优势和产业优势。充分发挥高层次人才技术引领作用。为高层次技术专家设立创新基金，推动物探技术创新驶入"快车道"。充分发挥高层次人才的市场带动作用。敢于放手使用西方管理专家，对引进的海外高管充分授权、大胆使用。成立多个以领军人才命名的工作室，培养出一批科技骨干人才。

六、强化管理提升，加快打造世界一流管理

深入推进国务院国资委对标世界一流管理提升行动，全面贯彻落实集团公司部署，通过管理创新，促进管理提升，采取强有力举措，持续保持风险管理相对优势，力争动态战略、资本运营、智能化建设等方面达到领先阶段。

加强战略闭环管理，增强战略执行力。强化战略滚动研究，系统分解战略目标，深入对标世界一流，优化战略落地考核，实现战略落地整个管理链条的闭环。

加强战略资本运营，持续优化业务结构，提高资本运营效率，设立改革试点特区。

升级风险防控体系，提升合规经营能力。以整章建制为重点加强合规管理，以流程控制为重点加强内控管理，以化解风险为重点加强风险管理。

加快打造智能物探，提升管理信息化水平。加强顶层设计，构建物探智能云平台和数据湖，建设智能生产运营中心，推进智能化地震队建设，全面助推野外生产提质增效，提升安全管理水平。

加强行业标准制定，提升行业话语权和影响力。强化物探行业标准制定，加大标准的输出和推广应用力度。

> **案例**

国有重点企业管理标杆创建行动标杆企业
——东方物探名列其中

国务院国资委公布的《国有重点企业管理标杆创建行动标杆企业、标杆项目和标杆模式名单》中，中国石油有3家公司、2个项目，共5个标杆成功入选，其中东方物探入选标杆企业。

"三个标杆"创建行动是国资委按照对标世界一流管理提升行动总体部署，分层分类总结提炼管理提升成功经验，打造管理提升样板和尖兵的重要举措。经企业申报、专家评审、征求意见等环节，在中央企业和地方国有重点企业中遴选出200家标杆企业、100个标杆项目、10个标杆模式。

标杆企业的遴选范围是经营状况良好、管理成效突出、管理特点鲜明、管理信息化水平高的中央企业所属企业、地方国有重点企业及所属企业。

东方物探紧紧围绕建设世界一流地球物理技术服务公司战略目标，以增强找油找气服务保障能力为根本，以提高发展质量和效益效率为中心，牢固树立"管理是生产力"的思想，以对标世界一流为切入点，不断提升公司管理规范化、标准化和科学化水平，有力推动了公司治理体系和治理能力现代化，切实发挥管理标杆的示范带头作用。

七、强化文化兴企，加快打造世界一流文化

坚持守正创新、文化育人，保持国有企业独特政治文化优势，大力传承红

色基因，弘扬石油精神和先锋文化，着眼凝心聚力，打造全员认同的核心价值理念，推动企业文化升级，力争全员企业文化认同度、文化融合、品牌影响力等指标达到领先阶段。

强化政治优势，彰显企业文化核心价值。巩固马克思主义在意识形态领域的指导地位，建设具有中国特色国有企业的先进文化，构建以"红色、蓝色、绿色"组成的公司企业文化精神图谱，用新文化塑造干部员工队伍，引导员工形成思想共识，使公司的发展战略目标成为员工共同的价值追求和奋斗方向。

突出创新内涵，激发企业文化动力价值。搭建创新文化平台，健全创新制度体系，营造创新文化氛围，形成人人关注创新、人人参与创新、人人力行创新的全员创新格局。

加快文化融合，提升企业文化管理价值。推进文化进管理、文化促提升、文化出产品、文化塑形象，以文化的力量塑造公司良好形象。

深化品牌建设，提高企业文化经济价值。强化BGP品牌内涵设计，加强BGP品牌的推介宣传，加大BGP品牌的维护提升，激活BGP品牌的价值创造，用品牌理念深刻影响市场竞争和客户的价值追求。

案例

坚持守正创新

——东方物探加快"实现一流的文化"

东方物探的发展之路，是一幅波澜壮阔、砥砺奋进、敢为人行、激情跨越，涌动着红色浪潮的画面——死亡之海、雪域高原、黄土高坡、悬崖峭壁，物探人无所不往，克服了体能与心理的极限挑战，将无数不可能变为可能，描绘出了一路的壮美辽阔。70年的奋斗拼搏，劈波斩浪，东方物探创造了以科学求实和艰苦奋斗为支柱的物探先锋文化，锻造了新时代"永不服输、勇争一流"的精神特质，塑造了客户信赖、社会认可的BGP品牌，打造了系列有形化文化产品。这些宝贵的精神财富，由中华文明滋养而生，在接续奋斗中不断传承升华，又融入了红色基因,镂刻着鲜明的物探印记,有如血脉灵魂一样贯穿公司发展的每一步。

率先打造世界一流,加快建设具有鲜明特色的先锋文化,培育先锋精神,塑造先锋品牌,凝聚先锋力量,这是更高的目标,更重大的使命,更深沉的梦想,对此东方物探做出了与时俱进推动企业文化建设的全局谋划。

推动企业文化与党的建设有机融合。以党的政治建设为统领,以习近平新时代中国特色社会主义思想为指导,贯彻新发展理念,赓续红色基因,创新"三原色"精神文化图谱,突出企业文化核心价值。推动企业文化与企业管理有机融合。把文化理念贯穿于公司战略、经营管理、科技创新、深化改革、安全生产、人才建设等各个环节,融入公司制度流程之中,利用制度流程的约束性,强化文化执行。推动企业文化与队伍建设有机融合。建立公司企业文化培训体系,将文化融入员工日常生活,让无形的企业文化体现到有形的工作中,用实际行动践行企业文化,成为公司文化的倡导者、示范者和践行者。推动企业文化与品牌建设有机融合。不断丰富拓展品牌内涵,激活品牌价值创造,把BGP品牌打造成为重质量、守信誉、负责任的全球物探知名品牌。

案例

凝聚磅礴力量

——东方物探举办"石油工人心向党、建功奋进新征程"先进事迹报告会

在中国共产党成立100周年之际,东方物探举办"石油工人心向党、建功奋进新征程"先进事迹报告会,7家单位动情讲述着物探人听党话跟党走,为率先打造世界一流企业艰苦奋斗、昂扬进取的生动事迹。

报告会讲述了海外业务在项目管理、作业模式、技术标准等各个方面对标世界一流,将阿联酋ADNOC项目打造成中阿"一带一路"示范工程的光辉历程。讲述了科研团队高效协作,攻坚克难,紧密围绕塔里木、准噶尔、柴达木重点盆地强化技术攻关,忠诚履行找油找气责任的故事。讲述了研发团队打造国内

首套具有自主知识产权的物探处理解释一体化软件系统GeoEast，提升品质，加大推广的成长之旅。讲述了海洋业务16年间从学习、追赶到创新领航的跨越式发展。讲述了在长庆探区运用高新科技攻坚克难、助力油田取得勘探突破的历程。讲述了全球第一款集管理和技术于一体的智能化地震队系统的研发故事。讲述了宝石花东方医护人员义无反顾地冲锋在抗疫第一线，始终用大爱与责任、敬业与奉献诠释医者仁心的感人事迹。

榜样力量鼓舞人，典型事迹激励人。报告会生动刻画了东方物探基层党组织和广大党员干部矢志为国找油找气的典型事迹，营造了崇尚先进、学习先进、赶超先进的浓厚氛围，凝聚起奋进高质量发展、率先打造世界一流的磅礴力量。

八、强化价值创造，推动世界一流企业建设行稳致远

坚持把创造价值作为打造世界一流的出发点和落脚点，全面履行国有企业政治责任、经济责任、社会责任，以企业发展的良好业绩，持续提升客户价值、员工价值、股东价值和社会价值，不断增强价值创造能力，实现基业长青。

提升客户价值，全力以赴帮助客户成功。以"找油找气"为核心出发点，为客户提供高质量的地震成果，提高勘探开发成效，成为客户忠诚可靠的合作伙伴。

提升员工价值，实现员工成长与企业发展同频共振。践行以人为本理念，为员工实现个人价值搭建平台，推动员工与企业共同成长，将发展成果与员工共享，全面提升员工幸福感、安全感、价值感。

提升股东价值，树立良好的企业形象。实现行业规模领先、效率领先、效益领先，确保国有资产保值增值。全面提升服务保障国家能源安全能力，成为集团公司管理提升标杆、科技成果规模化转化创效标杆、人才强企标杆和全面国际化发展标杆。

提升社会价值，营造良好的外部发展环境。落实国有企业社会责任，始终坚持诚信纳税支持地方经济社会发展，始终坚持绿色低碳发展，助力国家"双碳"目标实现。

> **案例**

创造产生价值，创新提升格局
——东方物探摘得中国石油首度颁发的"科技创新型企业"荣誉

2021年9月，在五年一度的中国石油集团科技与信息化创新大会上，东方物探摘得中国石油首度颁发的"科技创新型企业"荣誉，第一个在大会上作交流发言，第一个在"中国石油十大科技创新成果发布会"亮相。

近年来，东方物探大力实施创新优先战略，坚持科技先行，突出价值创造，服务发展新格局，极大提升了企业的硬核实力，在率先打造世界一流征程中，心中更有底气，步伐更有力量。

提升油气服务价值。东方物探全力服务集团公司高效勘探、效益开发，强化物探新技术、新方法、新装备应用，配合油气田不断取得新突破大发现，有力支撑了油气田增储上产，集团公司国内外油气重大发现成果参与率达到100%。

提升国际品牌价值。东方物探抢占全球采集技术制高点，成功运作进入欧洲高端市场，在KOC实现全球最大道数作业，在阿联酋ADNOC创造了海上勘探日效纪录，树立了东方物探品牌，公司市场投标中标率超过70%，成为全球最具竞争力的物探技术服务公司。

提升技术创新价值。东方物探坚持广开大门搞科研，联合研发GPR海洋节点仪器并在国内生产。构建"共建、共享、共赢"三共研发机制，与中国科学院等9家科研单位、5名自然人签订GeoEast-iEco"三共"协议，在更大范围、更高起点开展技术创新，全力提升物探价值创造能力。

东方物探锚定世界一流，大力提升价值创造能力，服务发展新格局，极大提升了企业的硬核实力，在率先打造世界一流征程中，心中更有底气，步伐更有力量。

> **案例**

为建设创新型国家贡献物探力量
——东方物探积极推进国家油气地球物理勘探技术创新中心申报工作

东方物探深刻认识到只有把核心技术牢牢掌握在自己手中才能真正掌握发展的话语权和主动权。近年来,东方物探坚持把科技创新摆在企业发展全局的核心位置,坚定不移推进创新驱动发展,在国家油气重大专项引领下,实现了核心软件、装备和技术跨越式发展,在油气勘探开发中充分彰显了找油找气主力军作用,为保障国家能源安全做出了积极贡献。

进入"十四五",作为全球物探行业领军企业,东方物探在科技创新的很多领域都将进入"无人区",没有了坐标参考。东方物探树立更高发展目标,心无旁骛走科技立企之路,积极推进国家科技创新中心申报工作,建立企业创新联合体,全力打造引领行业发展的"利器",更好地服务于油气勘探需求。

东方物探着力加强前沿技术和基础性研究工作,勇于承担国家重大项目,拓展产业链领域,强化区域联动,在现有技术和应用场景的基础上向更广领域拓展,注重高精尖人才的培养,完善科技创新机制体制,加强基础性和颠覆性技术研究,以更多科技创新成果推动油气勘探取得新突破,为建设创新型国家贡献物探力量。

百舸争流,奋楫者先。新时代加快建成世界一流的航向已经明确,东方物探这艘勘探巨轮正在乘风破浪前行,向着率先打造世界一流的目标奋楫笃行。